あなたも読んでみませんか。

話題の本250冊

出版評論家
塩澤実信

展望社

まえがき

本書は平成2年（1990）から同31年（2019）まで、『公明新聞』に連載したコラム「話題の本」を再編集したものである。

いち早く私を、公明新聞に取り立ててくれたのは、同紙の学芸部記者・佐々木精一氏である。四十代半ばで職を離れ、出版界の落穂拾いに転じた私に、ベストセラーの動向をレポートする連載を与えてくれた。以降、連綿として三十年に及ぶ仕事をいただいている。

担当した学芸部の諸氏は、今日の森嶋繁嗣氏までに、十人余は居ただろうか。どの記者も誠実、真面目な人ばかりだった。

三年間担当したある記者は、原稿を渡す日の時間を午後一時に約束すると、当日は正確無比に一時ピッタリに訪れて、ドアをノックされるのだった。私は、時代遅れの腕時計の針を、ノックの音に合わせた（笑）こともあったほどで、この一事が物語るように、公明新聞の担当者は信頼に足る人びとだった。執筆者にとって、発表の舞台が堅実で、担当される方が誠実に対応してくれるほど、ありがたいことはない。

このほど、このコラムが一冊の本に集録できたのも、ひとえに堅実な新聞社と誠実な記者がいて、非才を長年にわたり、鼓舞激励し続けてくれたおかげである。感謝のほかない。

月々、話題の本の選択は、学芸部で四、五冊荒選りしたものが私に届き、検討した上で決める手順になっていた。当然、読者層に応じた話題が選ばれるわけで、興味本位ではない、社会性と、時代の一面を剔出したものに重点を置いた。それに合う話題の本を選び紹介するには、それなりの視点と切り口が必要で、いい勉強になった。

なお、売れ行きの部数や反響、あるいは人名の肩書などは、連載当時のもので、いまの視点での訂正はしていないことをお断りしておく。

あなたも読んでみませんか。話題の本250冊●目次

あなたも読んでみませんか。

話題の本250冊

表紙写真の上は掲載年月日です。

（1990/03/26）

文藝春秋
1,456円＋税

精緻巧妙な表現で
磨きぬかれた遺作

「珠玉」

開高健

珠玉のような短編——と書くと、あまりにもお座なりになる。が、開高健の遺作となった『珠玉』は、精緻巧妙な表現で、磨きに磨きぬかれた傑作である。

「掌のなかの海」「玩物喪失」「一滴の光」という三つの連作からなる短編で、作品の重要なメタファーとなっているのは、碧い海の色をたたえたアクアマリン、血の色を想わすガーネット、そして月あかりをただよわすムーンストーンである。

開高は、この三つの宝石の色から、淡い記憶の底に沈む己の人生の一瞬の光芒をつかみ、ゆるぎのない澄明な文体で、三つの物語に書きあげた。

文藝春秋の担当・雨宮秀樹氏によると、「掌のなかの海」は88年の五月に書きあがっていたが、あとの二編は死去の寸前に書きあげ、一気に「文学界」へ発表したという。

「昨年の三月に入院され、四月十七日に手術されました。食道癌でした。

七月中旬に退院されてから、十月に再入院される二カ月半の間に、『玩物喪失』『一滴の光』を驚くべき集中力で書きあげられました。

大手術後にかかわらず、作品に弱さが出ていなくて、それが謎です。癌と知って、もう時間がないと書かれたのか、手術が成功したと思って書かれたのか……書きあげられたとたんに亡くなられたことから、作品に死生観がどう出ているのか、生涯をふりかえって、最後の穽に何を汲いあげられたのか等、読者はそのあたりも知りたいようです。

刊行一カ月で十三万部のハイ・ペースで売れています。純文学作品では抜有の売れゆきです」

たしかに、純文学作品で二ケタ万台の売れゆきは稀有だった。

（1990/05/28）

“桑田問題”でにわかにリバイバル
「自分をもっと深く掘れ！」新渡戸稲造

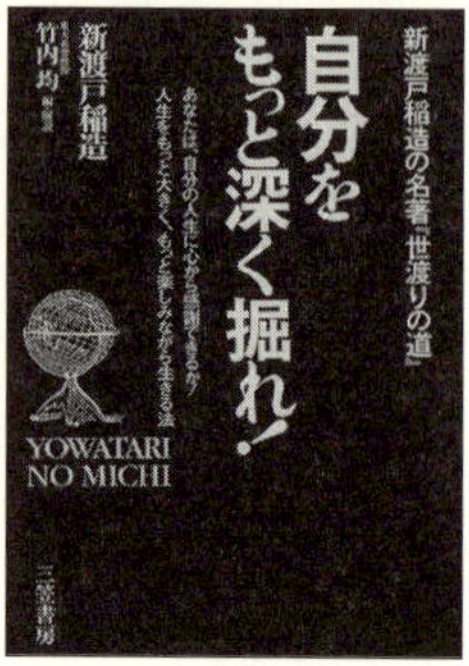

三笠書房
1,400円＋税

新渡戸稲造の名は、五百円札の肖像の人程度の認識しかもたれない昨今であった。ところが、ここに来て、名著『世渡りの道――自分をもっと深く掘れ！』によって、にわかにリバイバルされてきた。

ことの起りは、川島セ・リーグ会長が“時の人”巨人軍の桑田投手に、この本を贈ったことからだった。

会長は、ダーティーな噂につつまれた桑田の性根を叩き直すため、自分が学生時代、もっとも感銘を受けたという二冊の本――武者小路実篤の『人生論』と、新渡戸の『世渡りの道』をすすめたわけだった。

明治、大正、昭和三代を通じて、最高の知識人であり、第一級の国際人だった新渡戸は、またすぐれた常識人でもあった。彼は、当時の青少年に向け、よりよい人生を生きるために必要、不可欠な知恵を、やさしく具体的に書きのこしていたのである。

三笠書房の編集責任者・前原成寿氏は、「四月六日の新聞各紙に、桑田投手が読むのにピッタリの本だと、川島セ会長がすすめた旨、写真入りで出ました。二月末に刊行以来スムーズに動いてはいましたが、桑田のこの一件で弾みがつき、現在までに三十一刷、十七万八千部に達しています」と、語っている。

知的生き方を推進する同社には、新渡戸の『いま自分のために何ができるか』（原題『修養』）など、五点が出ていて、それぞれ数万部になっているという。

進学一辺倒で、人の生きる上に必要なノウハウを教えないいまの学校教育に、もっとも欠けているのが、コモンセンスだ。

先達の一連の本には、それが色濃く出ているのである。

（1990/06/25）

集英社
971円＋税

直筆の自伝、1カ月で50万部

「川の流れのように」

美空ひばり

美空ひばりの直筆の自伝『川の流れのように』が、すさまじい勢いで売れている。平成二年五月二十五日に発刊以来、一カ月で五十万部に迫り、かつて山口百恵の『蒼い時』で記録した売れ足のスピードを、はるかに超えたという。

初刊二十万部でスタートしたが、即日十万部の増刷をし、さらに二十万部と、美空人気の強さに、集英社の関係者はあらためて、びっくりしていた。

「六月二十四日が一周忌ですが、誕生日の五月二十九日の日付で刊行しました。ご家族の気持ちとして、この日に出す方に意味があったからです。その日の大手新聞に出した一頁の広告に、『美空ひばりは今日、五十三歳の誕生日を迎えました』とやり、ひばりさんが、ファンにとって永遠の存在であることを、印象づけました」

『川の流れのように』は、正真正銘のひばりの自筆だった。原稿用紙、便箋、ノート、日記などに、人知れず書き遺されてあったものだった。

死後発見されて、親友中村メイコの娘、神津カンナが整理、上梓された経緯があった。

その内容は、わが子和也に寄せる母親としての、こまごまとした愛情や、病と対峙し不安と闘う日々。折にふれて綴った詩や、生い立ちのことなど、人間・美空ひばりの赤裸々な姿が記されていた。

ファンにとっては、初めて知る女王の姿でもあった。

集英社の担当者は、

「ひばりさん自身が書いたということが、深い感動をよんだようで、感想文はひきもきらない有様です。読者は八十％が女性で、四、五十歳を中心に、十二歳から八十三歳に及んでいます」

と語っていた。

（1990/08/27）

少産時代の“子育てのバイブル”!?
「アメリカインディアンの教え」
加藤諦三

ニッポン放送出版
951円＋税

その22行からなる散文詩『アメリカインディアンの教え』は、とりたてて目新しい教えではない。誰もが承知していることばかりだ。

曰く「批判ばかり受けて育った子は、非難ばかりします」「心が寛大な人の中で育った子は、がまん強くなります」といったタグイの教えである。

このごく当り前の教えを、昨年十一月二日、ニッポン放送の「玉置宏の笑顔でこんにちわ」で、パーソナリティが朗読したところ、スタジオのテレフォンセンターの電話は、番組終了まで鳴りつづけた。

深く感動した聴取者が「子育ての参考にしたいから、全文を教えて下さい」といった問い合わせだった。

「翌日から、同じ内容の葉書や手紙が加わりフォローしきれなくなったので、再々放送をした上で、『近いうちに本が出ます』と言ってしまいました」

扶桑社の担当、坂田亨氏はこのように話す。しかし、散文詩はわかっていたが、ルーツはあいまいで、一篇ずつの注釈はなかった。

「たまたま、この番組の担当チーフが、加藤諦三先生の『テレフォン人生相談』も受け持っていて、詩の内容が子育てと、心理学に関連があるということから、親子論の多くの著書をもつ先生に、急遽、書き下ろしていただきました」

フジ系列の扶桑社から、七月六日初刊三万部でスタートするが、八月末までに六刷、十二万部という急ピッチで売れ、読者の六割は家庭の主婦だった。そして、三割がサラリーマンという。

少く産んで大切に育てる時代の〝子育てのバイブル〟の役割を担える教えになったわけだが、文明生活に馴染めないと見られたアメリカインディアンに子育ての知恵を乞うのは、文明の逆説であろうか。

(1990/11/26)

アカデミー出版
670円+税

すさまじい求心力で終幕に引き込む

「真夜中は別の顔」(上・下)

シドニィ・シェルダン

アメリカで一千万部の超ベストセラーと喧伝される、シドニィ・シェルダンの『真夜中は別の顔』(上・下)が、発売旬日足らずで、百六十万部のベストセラーになっている。

三、四年前から、同じ作者の『ゲームの達人』『明日があるなら』『時間の砂』と、ほぼ一年間隔で刊行して、『ゲーム…』が三百十六万部、『明日…』が百六十五万部、『時間…』が百六十万部と、出す作品のことごとくを、ミリオンセラーにしている、アカデミー出版の新刊である。

圧倒的な宣伝量と、強引な話題づくりによって、売れている面がなしとはいえないが、シェルダンの作品は、大きな渦に読者を巻き込み、すさまじい求心力でエンディングに引っぱって行く面白さにみちている。

『真夜中は別の顔』は、マルセイユとシカゴに生まれた二人の女性が、不可思議な運命の糸にあやつられて、アメリカのプレイボーイで空の英雄とかかわりをもつ。一夜、もてあそばれて妊娠し、死の苦しみを味わった前者のノエル・パージは、美貌という女の武器をフルに使って、空の英雄ラリー・ダグラスに報復を誓い、全知全能をあげて復讐のクモの巣を編みあげてゆく……。第二次大戦を背景に、アメリカとヨーロッパを舞台に、憎しみの対象を追い詰めるストーリー展開は壮絶だ。

アカデミー出版の担当、横井清氏は、『真夜中…』が売れている理由を、次のように言う。

「読み始めたら途中で止められない面白さと、超訳という四人の翻訳者に加えて、文学博士亀井俊介先生の全編にわたる助言をとり入れた読み易さなどが、読者を虜《とりこ》にしているのだと思います」。

(1990/12/24)

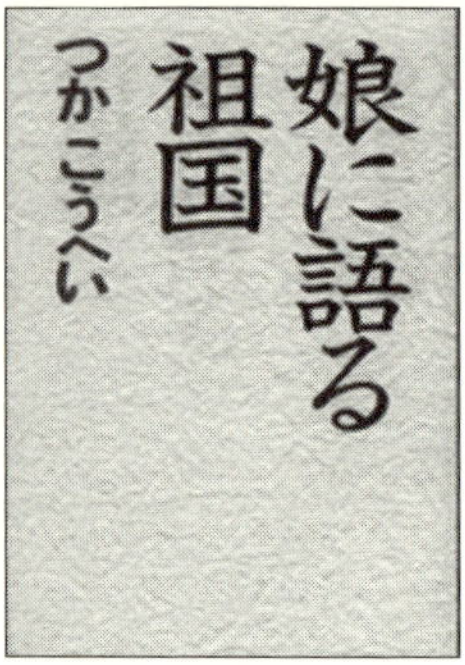

光文社
825円+税

日韓両国の読者に
後味よい感動広げる

「娘に語る祖国」

つかこうへい

劇作家、小説家として異彩を放つ、つかこうへいが、「この世の中で得た唯一の真理であり、無垢なる」四歳の娘にあてて、祖国――韓国への思いをつづった好著である。

在日韓国人二世として、北九州で生まれている金原峰雄は、その知名度、実力、収入からして、日本へ帰化できるすべての条件をそなえていた。

しかし、彼は日本女性と結婚し、一子をもうけたとき、

「パパは、あなたを韓国人にするか日本人にするかとても迷いました。それは、あなたのママと結婚する時も同じです。……ママを韓国人の籍に入れると、当然おまえも韓国籍になって(中略)将来の選択の幅が狭められてしまう」

という理由で、妻子は日本国籍にしたのである。その結果一つ屋根の下で、韓国籍と日本国籍をもった家族が生活することになった。

そこで、つかこうへいは、日本で生まれ育った韓国人として、血につながるわが娘に、祖国韓国への思いの丈を、やさしい言葉でつづったのである。

光文社から平成二年十月三十日、初刊七万五千部で出版されたところ、一カ月半で十三万部に達した。担当の遠藤浩氏は、次の通り読者分析をする。

「最初は在日韓国人が半分でしたが、一カ月経って、日本人の読者が増えてきました。つかさんの小説、芝居を見たことのない人たちも、この本を読んで感動し、あらためてつか作品を読んでいるようです。読んで涙を流すところは人によって、妻、娘、母を語る件とバラバラですね」

ややもすると〝恨〟の視点で書かれる韓国ものの中で、つかは明るくその出自を語り、日韓両国の読者に、後味のいい感動の輪をひろげている。

（1991/01/28）

ホーキングの最新宇宙論
ブラックホールからベビーユニバースへ
私たちはどこから来たのか!!
この地球、この宇宙、
この世のすべては
どのようにして生じたのか。
その答えを、ホーキングは追い求める。

日本放送出版協会
1067円＋税

時空超えた宇宙創生の物語に人気

「ホーキングの最新宇宙論」

スティーヴン・W・ホーキング

電動車椅子に乗った、世界的な物理学者・スティーヴン・W・ホーキングの『ホーキングの最新宇宙論』が、めざましい売れ行きを見せている。

壮大な宇宙創生の謎を、天才的な頭脳で編み出した概念により、解明をこころみた最新の研究成果である。

その英邁《えいまい》な理論は、正直に言って、一般の人の理解には遠いと考えられる。

ところが、刊行四十日足らずで四十万部の売れ行き。

日本放送出版協会の長岡信孝編集長は、

「広い範囲にわたって売れていますが、若い女性が多く、これはホーキングの宇宙特集を女性誌でとりあげたため、関心が高まっていたことと、NTT・データ通信のテレビ・コマーシャルに出ていたり、車椅子で活躍される博士の姿に、女性心理がくすぐられた故でしょうか」

と女性誌で宇宙特集をこころみた意外な事実を明らかにしている。

博士は、二十一歳のとき、筋委縮性側索硬化症という難病に冒され、歩くことも話すことも困難になった。

だが、電動車椅子に備えつけられたコンピューターの人工音声によって二重苦のハンディキャップをはね返し、次々と宇宙の真実に迫る概念を編み出していた掛け値なしの世界的な物理学者であった。

時間と空間を超え、この地球をとりまく宇宙創生の謎を追いつめていくと、人間の存在論につき当たり、哲学の領域へ導かれる思いもする。

東大理学部教授・佐藤勝彦氏の監訳も意を尽くしていて、今日における究極の宇宙論を、親しみやすい文章にしている功を、声を大にして称えておきたい。

（1991/05/27）

巨人軍を通して知った
日本の特異な野球を語る

「さらばサムライ野球」

ウォーレン・クロマティ
ロバート・ホワイティング 共著
松井みどり 訳

講談社
1845円＋税

「野球ものは売れない」というジンクスがあった。が『さらばサムライ野球』は、そのジンクスを破って、発売二カ月で十三万部を超え、現在十五万部へ向い驀進中である。

講談社インターナショナルの倉持哲夫氏は嬉しい誤算を、一気に次のように述べる。

「日本同時発売で進行していましたが、発売が間近に迫った頃に、中日西本選手の人種差別問題があって、急遽、書き直しがあり、二週間遅れになりました。しかし、『週刊文春』の三週連続でエキサイティングの部分の抜粋紹介があり、前評判が高くて、発売即日で二万部が完売になり、翌日一万、翌々日二万部と追加重版をし、版を重ねるごとにびっくりしています」

「週刊文春」をはじめスポーツ紙の紹介が巨人軍の内幕暴露のニュアンスが強かったため、野球に淫した一部読者には、その向きを期待していた面もあった。

だが、読んでみると、マイアミの貧民窟に生まれた黒人、ウォーレン・クロマティの野球人生と、日本の巨人軍を通じて知った人がふみ行うべき「道」に通じる特異な野球——そこから垣間見た日米文化のギャップにまで筆は及んでいた。

『菊とバット』の著者、ロバート・ホワイティングと共著の形をとったことが、この著書の内容を一段と深めたわけだが、サムライ野球が、日米の文化比較に通底する内容とあって、版を重ねるごとに、読者層のレベルは上っていった。

『ニッポン野球は永久に不滅です』など、ホワイティングの著書を何点も翻訳している松井みどりさんの訳が、クロマティの人となりを見事に伝えてくれる。

（1991/08/26）

新宿書房
2800円＋税

手書き文字とイラストで克明に描く
「こども遊び大全」
遠藤ケイ

紙一枚、釘一本、木の切れ端、笹の一枚、石ころ等……一世代前までの、子どもたちは身辺に転がる何かで、たちどころに、遊び道具や玩具を自分で作った。

使う道具は、ポケットにしのばせた肥後の守の名で通じた西洋式の小刀一つだった。

それで彼らは、竹トンボ、竹鉄砲、パチンコ、弓矢、凧、笛などを作り、路地や神社の境内、そして原っぱで、日がとっぷり暮れるまで遊びにふけったものである。

塾通い、偏差値、受験地獄のいまでは、こんな牧歌的な遊びは、想像に遠くなってしまったが、その懐かしい、昭和三十年代までの男女の子どもの遊び四百種以上を、すべて手書き文字と、ていねいなイラストで克明に描いた、遠藤ケイ著『こども遊び大全』が出版された。

著者は、新潟県三条市の大工さんが使う曲尺を作る町工場主の、九人兄弟の末っ子。朝から晩まで、汗と油にまみれて、ただ黙々と機械に向う律義な父親の背中を見て育った。

この父親の職人特有のやせ我慢と、忍耐強い血は、ケイ氏の身体に脈々と受け継がれた。

その流れが、自らの子ども時代の創造性に富んだ遊びの大全を、克明な手書きで再現させたともいえる。

戦中・戦後の昭和三十年代までに育った四十代以上の〝こどもの遊び〟を共有する人々には、日暮れまで自由を謳歌した悪餓鬼時代の追体験と重なり、一読、鼻の奥をツンと痛くさせるようなノスタルジアを、感じさせる。

個室にこもって、電子ゲームやパソコンなどに余念のない現代っ子にも、是非読ませたい、手作りの遊びの楽しさを伝える労作である。

(1991/10/28)

大韓航空機爆破事件の真相に迫る告白

「いま、女として(上・下)」

金賢姫／池田菊敏 訳

文芸春秋
1389円＋税

金賢姫――。ソウル五輪を妨害するため、大韓航空機を爆発した北朝鮮人民共和国の放った、美貌のテロ工作員であった。

その彼女が、韓国側捜査官の情理を尽した粘り強い訊問に、ついに爆発までの全貌と、自らの数奇の生い立ちをすべて告白した、衝撃のノン・フィクションである。

六月に韓国で出版され、またたく間に五十万部突破の記録的ベストセラーとなったものを、文藝春秋が千数百万円と噂される前払金で翻訳権を獲得。初版五万の強気の部数で緊急出版した話題の本だった。

上巻は、金賢姫が日本女性・蜂谷真由美を偽装した、北朝鮮のテロ工作員である事実を認めるまでの韓国側捜査官との息づまる攻防戦。

下巻は、無謬神話に彩られた、金日成独裁下の国で、どのような育ちと、思想教育を受け、工作員にえらばれたかが、金賢姫の言葉によって克明に語られている。

日本でセンセーションを起した、李恩恵なる日本女性との日本人教育の日々も、告白されているが、なぜか李恩恵なる女性の実存感は薄い。

文藝春秋の新井信出版部長は、

「発行して二十日で四十万部を超えました。女性層にも広く読まれて、彼女の立場に同情した読者からの手紙も届いています」

と、典型的なベストセラーの道を辿っている事実を述べている。

一読、金賢姫の半生を告白した件の、ディテールの確さ、記憶力のよさには驚嘆させられる。密命を受けて、目的達成までのスリリングな告白は、情報が遮断されて久しい北朝鮮内の出来事だっただけに、スパイ小説を読むおもむきがある。

（1991/11/25）

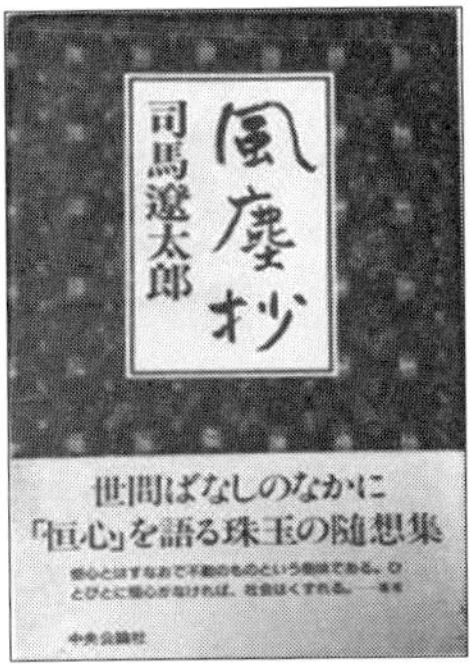

中央公論社
1111円＋税

説得力ある語り口の随想集

「風塵抄」

司馬遼太郎

『風塵抄』とは『小間切れの世間ばなし』の意味だと著者は言う。

十三年間、新聞記者時代を過した「産経新聞」紙上に連載中のエッセイの集成で、「なるべく、日常の、いわば身体髪膚に即したことを書こう」と心がけてスタートしたそうだ。が、やがて内外に、前代未聞の事件があいついだため、心がけ通りにはいかなくなった。

しかし、司馬遼太郎は風塵のなかにあっても、「すなおで不動のもの」を書く姿勢を一すじに保ち、石油や平和問題から、身近に見聞した日常の茶飯事までを、定評のある〝司馬史観〟と、卓抜した比喩にまぶして、説得力のある見事な語り口で楽しませて、考えさせてくれる。

たとえば、目下、問題となっている米について、「日本というものの把握」と題して、日本は長年の孤島自給自足主義の伝統があるため、「他店に物を売っても、他店から物を買うくせがついていない。／せめてコメでも、とアメリカがいっても、コメの自給は国防上大切である（それも一理がある。すべてこの世の森羅万象には一理がある。一理では片づかない）といったり、／『コメは日本人にとって神聖です』／とか、日本人の腸が長いんです、とかいって、すっきりとビジネスの公論の場に立とうとはしなかった」と言及し、「冷静に考える政治感覚をもたねば、世界じゅうが迷惑する。日本の破滅だけではすまないのである」と、やんわりたしなめる。

いまや司馬遼太郎のエッセイはこの国に生活する人たちの手頃の啓蒙書であり、絶妙な語り口に酔いしらされている感がある。

中央公論社の山形真功氏によると、幅広い読者に支えられて、一カ月で二十五万部に達しているという。

（1991/12/23）

マンガの世界に通底する漂泊の思い

「貧困旅行記」

つげ義春

晶文社
1481円＋税

幻のマンガ――つげ義春について回る定冠詞のようになっている。寡作である上に、睡眠薬を愛用し、つねに蒸発願望をもち、暗い自分の穴の中でひっそり暮しているマンガ家だったからだ。しかも、その描く世界は、非日常的な異空間であって、悪夢と正夢をないまぜた不気味さにあふれていた。反代々木系の学生運動家たちが、バリケードの中で愛読したマンガが、つげのものだったというのも、故なしとしない。

　そのつげ義春が、世の中の裏側にあるような貧しげな宿屋を、全国各地にさがし、ふらりと一人で出かけたり、親子三人、鄙びた村里の温泉宿を、フトコロと相談しながら、泊り歩いた『貧困旅行記』が話題となっている。

　一読すれば、彼のマンガの世界に通底する異空間をのぞきみるムードがあり、誰もが心の片隅にもつ蒸発願望を慰謝するやすらぎを感じさせられるのである。

　晶文社の担当、須貝利恵子さんは、「すでに八刷、四万七千部出版されています」と前おきして、

「読者カードを見ますと、四十代以降のつげマンガのファンが多いようです。若い人たちは、竹中直人の映画『無能の人』の原作者であることを知って、読者になっているのでしょうか」

と、読者層を分析している。

　バリケードの中で、つげ義春のマンガ『山椒魚』や『李さん一家』『紅い花』あるいは『ねじ式』を読んだ学園闘争の勇者が、こんどは活字の上でしみじみ、漂泊の思いを味わっているのかも知れない。

　つげ義春の視点、立ち位置は世の中が見せかけの平穏無事にある時、疎外された人びと、反撥する一部の層の救いになっているのだろう。

（1992/01/27）

朝日新聞社
1019円＋税

33のひたむきな生を見事に描く

「彼らの流儀」

沢木耕太郎

大勢に沿った、無難な生き方を是とする世の中である。いい大学に入り、名の通った企業へ就職するために、青春の全エネルギーを燃焼しつくしてしまうような生き方を強いられている。

その流れに逆うように「ありえたかもしれない人生のいくつかを失いながら」自らの生き方の流儀を、ひっそりと貫いている人々がいる。

アメリカへ渡り、ニューヨーク市警察の覆面捜査官となり、死の危機と隣り合わせた生活を送った人。米国の父と日本の母親の間に生まれて、レスリングでアメリカのイチバンを夢みる青年。三百三十三メートルの東京タワーのてっぺんにある航空障害灯の取り換え役の電気会社の一社員。

浅沼稲次郎を刺殺した山口二矢の父を、旧制高校の同級だった誼みで匿った旅館主——彼はその後、脊椎を折って、三十年以上もベッドに寝たきりの人生を送るが、闊達さを失わない……。

沢木耕太郎の『彼らの流儀』は、彼の周辺から取材した、33のひそやかな生き方を、抑制のきいた文体でつづっている。二十頁を超えるノンフィクションから、数頁のエッセイ、コラム風の掌編まで、取り上げられた生き方の様式はさまざまだが、頁数にかかわりなく彼らのひたむきな生き方の流儀を、みごとに描き、敬虔な思いにひたらしてくれる。

『若き実力者たち』『敗れざる者たち』『テロルの決算』『一瞬の夏』と、一作ごとに新境地を拓いてきた沢木が、「私にとってまったく新しいスタイルの文章を書かせてくれることになった」

と自負する一冊。発売当初、二カ月足らずで六万部に達した出色のノンフィクションである。

（1992/03/30）

ごま書房
1048円＋税

40年間の友情をベースに書き下ろした伝記

「わが友 本田宗一郎」

井深大

戦後、小さな町工場から、独創的な技術で世界に雄飛した企業に、ホンダとソニーがある。

両社の創業者・本田宗一郎氏と井深大氏に共通しているのは、生まれつきの技術好きで、いい製品を安く作ることを心がけ、消費者に尽くすことを生き甲斐にしてきたことだ。

『わが友 本田宗一郎』は、ソニー名誉会長の井深が、先に長逝した本田技研工業の本田との四十年間に及ぶ友情をベースに、モノづくりに情熱と夢を傾注した生涯を、書き下ろした伝記である。

〝英雄の心は英雄が知る〟という言葉があるが、根っからの技術者であった井深にして、見事に描き上げた本田宗一郎像といえる。筆致は淡彩のスケッチ風だが、四十年の交遊が織なすエピソードは豊富で、名利に恬淡としていた本田の清冽な生き方が感動を呼ぶ。

刊行三カ月足らずで四十七万部に達しているが、ごま書房の尾田優子さんは、読者の反響の過半が、「本田さんと井深さんの友情の厚さと、本田さんの生き方に深い感銘を受けたと書いて来ています」と言う。

株や不動産の売買でふくれあがった、バブル経済がものの見事に崩壊した今日、新しいモノづくりのみに志と情熱を捧げた両雄の生き方に、忘れていた日本人のひたむきな姿をあらためて発見したのだろう。

読者はビジネスマンを中心に、七十代の経営者から、若い高校生、大学生にひろがり、若い彼らは、自分たちの将来の道の選択も含めて熱読している様子だ。

話題になる本の要訣を、私はシラブルの頭文字「3T」タイトル・テーマ・タイミングに収斂しているが、まさにタイミングを得た好著である。

(1992/04/27)

中経出版
1359円＋税

架空の出来事を学術的に論じた〝知的遊び〟
「ウルトラマン研究序説」
SUPER STRINGS サーフライダー21

〝ウルトラマン世代〟の少壮学者二十五人が、「常識では予期できないパラダイム・シフトに遭遇したときに我々はいかに対処すべきか」を、各専門的視点から、真面目に論じた〝知的遊び〟の本である。

「ウルトラマン」とは、怪獣ブームの仕掛人――特撮の鬼才が創造した一大キャラクターであった。半世紀前、テレビのシリーズに登場して、当時の少年たちの空想力と夢をかきたて続けたSFものだった。

『ウルトラマン研究序説』は、このウルトラマンを素材にして「もし～だったら……」の様々な問いに答えた面白本だ。

問題の一例をあげれば「もしあなたの家が、怪獣と闘っているウルトラマンに壊されたら、あなたはどこに損害賠償請求をしたらいいのか？」といったもの。虚構や架空の世界を、現実におきかえて学術的に論ずるこの類の本は、私の知る限りおそらく本邦初登場と思われる。

その斬新な企画力で、短期間に三十四万部のベストセラーになっている。

中経出版の担当者・清水典夫氏は、読者の六十％が二十五歳から三十歳前後の〝ウルトラマン世代〟だと前おきして、次のように語っていた。

「企画は著者グループの一人、速水栄氏から持ち込まれたものです。以前だったら、この種の本を真面目に出版したら、頭の程度を疑われたかも知れません。だが、タイミングがよかった故か『今までにない本だ。こういう本を待っていた』と、大きな反響を受けました。欧米には、架空の存在のものを論じる知的な遊びが定着していますが、日本にもその流れが来たのでしょうか」。

（1992/05/25）

光文社
1714円＋税

ケネディ、モンローの死の真相を明かす
「アメリカを葬った男」
サム&チャック ジアンカーナ

オリバー・ストーン監督の映画「JFK」との相乗効果で、ケネディ大統領暗殺関係の書籍が売れている。

その奇怪な死から十九年。事件に関して出版された本は数百冊を超えているが、そのとどめともいうべき衝撃の書は、サム&チャック・ジアンカーナ著、落合信彦訳の『アメリカを葬った男』であろう。

マファイアの首領だったサム・ジアンカーナの身内が書いた伝記で、暗黒街の非情で戦慄的な全貌が隠し立てなく明らかにされている。

その内容に、メガトン級の衝撃度を加えているのは、首領がケネディ兄弟とマリリン・モンローの死に、黒幕として深くかかわっていた事実と、JFK狙撃の下手人の実名まで、明らかにされていることだろう。

ケネディ兄弟を抹殺するに至った経緯は、サムが暗黒街のボスに成り上がって行く過程で、兄弟の父親ジョーと禁酒法時代にダーティーな関係を結び、息子のジョンが大統領選に立候補した時にも、協力を惜しまなかった。

当選と引き換えに、捜査の目こぼしの密約を与えられていたからだ。ところがケネディ一族は、国家権力の枢軸を握った途端、約束をホゴにして、マフィアの壊滅に乗り出したのである。

暗黒街のオキテで最悪の〝裏切り〟（原題）に激怒した首領は、大統領の政策に批判を強めるCIAと結託して、一族への落とし前をつけたという筋書きである。

ケネディ兄弟の死には、白昼、群衆の中で殺されただけに、おびただしい数の説がある。『アメリカを葬った男』は出されるべくして出された本で、訳者の落合信彦にも、同視点からの著書があり、波長の合った訳には熱気がこもる。

（1992/06/22）

中央公論社
1047円＋税

16世紀まで溯り 日本を縦横に語り合う
「世界のなかの日本」
司馬遼太郎 ドナルド・キーン

対談で、心地よいハーモニーを持続しながら、話題をのびのび発展させるには、双方に歴史・文化に通底し合う該博な知識と、深い洞察力がなくてはならない。

それに加えて、相手への尊敬の念と、人柄まで好きである心情が望ましいが、国民作家司馬遼太郎とドナルド・キーンの対談『世界のなかの日本』は、その条件を申し分なくそなえた好著である。

この対談は、日本文化を日本人以上に知る稀有な日本文学者と、司馬史観に裏うちされた見事な表現方法の具現者にして、はじめて可能になった対談だろう。

さまざまな理由で、今日ほど世界中の人々から、日本と日本人について、強い関心を持たれた時代はなかったといっていい。

ハイ・テクを駆使した工業的生産物や、日本史上空前の経済力が、外国人の関心を呼んだのであろう。

しかし、この対談では、ポルトガルやイギリスなど紅毛碧眼の西洋人が、極東の一島嶼国・日本と交流を持ちはじめた十六世紀にまで溯り、その根源から日本人及び日本文化を司馬と縦横に語り合っている。

中央公論社の山形眞功氏によると、二人の対談は、『日本人と日本文化』以来の二十年ぶりだといい、刊行わずか二カ月で十一万部の売れ足の早さだとか。

「平成元年の夏と冬、同二年の六月の三回にわたる対談をまとめた語り下ろしです。日本人の国際性が問われている時期とタイミングが合い、さらに、キーン先生がＮＨＫ教育テレビ、朝日新聞に連載中の『声の残り――私の日本文壇交友録』もあって、その相乗効果が大きかったと思います」。

(1992/07/27)

現代人の苦しみ、悩みを分かり易く説く

「こころの処方箋」

河合隼雄

新潮社
1048円＋税

衣食は足り、表向きは豊かな時代に、こころに苦しみや負担を持つ人々がふえている。

″こころの処方箋《せん》″が求められる理由だが、心理療法家という職業は、それらの悩みを持つ人々の相談にのり、いい方向へ導くための職業とされている。

当然、人の心の中がわかる具眼の士と考えられやすい。が、『こころの処方箋』の著者——わが国のユング派精神分析の権威・河合隼雄氏は、本書の冒頭で「人の心などわかるはずはない」と宣《のたま》うのである。

時宜を得たタイトルに、大きな期待感を抱いて読みはじめた読者に、いきなり冷水を浴びせかけるような言葉だが、五十五編からなる本文のタイトルは、「１００％正しい忠告はまず役に立たない」だの「『理解ある親』をもつ子はたまらない」「マジメも休み休み言え」「ものごとは努力によって解決しない」……と言った既存の箴《しん》言を覆す見出しとなっている。

著者はその理由を、「現在は知識はたくさん持っていながら常識のない人が多くなっているから、『人の心などわかるはずがない』といった、当然のことを言う必要があるのだ」と言う。

心理療法家として、豊富なカウンセリングを持つ著者が、その経験を基に現代人のさまざまな心の動き、悩みをわかり易く説いていて、一見、逆説的に感じるタイトルが、一読、すんなり納得できる仕掛けとなっている。

しかし、こころの処方は肉体治療以上に難しいものであり、こころに異常を来した人をいい方向に導くのは心理療法家の療法を俟《ま》つほかないだろう。

二十代から六十代までの広い層に読まれ、現在、二十八万部のベストセラーになっている。

（1992/08/31）

早川書房
1905円＋税

関係者の証言をもとに
衝撃的事実を明かす

「ダイアナ妃の真実」

アンドリュー・モートン

地球上に最後まで残るのは、五王室といわれている。トランプの四枚の王と王妃、残る一つは、英国王室というジョークである。

いま、その英国王室のチャールズ皇太子とその妻ダイアナ妃の不幸な結婚生活が、世界の格好の話題になっている。

アンドリュー・モートン著の『ダイアナ妃の真実』と、コリン・キャンベル著の『ダイアナ妃　その秘められた素顔と私生活』の二冊が巻きおこした波紋である。

モートンの『ダイアナ妃の真実』は、結婚後も、以前から交際のあった人妻と関係を続ける皇太子に絶望、五回も自殺未遂をはかったという衝撃的事実で、英国をはじめ世界の関心をそそっている。

同書は、バッキンガム宮殿奥深く肉薄。ダイアナ妃寄りの関係者から、信憑性にみちた証言を掘りおこし、現代版シンデレラとみられた女性の結婚が、苦悩と悲しみに沈んだものであることを、明らかにしている。

両親の離婚による不幸な少女時代から説きおこし、短い青春時代を経て、目くるめく玉の輿・英国皇太子妃に。その十年にわたる結婚生活までを叙述しているが、豊富なカラー写真と表裏一体となって、彼女の陰影の濃い人生が、炙り出される仕掛けだ。

早川書房の担当、鎌田眞衣子さんは、刊行三週間足らずで五刷、三十五万部に達する売れ足の早さを言い、

「読者の八割は二十代の女性です」

と、若い女性がダイアナ妃になみなみならぬ関心をもっていることを語っている。

一読、女性の幸福が、貴賤の地位や名誉、財宝の有無の埒外にあることを痛感させられる。

（1992/09/28）

岩波新書に“面妖”な一石

「カラー版 妖怪画談」

水木しげる

岩波書店
810円＋税

妖怪漫画の元祖、水木しげると、活字文化の砦、岩波書店の結びつきは、一見〝オカルト的〟と感じられないわけでもない。

　この刊行に先だつ六、七年前、新雑誌「へるめす」誌上に、水木の短い原稿が掲載されたが、平成四年の夏、岩波新書に、水木しげる書き下ろしのカラー版『妖怪画談』が登場したのである。全二百二十六ページに、大入道、こなきじじい、煙羅煙羅など、百三の妖怪や幽霊が書き下ろされ、解説入りで初刊七万部の大部数で上梓されたのだ。

　オカルト・ブームのさ中にあったとはいえ、この異色の結びつきは、読書子の注目を浴び、話題となった。が、それにも増して売れ足は早く、刊行二カ月で四刷、十一万部となっている。『妖怪画談』のアイデアは、「新書」編集部の川上隆志氏と、水木しげる氏との雑談の中から生まれた。

　川上氏は次のように言う。

「新書というワクの中で、いろんなものをやりたいと考えていましたが、オカルト・ブームで、妖怪への関心が高まっている今、なにかできないものかと、かねて存じ上げていた水木先生とお話していて、『妖怪のオールカラー決定版をやろうか』ということになり、出版の運びとなったものです」

　昭和十三年、「岩波新書」が創刊されてから千八百点近く刊行されていたが、『妖怪画談』は、ユニークさにかけて最右翼に位置している。

　読者層の中心は三十代のサラリーマン。彼らは『ゲゲゲの鬼太郎』などを見て育っていて、子供に読ませたいと買っているらしい。

　『妖怪画談』は、お堅いイメージの新書の流れに一石を投じ、いい波紋を生んだようだ。

(1992/10/26)

新潮社
1238円+税

「たか号」唯一の生存者が綴る生と死のドラマ

「たった一人の生還」

佐野三治

「太陽と死は直視できない」という箴言がある。

が、人生には運命の女神の気まぐれから、それを回避できない熾烈な体験を、強いられるときもある。

不治の病いを告げられたり、山や海で遭難し、絶望的な日々を過ごすときである。

『たった一人の生還』は、激浪の中のヨットレースで、七人のクルーを乗せてグアムへ向かった「たか号」の唯一の生存者が綴った生と死の鮮烈なドラマである。

彼らは、三日後に消息を断ち、航空機のべ五十二機、巡視艇十一隻の捜査も空しく、それから二十七日間、空気の抜けた救命ボートで滄海を漂うが、この間に次々と仲間は死んでいった。

唯一の生存者となった佐野三治氏は、この著書で死と向かい合った壮絶の日々と、病院での心の葛藤の日々を、克明に綴っている。――その記憶力と描写力は見事で、出色のノンフィクションとなっている。

出版を担当した新潮社出版局の寺沢哲也氏は、

「ヨットが転覆し、パニック状態から始まった漂流なのに、冷静に自分を眺めるもう一人の自分がいて、海難事故の記録としてはすごい作品がまとめられました」

と前置きした上で、

「海難事故というと、漂流記だけに限られたものが多いのに、救助されて入院後、たった一人、生き残った者の、仲間たちに対する心の葛藤。また、なぜ生存しえたかを医師の証言によって補足できたことが、作品に厚みを与えたと思います」

と語る。五万部でスタートして、近々、重版に入る勢い。広告に反応してコンスタントに売れている。

(1993/01/25)

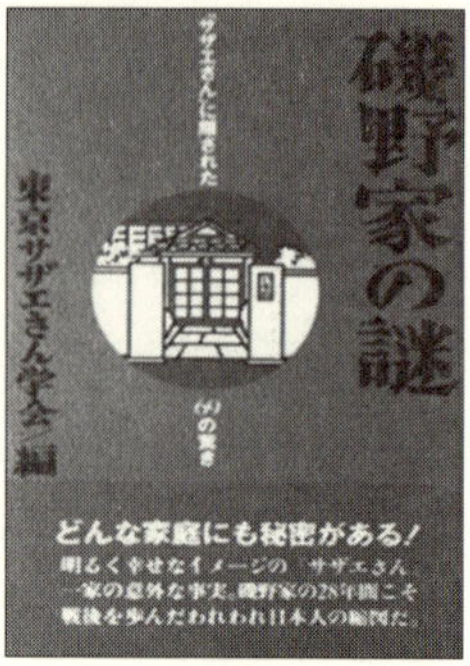

飛鳥新社
952円+税

生活、習慣、趣味など全68巻を徹底研究

「磯野家の謎」

東京サザエさん学会 編

『サザエさん』はいまや、テレビのアニメーションで拡大化され、知られた存在である。磯野家の長女で、フグ田マスオと結婚。世田谷区の生家に同居している。父母は波平とフネ。弟妹にカツオとワカメ、一子にタラオと、三世代の名前はすべて海に関係のあるものばかりだ。

長谷川町子が朝日新聞に、昭和二十年初期から四十年代にかけて連載した人気マンガだが、この磯野一家の生活、習慣、趣味などを慶大教授、岩松研吉郎氏と、四人の教え子たちが、「まじめな冗談のつもり」で、徹底研究した。題して『磯野家の謎――「サザエさん」に隠された69の驚き』。

中世物語の研究家が、源氏物語に対すると同じ手法で、サザエさん全六十八巻に迫ったわけだが、その『磯野家の謎』が刊行一カ月で五十万部を超えるベストセラーになっている。

飛鳥新社の担当・赤田祐一氏は、「私自身がテレビのアニメで『サザエさん』を知った世代でした……」と前おきをして、『磯野家の謎』がすごい勢いで売れている理由を次のように分析している。

「読者は、小学校五年生からお年寄りまでと広いのですが、中心はアニメのサザエさん・ファンです。マンガを知らぬ人たちが、テレビで知って、『磯野家の謎』に飛びついた格好――遊びのわかる人がそれだけ増えている証拠だと思います」

当初は、マンガ世代を狙い、装丁は地味なお中元の海苔の感じにしたという。装丁を「海苔の感じにした」というあたりに、すべてが海に関係のある磯野一家に迎合していてそれが、うれしい誤算になったのだ。視聴メディアの強さを、あらためて知るベストセラーである。

（1993/04/26）

PHP 研究所
1429 円＋税

20年の研究成果に基づく警世の書

「組織の盛衰」

堺屋太一

堺屋太一は、石油ショック、円ショック、東西の〝冷戦〟の終結を、適確に予測した人として知られている。

通産省の役人時代、「大阪万国博」「沖縄海洋博」を企画・推進し、『通産白書』執筆の中心メンバーでもあった。

もの書きに転じて、最初に書き下した小説は、突如、石油の供給が断たれたら「日本は三百万人の生命と総国民財産の七割が失われる！」という衝撃的な『油断！』であった。

『組織の盛衰』は、この『油断！』以来の書き下しで、サブに「何が企業の命運を決めるのか」を謳った、二十年の研究成果に基づく警世の書であった。

その内容は、バブル経済崩壊で、日本の企業はガタガタになっているのは、束の間の成功体験に埋没したツケであることを指摘。

「このままでは日本的組織は衰亡する」と組織の総点検に加え改善の具体策と、新しい組織のあり方を提唱している。

発売三週間で、十万部の売れ足の速さを見せているが、ＰＨＰ研究所の出版担当・今井幸博氏は、

「各企業が、リストラで生きのこりを策している時、どこに問題があり、どこを改善したらいいか、ヒントになる提言があるからでしょう」

と分析している。

絶妙なネーミングの『油断！』にはじまって『峠の群像』『豊臣秀長』『知価革命』等、話題書の執筆者としてのネームバリューと、万国博の先見性に富んだ組織者としてのキャリアも、売れゆきに拍車をかけている。

読者は、大企業の中間管理職、中小企業の経営者、そしてビジネスマンが圧倒的。時代の要請に応えた強さであろう。

(1993/07/05)

幅広い層に感動を与える恋愛小説
「マディソン郡の橋」
ロバート・J・ウォラー
村松潔 訳

文藝春秋
1359円+税

『マディソン郡の橋』――この地味なタイトルからは、五十二歳のカメラマンと、アイオワ州マディソン郡に住んでいる人妻とのわずか四日間の濃密な恋と、その邂逅を終生胸にしまって、死ぬまで他人に明かさなかったという、類例のない恋愛小説の片鱗さえうかがえないだろう。

その『マディソン郡の橋』が、日本の出版界のフィクションの部のベストセラーのトップに立っている。アメリカでも、じわじわと売れつづけて、半年後に全米をわかせる恋愛小説となって、読者を大きな感動の渦に巻きこんでしまった。アメリカでは、現在までに百六十万部を超える大ベストセラーになっているのである。

日本でも「発売三カ月のいま三十万部を超え、三日から五日の間かくで、増刷をつづけている」と、文藝春秋の翻訳出版部の松浦伶氏は語っている。

屋根付きの橋を撮影するためにやってきた実年のカメラマンと、その地に暮らす四十五歳の農夫の妻が、運命の糸にたぐり寄せられたように出会い、彼女の夫が留守をしている四日間、燃えるような二人だけの時間を過ごす。……この種の束の間の燃えさかる恋愛小説は世界に少くない。だが『マディソン郡の橋』の異色さと、読む者に深い感動を呼ぶのは、この先にあった。

で、読者年齢はどのあたりにあったのだろう。

「読者カードを集計したところでは、十六、七歳から八十六歳の高年齢まで、おどろくほど幅が広い。中心読者は二十代から四十代といったところです。読後感に『感動した、心が洗われて泣いた』といった声が寄せられています」と、松浦氏は語っているが、ベストセラーの一つ「読んで泣いた」が厳然とあることも知って納得する。

（1993/07/26）

実業之日本社
1143円+税

最新の研究成果を踏まえ平易に解説

「恐竜の目にはどんな空が映っていたか」

今泉忠明／青鹿良二 画

平成五年の夏は、空前の〝恐竜ブーム〟であった。

アメリカで大ヒットを飛ばした映画『ジュラシック・パーク』。日本映画の『REX恐竜物語』を筆頭に、全国各地で開催された二十を超える恐竜展の相乗効果であった。

目敏い出版界が、この動きを見のがすはずはなく、各出版社はこぞって恐竜に関する本を次々に刊行したが、この数年間だけでも恐竜の点数は、児童書を主に四百点に及んだ。

『恐竜の目にはどんな空が映っていたか』は、一億五千万年もの間、地球上に君臨しつづけ、今から六千五百万年前に忽然と姿を消した、この巨大な爬虫類のくらしから、求愛、戦いぶり、絶滅の謎などを最新の研究成果を踏えて、わかり易く述べた一冊だった。

実業之日本社第二出版部の担当・百武尚嗣氏は、恐竜の目を出版した理由を次のように語っていた。

「このところ夏場になると、恐竜に関するイベントが開催されていますし、話題の映画『ジュラシック・パーク』も公開され、ブームは頂点に達するだろうとの計算はありました。しかし、これほどのブームになるとは思っていませんでした」

著者の動物学者・今泉忠明氏によると、恐竜ブームの第一期は、怪獣ゴジラが登場した時期。第二期は巨大な恐竜の化石が発見され、その骨格を復元したイベントが各地で行われたとき。そして、今回は第三期のブームに当たったという。

青鹿良二氏のイラストが、現代人の想像を越えたさまざまな特徴を備えた恐竜の、巨体のイメージをよみがえらせ、恐竜の目に映ったであろう空を想像させて、読む楽しみを増幅させてくれる。

(1993/08/30)

精神医が分析した日本の官僚社会

「お役所の掟」

宮本政於

講談社
1429円+税

滞米十一年の精神科の医師が、日本のお役所の〝病理〟を剔出した、話題の書である。著者の宮本政於氏は、アメリカで学び、帰国後に厚生省に入省して、保健医療局の課長補佐となるが、精神医の目に映った日本における最大組織の官僚社会は、前近代性が盤踞する驚くべき〝ムラ社会〟だった。

「遅れず・休まず・仕事せず」の三大原則を守り、先輩の仕事に異を唱えず、前例を犯さず、どっぷりと〝ムラ社会〟に身をひたしている役人は、年功序列に従い出世する。だがこの掟に逆らえば、村八分のいじめに合い、確実に疎外されてしまうのである。

宮本政於は、この中央官庁勤務でのカルチャー・ショックを克明に記録し、一般誌に発表して、一躍、時の人となった。

霞が関は、蜂の巣をつついたような大騒動となり、宮本はムラ社会の、ありとあらゆる陰湿ないじめを受ける。ところが、精神分析医の氏は、自分の感情を交えずに、客観的にいじめの現場を記憶し分析、一書にまとめたわけである。

講談社第三出版局の古屋信吾氏は、

「発売三カ月足らずで二十万部になりました。初めは県庁や市の公務員から『中央官庁でも我々と同じことが行われているのか。よくここまで書いてくれた』の声が寄せられました。今は、サラリーマン、女性にひろがり、外国のマスコミにも、とりあげられはじめました」

と、反響が国際的に及んだことを指摘する。外国人記者の驚きは、長期休暇のとれない事にあるようだが、「非常に素直で、人の意見をよく聞く謙虚な人」(古屋氏談)が掟破りに及んだのは、この休暇申請でのボタンのかけちがいに原因があったようだ。

（1993/09/27）

クレスト社
1524円+税

将棋人生通し運に乗る要諦を説く

「運を育てる」

米長邦雄

政治には全くの素人であるのに、平成五年に行われた衆議院選挙で、社会党の惨敗を予言した勝負師がいる。

将棋の名人位に史上最年長の五十歳――挑戦七度目にして、涙の栄冠を得た米長邦雄である。

彼が、七度目にして名人に成りえたのは、なんといっても〝女神に好かれたこと〟に尽きるというが、この勝負の女神は、何度ヒジ鉄をくらわした者にでも、見直した点があれば、それまでの冷たい態度を急変させて、惚れてくれるのだと言う。

『運を育てる――肝心なのは負けたあと』は、七度目の挑戦で新名人となった米長邦雄が、自らの将棋人生を通して、幸運の女神に好かれ、運に乗った要諦を、わかりやすく説き明かしているのである。

クレスト社の出版担当・都築賢氏は、

「刊行二カ月で十五万部になっています。読者は、四十代から六十代で、ピークは米長邦雄先生と同年代の五十代の男女を問わずです。巻末に著者へのメッセージを書いて送るようにしていますが、『非常に勇気づけられた。元気が出た。これからどう生きるかの指針になった』という声が過半を占めています。不況で中高年層には不遇時代ですが、この本を読んで、頑張ればなんとかなると力づけられていると思います」

と反響を分析している。

本書の中にエピソードを提供している作家・団鬼六氏は、米長名人とは何回も対戦していて、個人的にも親しい間柄だが、その公私の体験を通じて、

「将棋は理屈の世界だが、米長さんは幸運の女神に好かれることを実践していますよ」

と、名人自らも運を育てることに懸命であることを裏づけてくれる。

(1993/10/25)

妊娠、出産、子育て ホンネでつづる
「赤ちゃんが来た」
石坂啓

朝日新聞社
1429円＋税

妊娠・出産・子育てに関する本は、ごまんとある。その種の本を集めたら、文字通りの汗牛充棟になるだろう。ほとんどが、産婦人科医、子持ちの有名人、教育家が書いたもので、その内容はタテマエとキレイゴトふんぷんである。

手塚治虫に師事した女流マンガ家・石坂啓の『赤ちゃんが来た』は、意表を衝いたそのタイトルが象徴している通りの、実感的な妊娠とお産。その後につづく二年近い子育ての苦労と楽しさをホンネで綴った面白い本である。

ごく自然な形で、性と殖の行為、妊娠初期のうっとうしさ、股間からあの大きな赤ん坊をズルリと産み出した体験などを、マンガとイラスト付きで書いている。

一例をあげれば、母と子の初対面の件は、可愛いにはほど遠い「思いきりいびつな頭の、なんだか水色にぬめっている、半魚人のような容貌だった」と、正直に書く。だが、「何度か乳をやっているうちに、気が遠くなるような幸福感に襲われた……」とも。

そのホンネのままの記述が、世代や性別をこえて共感を呼び、いま二十二万部のベストセラーとなっているのである。

朝日新聞社・書籍第一編集室のデスク赤藤了勇氏は、「主人公の陸生ちゃんの兄さん格の小学生、同じ年頃の孫をもつおじいさん、女子高生まで、読者はひろがっています」と語った上で、次のように言う。

「先日、三歳になる陸生ちゃんに会いましたが、この本に描かれた顔にそっくりでした。石坂さんは、きっちり妊娠から出産、子育てを見つめ、無理のない言葉で書かれているので、共感を呼ぶ出色のドキュメントになったのでしょう」。

（1993/11/29）

中央公論社
1238円＋税

歴史から学んだ人間の生き方を訴える
「十六の話」
司馬遼太郎

司馬遼太郎氏が、この十年間に、あちこちに発表した『十六の話』をまとめた最新文集だ。

表面だったテーマはない。が、その底に流れているものは、「歴史から学んだ人間の生き方の基本的なことども」を、訴えたいという司馬氏の心のほとばりの集成といえる。

発表の媒体は、総合雑誌から文芸誌、全集の月報、記念講演、文庫の解説、小学国語に収録されたものなど、さまざまだ。

その項目も「文学から見た日本歴史」「開高健への弔辞」「井筒俊彦氏を悼む」「華厳をめぐる話」「大阪の原形」「洪庵のたいまつ」「二十一世紀に生きる君たちへ」と、幅はひろい。

一読、読む者を感動に誘い、共感させる司馬氏の心地よい語り口にあふれている。それもこれも「まず、物事を月光よりも太陽の下で見たい……さらには、自分への規律として、イデオロギーという遮光レンズを通して物を見ない、という姿勢」と、「過去・現在・未来という外界に対処する場合、できるだけ自分のすべてをゼロに近づけよう」と努める司馬氏のものの見方、考え方のたまものである。

『空海の風景』以来、中央公論社で司馬氏の出版を数多く手がけてきた、担当の山形真功氏は、刊行一カ月で十万部を超えた『十六の話』の成り立ちを、次のように述べていた。

「関西大学に山野博史助教授という、司馬先生の大ファン・研究者がいらっしゃって、その先生が、司馬先生の断簡零墨に至るまで集めています。『十六の話』は、その山野先生のご協力のもとに集成しました。十六話に共通したものは、司馬先生がいま訴えたいお気持のあるお考えの精髄です」。

（1993/12/27）

不況の原因を探り
生き残りへの対応を示す

「隗より始めよ」

内橋克人

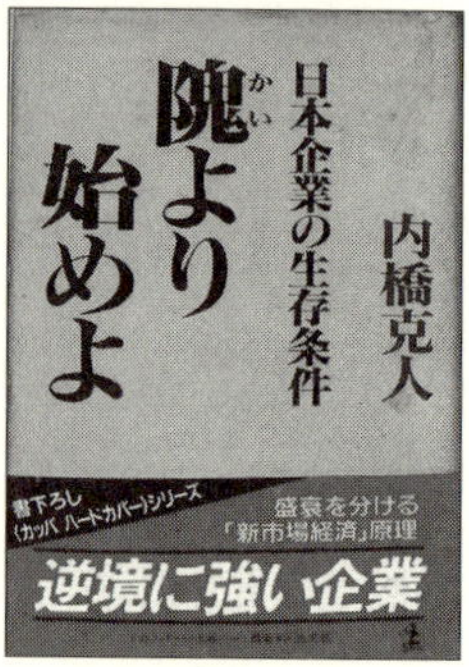

光文社
933円＋税

景気回復のきざしが見えない、前例のない深刻な不況が続いている。大蔵省、日本銀行がグルになって犯した〝官制バブル〟のツケが、めぐり回ってきたものらしい。

「日本企業の生存条件」をテーマに、内橋克人氏が書き下ろした『隗より始めよ』は、この不況がどうして起きたのか。いままでの不況と、どう違うのかから説きおこして、どのように対応したら生き残れるかを述べたタイミングのいい著書である。

刊行一カ月足らずで五万部を超える売れ足の早さが、時宜にかなったことを物語っている。

読者は、この底知れぬ不況で、雇用調整の関頭に立たされた中堅のビジネスマンと、必死に企業の生き残りを模索している経営者だ。

光文社の担当・遠藤浩氏は次のように説明する。

「隗より始めよ——一から出直さなくてはならないというタイトルが、内容を端的に物語っていると思いますが、この難局を乗り切るためには、大量生産・大量消費・大量廃棄を前提にした、今までの考え方を変えなくてはなりませんし、モノと人と時間の三者間に、新しい在り方を見いださなくてはならない。さらに『コストダウン』から『コスト回避』への価値転換を図らなければ、生き残れないということを、具体例を挙げ分かりやすく述べています。成熟した社会となって、消費者がどう変わったかを教え、一から出直しを図ることを示唆した本といえるでしょう」

頭で理解しても、実践には幾多の困難が伴う。日本の企業が立ち直るには、経営者をはじめ働く者の上に、大きな試練があるだろう。

まず、「隗より始めよ」だ。

（1994/01/31）

読売新聞社
1429円＋税

“永久初版作家”の称号返上した直木賞作品

「新宿鮫 無間人形」

大沢在昌

大沢在昌の『新宿鮫　無間人形』が、ハイテンポで売れている。平成四年の十月下旬に刊行され、翌五年一月十三日に第百十回の直木賞を受賞したことで、売れゆきはさらに加速し、三カ月足らずで二十万部のベストセラーとなった。

　すでにシリーズ化された小説の第四作目だが、そのおどろおどろしたタイトルは、新宿署防犯課の一匹狼、鮫島警部に追われる立場の反社会的集団から献じられたものだった。

『無間人形』篇では、アイスキャンディと呼ばれる新手の覚せい剤の供給源を追っている。そして、スピード感のあるストーリー展開と、会話の運び、簡潔な文体は、一気にエンターテインメントの世界に誘い込んで放さない。

　このシリーズの面白さは、フィクションとノン・フィクションの境目がわからないほどに、暗黒の世界と麻薬の実体、その仕組、組織に踏み込み、ビビッドに描いていることだ。

　読売新聞社出版局の担当、吉弘幸介氏は、そのあたりを次のように述べる。

「大沢さんは、この小説を書くにあたって、厚生省の麻薬取締官や、新聞記者など丹念に取材しています。その徹底した取材にも増して、サブ・キャラクターを見事に書き切っていることです。鮫島警部と追いつ終われつで、製造元に迫る異常人間的な麻薬取締官の塔下や、キャンディ製造に噛んでいる香川昇、進兄弟のリアリティある描写が、この小説を一段とひきたてています」

　二十代から三十代が大沢作品の主要読者だったのが、連載の舞台だった「週刊読売」によって、さらに拡がった。小説家としてデビュー以来〝永久初版作家〟と言われていたが、『新宿鮫』でその称号は断ち切った。

(1994/02/28)

福武書店
1143円＋税

読者の渇きを癒す “ばななワールド”

「アムリタ(上・下)」

吉本ばなな

「アムリタ」――神様が飲む水という意味だそうである。

面妖なタイトルの、吉本ばなな・最新長編小説が、刊行四十日足らずで上・下巻五十二万部を突破している。

『キッチン』『うたかた／サンクチュアリ』『白河夜船』『ＴＵＧＵＭＩ』……と、吉本の小説は主人公と作者がほぼ等身大で、読者ともイコールの関係を描いているが、「アムリタ」も同じ流れをゆく小説である。

階段から落ちて、記憶をなくした「私」と、母と、小学校四年の父親違いの弟。居候をしている母の幼なじみの純子、大学生のいとこの幹子、そして、由男と「私」の間にいた真由らが登場人物となっている。

その家族の上に次々と不条理な出来ごとが襲い、人と人の摩訶不思議な出会いもあるが、物語はモスコフスキー作曲の「ボレロ　ニ長調」の調べのように、緩慢な日常が描かれている。

しかし、「私」にこと寄せた吉本の語り口は、十代後半から二十代にかけての女性読者をつかんで放さない言語感覚と、彼らに通じ合う記号にあふれ、読む者の渇きを確実に癒す〝ばななワールド〟を形づくっている。

福武書店の出版担当・根本昌夫氏は、

「八五％が若い女性読者です。吉本さんの小説が彼女らに圧倒的支持を受けているのは、伝統的な文学表現とはちがう語り口ながら、作品には時代のリアリティがあり、それをうまくつかまえた日本語で表現しているからでしょう。それにモラルというものも、きっちりとあります」

と語っている。

面妖なタイトル『アムリタ』にはじまり、ストーリーも次々と不条理な出来事に撹拌される…まさに吉本ばななワールドの魅力だ。

（1994/03/28）

講談社
1333円＋税

米国生活の実感、見聞をつづったエッセイ

「やがて哀しき外国語」

村上春樹

純文学作品は、売れないのが常識とされている。その常識を破ったのが、村上春樹の超ベストセラー『ノルウェイの森』（上・下）だった。現在までに四百十六万部に達している。

村上作品は、『ダンス・ダンス・ダンス』（上・下）にしても百十万部のミリオンセラーで、純文学ではケタはずれの売れ筋である。若い女性読者に圧倒的に受ける爽やかで乾いた文体と、彼らの生活に合うリズム感に魅《ひ》かれる故かも知れない。

その村上春樹の久々の長篇エッセイ『やがて哀しき外国語』が、刊行一カ月足らずで十六万部のベストセラーになっていた。

アメリカはニュージャージー州プリンストンに住んで、ここでは、一人の無能力なストレンジャーでしかないという実感をベースに、見たり聞いたり考えたことを、「写真で言えば、標準レンズだけを使って、普通の距離からごく当り前のものを写し」撮ったというエッセイ集だ。

講談社の文芸図書第一出版部長の宮田昭宏氏は『やがて哀しき外国語』の読者層が、

「今までとはちょっと異った村上春樹と同世代の人たち」

と指摘した上で、その読まれ方と反響を、次のように語っている。

「村上さんのエッセイとしては、はじめての固い感じで、自分のこと、外国のこと、外国語とのふれあいを語っています。アンケートを見ると、この本に限って、読んだ方たちが『自分も外国生活をしてみたい。外国へ行ってそこでの体験を考えてみたい』と述べています」

装幀の安西水丸の本文カットが、村上春樹の肖像を見事に描いていて面白い。

知名度と衝撃の相乗効果で爆発的売れ行き

「ガン再発す」

逸見政孝
逸見晴恵 補筆

(1994/04/25)

廣済堂出版
1190円+税

「恐ろしいです。でも生還したい……」

人気アナウンサーの逸見政孝が、生還を期して、衝撃のガン告白緊急記者会見を行ったのは、平成五年九月六日だった。

三度目の手術に臨む患者とは、とても信じられない勇気ある告白会見であった。週刊誌やテレビは、逸見のガン闘病の経過を挙げて報道し、凄絶な戦いの日々を見守りつづけた。だが、生還の祈りもむなしく、ついに不帰の人となってしまった。

『ガン再発す』は、その逸見政孝自身が、生還を信じて、記者会見の当日から、十三時間に及ぶ大手術後、死去に至るまでを、政孝と夫人の晴恵が補筆の形でまとめた実録であった。

ガン告白会見、大手術、そして死去と、衝撃のほとぼりがさめない平成六年二月十八日に発売以来、二ヶ月で八十万部を超えるベストセラーとなったが、廣済堂出版の松田順三編集長は『ガン再発す』が、出されるべくして出された本であると語っていた。

「題名は、逸見さんが生前に決めていたものでした。逸見さんはうちのオーナーと親しく『今度出すときには、必ず廣済堂出版から出したい』と言っていました。たまたま、ガンの手術となり、オーナーがお見舞いにうかがうと、逸見さんの側から『闘病記を出しましょう』と提案され、書きはじめたものでした」

病状は悪化し、途中から夫人が補筆する形になったが、彼の知名度と衝撃の話題性の相乗効果もあって、爆発的な売れゆきとなった。読者は女性が過半で、晴恵夫人への励ましの言葉から、身近にガン患者を持った人たちからの共感、夫の健康への気くばりの決意など、その反響の幅はひろい。

（1994/05/30）

岩波書店
740円＋税

地方からの注文も多く 2カ月で30万部

「大往生」

永六輔

「太陽と死は直視できない」という箴言がある。その死を、深刻ぶらないで、いちど笑いのめした上、気持を楽にして読める『大往生』が、発売二カ月で三十万部のベストセラーになったのは平成六年の初夏であった。

著者は、軽妙な語り口で電波メディアに活躍している永六輔。大ヒットソング「上を向いて歩こう」「こんにちは赤ちゃん」等の作詞者としても知られている。

その永六輔が、全国津々浦々を旅するなかで聞いた、巷に生きる人々の「死」に対するホンネや寸言を軸にして、自ら編みあげたのがこの著書である。

本のタイトルは「大往生」となっているが、永は「大往生」とは死ぬことではなく、「往って生きることである」と説いていた。

岩波書店の担当者井上一夫氏は、

「近ごろにない売れ足の早さに驚いています」

と前置きした上で、『大往生』の刊行の経緯を、次のように語っていた。

「三年前、永さんが筑紫哲也さんの番組に出られて、心にしみる庶民の死生観を語られたのを聞いて、本に書く気はないかとおすすめし、それから永さんのシンポジウム、講演会などの資料をまとめて、どういう形がいいか相談しました。永さんが父上の永忠順氏の文章は『どうしても載せたい』と最初から言っていましたので、それを加えてまとめていただいたのが、この新書でした」

岩波新書の読者層は、それまでは東京、大阪など大都会中心だったが、『大往生』は予想に反して地方の書店からの注文が実に多かった。面白いことに年配の主婦の反響も多く届いているという。

（1994/07/25）

マガジンハウス
1068円＋税

都会生活のホロ苦さを軽妙に綴る

「東京バカッ花」

室井滋

「田舎から新しい生活の場を求めて初めて東京へやってくる人には、誰にも上京の夢とドラマがある」と、『東京バカッ花』の著者・室井滋は述べていた。

その夢とドラマは、百人なら百通り、千人なら千通りのちがいがあった――と言うのだが。

早稲田大学へ入学して、富山の田舎から上京した室井自身は、大学生活の四年間、毎月八万円の仕送りを約束した父親を突如亡くし、加えて映画の自主製作にうつつを抜かしていたため、学費と資金稼ぎのアルバイトを余儀なくされた。

そのアルバイトは清涼飲料水のアンケート集めに始まって、新装開店のパチンコ屋のサクラ、テレビの笑い屋、絵のモデル、トウフ売り、探偵、宛名書き、電話番、子守り、表札売り、バッタ屋などなど、無慮百種を超えたという。

そのアルバイトを通して体験した、失敗やあやまちの数々、のぞき見た都会生活のホロ苦さを、室井滋は軽妙な会話を駆使したリズミカルな文体で、面白おかしく綴って、大輪な東京バカッ花を咲かせてみせてくれる。

マガジンハウスの担当編集者・高木マリ子さんは、

「『むかつくぜ!』『キトキトの魚』につづくエッセイです。前著が五十万部と三十万部、今回も現在三十万部のベストセラーになっていますが、室井さんの読者は、小・中学生から二十代と幅が広く、著者をお姉さんと受けとめる親近感で読んでいるようです」

と語っている。

一見、意表を衝くタイトルと、その内容がマンガ世代の共感を呼び、ちょっとした〝むかつき現象〟を起こしたのだろう。

（1994/08/29）

大月書店
1200円＋税

ユーモアと愛情あふれる一行詩

「父よ母よ」

吉村英夫 撰

高校教諭の傍ら、映画評論家として活躍する吉村英夫氏が、教え子に「父よ母よ」のタイトルで、短詩に取り組ませた十年の集成である。

集った一行詩は、ユーモアと愛情あふれる中に、生の原点である父と母を怜悧に見定めていた。

一読、笑いと涙を誘う。

——父よ！　言いたいことがあったら言え。

——母よ！　言いたいことをそのまま言うなよ。

——父よ！　イビキがやかましい。

——母よ！　口がやかましい。

——父よ母よ！　僕をつくったのは失敗だ。僕に期待するな。
　かといって、この年になって、もう一人つくるなんて思うな。

匿名であるだけに、読む者の肺腑をつく寸言にみち、学校と家庭だけが行動半径である彼らのホンネを知るコレクションとなった。

その一部をNHK名古屋テレビで紹介したところ、反響がすごく、親側の反撃『息子よ娘よ』とセット出版するや一カ月で六十六万部のベストセラーとなった。

学陽書房の担当、田原道生氏は、「十代から八十代と読者層はひろく圧倒的に多いのは四十代後半から五十代前半の女性読者です」と前置きして、その反響を次のように語る。

「『読んで涙が出た』というのが多かったですね。笑う要素もあって、『どこの子供も同じことを考えていると知って安心した』と書いてきています。そして、『今まで子供たちのホンネの部分が見えていなかったが、それが見えてきたので、腹を割って話したい』そうです」

セットで読めば、巧まずして親と子の本音の代弁者となる仕組だ。

(1994/09/26)

講談社
1143円+税

サラ金の裏面を描いたマンガが原作

「ナニワ金融道 カネと非情の法律講座」青木雄二

青木雄二のマンガ『ナニワ金融道』を道案内に、『カネと非情の法律講座』を加えた話題の本である。マンガの売り上げが、出版業界の総売り上げの二五%を占める時代を象徴した、出版企画といえる。

原作は、講談社の『コミック・モーニング』誌に四年前から連載中のサラ金の裏面を、ビビッドに描いた傑作マンガである。

コミック部門を総括する山野勝取締役は、作者を次のように紹介する。

「青木さんは、サラリーマン生活と、中小企業の経営でサラ金に苦労をされた実体験の持主です。四十歳過ぎでマンガ家になり、その第一作が『ナニワ金融道』でした。編集の担当者と、事例を集めてヒントにし、描いていただいていますが、マンガとはいえ、リアリティーのある作品ですので、銀行の新入社員のテキストに使われているほどです」

マンガは、現在までに十一巻出ていて、延べ部数は一千百万部に達している。

同社の学芸部・唐沢暁久氏は、『カネと非情の法律講座』が、そのマンガを素材にした法律相談である旨を率直に言う。

「七月末に刊行して、二月で二十五万部になっていますが、読者は二十代、三十代のマンガ世代と、ノンバンク、サラ金を職業とした人から、学生、税理関係へと広がっています。青木さんは法律をよく調べて、きっちり描いていますので、わかりがよく、読まれているのでしょう」

マンガを原作とした本には『課長島耕作』を冠した『……成功方程式』と『……恋愛方程式』があり、好評マンガの流れに乗る本づくりは、実証ずみだそうである。

（1994/12/19）

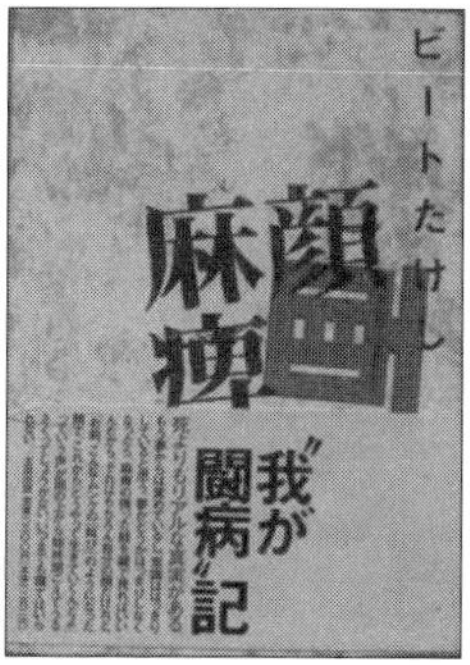

太田出版
1238円＋税

電波メディアの寵児の59日間の闘病記

「顔面麻痺」

ビートたけし

電波メディアの寵児・ビートたけしの五十九日にわたる「我が闘病記」である。

たけしが、バイク事故で顔をグチャグチャに傷つけ、瀕死の身で新宿の東京医大病院へ運び込まれたのは、平成六年八月二日の未明だった。

当時、テレビのチャンネルをひねれば、どこかに出演していて、立板に水の毒舌で人気をさらっていただけに、「瀕死の重傷」のニュースは、マスコミの絶好の話題となった。

脳挫傷で植物人間になったという説から、タレント稼業のモトデ、顔がメチャメチャになって、再起不能説まで、入院中の噂と憶測は、彼の人気度に比例して拡大していった。

その彼が自らで言う「ムンクの〝叫び〟のようになったという顔」で、退院記者会見に臨んだのは、退院の日。テレビに映し出されたその顔は、右半面が麻痺し、凄絶な事故の後遺症を物語っていた。

しかし彼は、「顔面麻痺が治んなかったら、顔面マヒナスターズというのをやろうかな」と、この期に及んでもアドリブの冴えにはいささかも異常はなく、文章から再起する旨を明らかにしたのだった。

体がまったくきかず、好き勝手なことも言えない五十九日間で、彼の人生観に明らかな転向があったのは事実で、それはたけし自身の生きざまに、鋭い批判の形で突きたてられている。『死ぬための生き方』を語らせた『新潮45』の亀井編集長は、

「現代で彼ほど正論を、まともに言う人はいない」

と高い評価をしているが、「死よりもリアルな真実」に目覚めた彼のこれからの〝我が闘争〟を予兆させる一書である。

(1995/01/30)

天才ボクサーが語る“男の生き方”

「波瀾万丈」

辰吉丈一郎

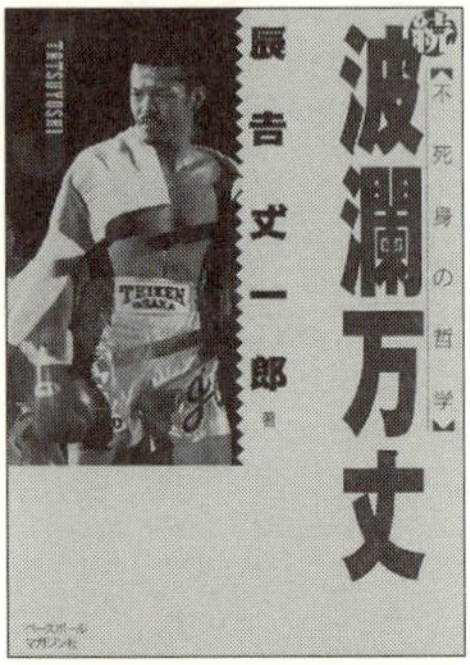

ベースボール・マガジン社
1262円+税

辰吉丈一郎――プロ入りして、わずか八戦目でWBC世界バンタム級王者となった天才型ボクサーである。

その後、網膜裂孔で防衛戦ができず、平成四年九月、ラバナレスとのタイトルマッチに敗れ、翌年七月、再びラバナレスとの暫定王座決定戦に判定勝ちで雪辱を果たすが、直後に今度は網膜剥離でボクサー生命を断ち切られた。

しかし、奇跡的な回復で、同級の世界チャンピオンになっていた薬師寺保栄と、平成六年十二月四日、日本人同士によるまれにみる激闘の末、判定で惜敗、再びその前途は閉ざされたかの雲ゆきとなった。

『波瀾万丈』は、この「浪速のジョー」こと辰吉丈一郎の二十四年間の自伝である。

自伝によると、ものごころのつく前に母親に去られ、父子家庭に育った丈一郎少年は、手のつけられない悪ガキに育っていて、学校の成績はいつもビリ。悪いことばかりするので、中学校の担任教師は、「この子が身をたてるにはボクシングしかない」と、大阪帝拳ジムへ入門させる。

中学生まではとんでもないアウトローだったが、ボクサーになったことで、サクセス・ストーリーの主人公に一変するのである。辰吉は文字通り波瀾万丈の、自らの信じる〝男の生き方〟をあっけらかんと述べているが、その語りにはけれん味はなく爽快だ。

ベースボールマガジン社の大月出版局長は、

「タイトル・マッチに合わせて出版しました。負けた場合を考え、躊躇《ちゅうちょ》していたところ、大阪方面から、『勝っても負けても大丈夫だ』の声があって決行しました。辰吉選手には華があるから、受けたのでしょう」

と語っていた。

（1995/08/28）

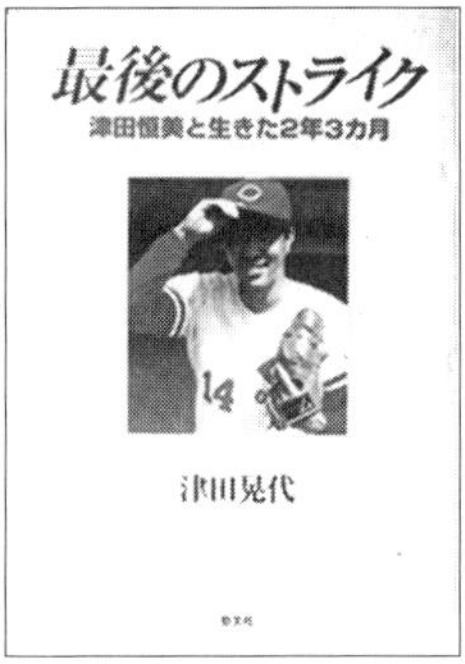

勁文社
1238円＋税

病魔に散った
炎のストッパーの熱き一生
「最後のストライク」

津田晃代

広島東洋カープで活躍した津田恒美投手の名前が、にわかに甦ったのは、ＮＨＫスペシャル「もう一度投げたかった」によってである。三十三歳の若さで、脳腫瘍のために死去した前途ある投手だった。

近藤晃代さんは、この投手と偶然の重なる出会いによって、恒美のくり出すストレート攻勢で結婚。長男・大毅クンにめぐまれたが、恒美の野球人生は、この後、故障つづき、原因不明の体調不良に悩まされることになった。

頭部ＣＴ検査の結果、悪性の脳腫瘍が発見され、危険をおかして手術を決行した。が、余命はいくばくもない絶望状態だった。

恒美と晃代夫妻の凄絶な病魔との闘いの幕あけだった。晃代はベッドでのたうつ恒美の病魔のストッパーとして病院を替え、対症療法に傾く西洋医学に逆らうように、東洋医学の食事療法もとり入れて、難病を克服しようと献身した。

炎の救援投手と謳われた恒美は、愛妻のこの励ましに応えて、最後の気力をふりしぼって死期をコントロール。二年三カ月後、自分の描いたイメージ通り、オールスター戦の初日に、人生のマウンドから降りたのだった。

勁文社企画出版部の土屋健氏が、『最後のストライク』の出版を思いたったのは、ＮＨＫスペシャルを見て、夫人が日記をつけていたことを知ったからだった。

晃代夫人に出版をすすめるが、「私のようなものの体験が役立つかしら」と半年にわたって固辞し、ようやく刊行にこぎつけた。

しかし、出版すると四十日で十刷、七万部。「久しぶりに泣けた」「感動した」と、性別、年齢を超えた反響が寄せられている。

（1995/11/27）

「死」の周辺を庶民の視線で軽妙に綴る

「二度目の大往生」

永六輔

岩波書店
760円＋税

『大往生』が、刊行一年半で二百二万部の大ベストセラーになっている。

岩波新書がスタートして六十年近くになるが、むろん〝開びゃく以来〟のベストセラー。『二度目の大往生』は、その二百万読者におくる第二弾――十月に刊行されて以来、一カ月で五十万部の売れ足の早さである。

第一弾は、永六輔が耳にした巷《ちまた》に生きる人々の「死」に対するホンネや寸言の数々を軸に、深刻ぶらないで、いちど笑いのめした上でリラックスして読めるハンディな本にまとめ上げ、大当たりをとった。

『二度目……』も、そのタイトルが物語っているように、「生・病・老・死」にかかわる庶民の、生きる知恵に満ちた言葉の集成を軸にまとめていた。

ショーやバラエティーの書き手である著者は、アカデミックの匂いの濃かった岩波新書を執筆するにも、活字でバラエティー・ショー化を図っている。トークがあり、歌があり、幕間《あい》のコントもあるといった、読む者をたいくつさせない構成だ。

岩波書店の担当・井上一夫氏は、『二度目……』をまとめるに当たって、永六輔の講演を二十本ほど聞いて構想を練り、幕間に永と六輔の一人対談と、平成七年八月十日、日航ジャンボ機事故の遺族会追悼の集いで行った、生命・宗教・科学などを語った永のシリアスな講演も収録した。

「重い死の問題を扱っていても、わかりやすい、とどく言葉で書かれています。庶民の言葉も並べただけでなく、永さんのコメントが加えられていて、一貫性があり、この部分が異色だと思います」

永には一度ならず会っているが、自称〝売文商人〟は、転んでもただでは起きないしたたかな人間だった。

(1995/12/25)

扶桑社
1165円+税

日本一の監督が語る リーダーの条件

「ノムダス 勝者の資格」

野村克也

冗舌な長嶋言行録に対して、含蓄ある寸言〝ノムダス〟で知られているのが、スワローズを日本一にした野村克也監督である。

マスコミには〝ノムさんのボヤキ〟のフレーズで人気が高く、一見、ぶつぶつと不平を言っているやに見えるが、その言葉の奥は深く、中国の古典に裏打ちされた人生哲学が、仄めいている。

野村監督は、ボヤキにことよせて、「あえて恥をさらしているのは、私が打者攻略に完璧を求める捕手出身だからかもしれない」と自己分析している。「自らも含めて恥をさらさなければ進歩はなく競争世界の勝者たりえない」と、喝破するのである。

『勝者の資格』は、その彼が94年と95年の二年間にわたって、ニッポン放送でしゃべった言葉を核に、担当したアナウンサーとディレクター七人が、肉を加え、エピソードを付けてまとめあげた言行録である。「人をどう動かすのか。部下の心をどうつかむのか」のリーダーとしての必須条件が、おしげもなく公開されている。

扶桑社の第二編集部、千葉晋也氏は、刊行一カ月余で二十五万部のハイ・ペースで売れているよろこびを語った上で、

「基本的には、94・95年のナイターのとき、野村監督がしゃべった言葉を、体系的にまとめたものです。今年、ヤクルトが好調でしたので、『じゃあ本にまとめるか』ということになり……」

と、出版までの経緯を説明する。

読者は、中年以上のビジネスマンが中心。ノムさんの〝ボヤキ〟の底にあるものを読みとり、リストラに狂奔するビジネスの世界に生かしたい所存らしい。

（1996/02/26）

講談社
1389円＋税

斬新な切り口で説く勉強のノウハウ

「『超』勉強法」

野口悠紀雄

「『超』整理法」の正・続編で、整理に対する伝統的な思考を覆し、画期的な方法を提案した野口悠紀雄氏の〝超シリーズ〟第三弾である。

　前著は中央公論社から、新書で刊行されたが、今回の『「超」勉強法』は、講談社から四六判、ハードカバーで刊行。本文二色刷で、とくに強調したい個所はゴジック、ポイントになるアドバイスを別色で示した上、さらに各章のまとめを章末に示すという懇切な本づくりで、目をひいている。

　野口氏が、この著書を「超」勉強法に位置づけた理由は、一般の常識に反する方法も含めた勉強のノウハウをすすめているからだ。「基本三原則」に、それは示されていて、

「(1) 楽しいこと、興味のあることを勉強する。

(2) 全体から理解した上、「鳥の目」で各部分を位置づけする。

(3) 八割できたら先に進む。」

というものだ。

　英語は、丸暗記、数学はパラシュート勉強法がいいなど、自らの体験から編み出した効率の高い具体方法を大胆に提案しているが、そのざん新さと意外性が受けて、刊行二カ月で百十三万部の〝超ベストセラー〟になった。出版担当の講談社第三出版部副部長・細谷勉氏は、「超整理法に触発されてこの企画を思い立った」と前おきした上で、

「英語は丸暗記がいいなど、部分的には知られていましたが、体系としてまとめあげたのは、野口先生がはじめてです。先生がいちばん喜ばれたのは、この本を読んだ中・高・大学生ら教育現場の人たちが、『勉強への意欲をもった』という反響でした」という。

　典型的なロングセラー化をたどっている。

（1996/03/25）

新潮社
1018円＋税

平易明快に説く
人生心得96項目
「人間通」
谷沢永一

彪大な読書量を背景に、明せきにして犀利な論争家として知られる、谷沢永一氏の「人のまじわりのかんどころ」を説いた人生論である。

「人と人」「組織と人」「言葉と人」「本と人」「国家と人」の五つの大項目の下に、六百字に統一された九十六の小項目――吝嗇、親友、昇進、人気者、節税等――自分の素質を有効に活用し、悔いのない人生を送るためには、どのように意を用いたらよいかの心得が、平易明快に述べられているのである。

どの項目を読んでも「なるほど」と納得し、その訓えを実践すれば、より豊饒な人生がひらける説得性にみちている。

それもそのはずで、六十六歳に達した谷沢個人が「世の姿と人の心をめぐって、今迄に感じとったところの率直な述懐」と「読者にとって読んで得になるであろう事」しか書いていないからである。

刊行三カ月で十六万部のベストセラーとなっているが、新潮社出版部の担当デスク・柴田光志氏は、

「谷沢先生の読者は、中・高年の男性ですが、この本は、女性から大学生へとひろがってきています。『はじめて読んだ』という人が少なくありません。この種の本に多い公式的な人生論とはちがい、具体的で率直ですのでたいへんわかり易いようです」

と言う。

付録の「人間通になるための百冊の本」は著者名や出版社など、既成の権威にとらわれない在野の精神で選んでいて、お勧めのコメントがこれまた見事。

「これだけの本を選ぶのに、先生はどれだけの本を読まれましたか！」（柴田光志氏）。

（1996/04/29）

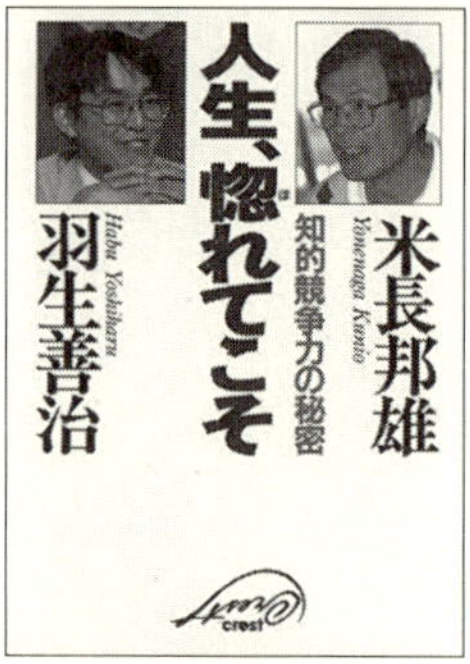

クレスト社
1481円＋税

将棋を通して語る
人間・真実・勝負

「人生、惚れてこそ」

米長邦雄／羽生善治

将棋界初の七冠王となった羽生善治と、平成五年に五十歳で名人となった往年の四冠王・米長邦雄のロング対談である。

二人に共通しているのは、少年時代から天与の才を発揮して、将棋界で頂点をきわめたことである。その二人が、自らの来し方をふりかえり、一時代をつくった自分の強さは年とともに次第に強くなったと、手のうちを語り合っている。ただし、将棋の技術書ではないし、迷いの多い人生の諸問題への解決策を提言しているわけでもない。

「しかし、子どもの教育や将来を心配しているお母さん、仕事熱心なお父さんには、ぜひ読んでいただきたい一冊である。もちろん中学生にも高校生にも読んでいただきたい」と、「まえがき」で米長邦雄は述べている。

それは、本書が、

「『真実とは何か？』を語り合ったものである。（中略）将棋を通しての、真理と人間の一体化を論じている。本物と偽物の見分け方を説いたものである」

という理由だからだ。

クレスト社の出版担当・布川剛氏は、刊行一カ月足らずで、四刷八万部の売れ足の早さであると前おきした上で、次のように言う。

「読者カードを見ると、米長先生の前著『運を育てる』とほぼ同じ年代、四十代から六十年代の男女を問わずです。羽生七冠王が公文式のコマーシャルで有名ですので、中・高校生の子どもを持つ主婦も目立ちます。お二人の話の中から、つめ込み式教育ではない真実の勉強法のヒントを得ようとしているのではないでしょうか」

将棋を知らない人にも、容易に読める内容。二十七歳も若い羽生善治を先生と呼ぶ、米長邦雄の謙譲さが光る。

（1996/05/27）

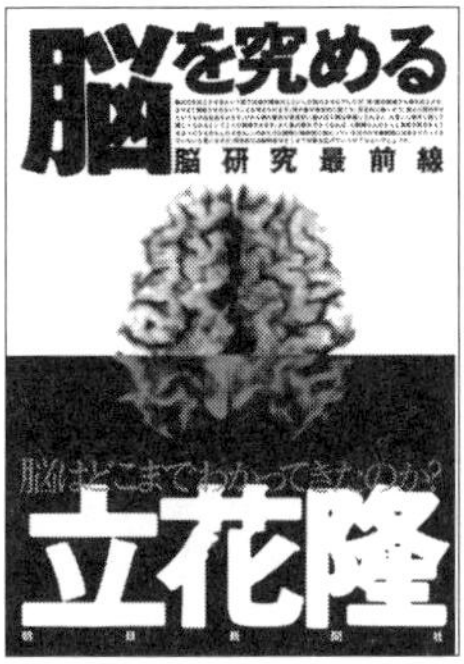

朝日新聞社
2037円＋税

高度な内容の脳研究最先端リポート

「脳を究める」

立花隆

アリストテレスの「形而上学」の冒頭の言葉は「人は生まれながらにして知ることを欲している」ということだそうだ。

この言葉の権化のような人物に、知の最先端を究めてやまない立花隆がいる。彼の膨大な知の世界構築のノウハウは、目下ベストセラーの『ぼくはこんな本を読んできた』に明らかにされているが、同時期に『インターネット探検』と『脳を究める』の著書も、売れ筋の上位を邁進中である。

『脳を究める』は、脳研究の最前線を訪ね歩いたリポートで、立花はこの著書で、いま科学の一番大きな、そして一番興味深いフロンティアとして残されている脳に、専門知識を駆使して挑んでいる。

立花隆が、まだわからないことだらけの脳研究の最先端に、果敢な取材を重ねて、一大労作をまとめた理由は、「脳について知ることとは、自分自信について知ることであり、同時に人間を知ることができる」の二点にあった。

大きな仕事をやるときには、積みあげて三メートルから四メートルになる関係資料を徹底して読み、斯界の最先端知識をマスターした上でとりかかるという著者だが、読む側にもこの十分の一程度の意気こみがないと、登頂が難しい高度な内容だ。その著書が刊行二週間足らずで、五万部も売れた。

朝日新聞社書籍部の担当・紫野次郎氏は、「タイトルの付け方のうまさ。立花ブランドが確立され、非自然科学系の読者が立花さんの名前で手を出すということもあります。だが現在、脳科学の最先端を扱って、これだけの書き手はいないでしょう」という。

懇切なイラスト、カラー写真によるビジュアル化によって、難解さを大幅にやわらげているのがメリット。

（1996/07/29）

「いい加減」に生きることの極意を語る

「こころ・と・からだ」

五木寛之

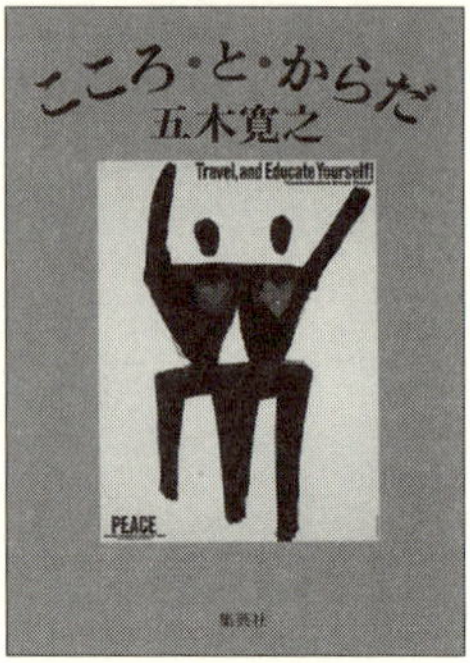

集英社
1111円＋税

〝寛容と共存共生〟の生き方を語ったベストセラー『生きるヒント』の『こころ・と・からだ』版である。

北朝鮮のピョンヤンで敗戦をむかえた五木寛之は、文字通りの死線を越えて、九州に引き揚げてきた。それから今日まで、彼は一度も病院の門をくぐらずに生きてきたと言うが、「五十年も病院と縁がなく過してきた、と言えば、人は私のことを特に健康な体の持ち主のように思うかもしれない。だが、それは誤解というものだ。私は人並み以上に弱い人間であり、今でもしょっちゅう倒れたり、寝込んだりしながら暮らしている」と、つづける。その彼が何故今日まで、病院や医療の世話にならずに生きつづけられたのか……「それは九十九パーセントの幸運と、一パーセントの心身観によるものだと思われる」と、病院に無縁だった理由を明した上で、「その一パーセント」についての生きる処方箋を、この本で語っているのである。

医学的、合理的といった尺度から見たら、非常識な本の誹りはまぬがれない反健康論の奨めだが、彼はそれを認めた上で「手本にはならないが見本にはなる」と控えめに述べている。

集英社出版局の担当、須藤貴子さんは、読者の反響を次のように語っている。「あるがままに生きる新しい価値観を提案されていて、二十代から九十代と広い読者層に読まれています。とくに五木先生と同世代の六十代の男性が多く、『自分たちが心に思っていたことを、よく言ってくれた』という強い共感をいただいています」

医師である夫人が、各章の扉のイラストを描き、「奥さまのご協力があって書かれたのでは……」と言う。刊行五十日足らずで、すでに十二万部に達している。

（1996/08/26）

草思社
1759円＋税

「庭」を通して語る“自然と人間”の学

「庭仕事の愉しみ」

ヘルマン・ヘッセ

ノーベル文学賞受賞作家ヘルマン・ヘッセ（一八七七―一九六二）は、わが国でも非常に敬愛されているドイツの文豪である。

代表作の『郷愁』『車輪の下』『デーミアン』などは、戦前、戦後を通してひろく愛読されているし、第一次大戦下、迫害をおそれずに敵国への憎しみをいましめた、信念に徹した生き方は、第二次大戦後、大きな称賛をもって迎え入れられている。

またヘッセは、心から自然を愛し賛美した文豪でもあった。今世紀初頭、近代化の波に自然が脅威にさらされ始めるや、いち早くその危険を察知して、自然を賛える長編小説『ペーター・カーメンツィント』を書いた。

以来、小説、詩、エッセイ、知人への私信の中で、ことあるごとに自然の素晴しさを描き、開発にことよせて、それを破壊する物質文明を糾弾しつづけた。

彼は筆の上で自然を賛美するだけではなく、土と植物を相手にする庭仕事をこよなく愛し、愉しむ後半生を過した。『庭仕事の愉しみ』は、彼の作品、私信の中から、庭から学んだ自然と人生に関するエッセンスを集成したもので、この種の本では驚嘆に価する十万部のベストセラーになっている。

草思社編集部の木谷東男氏は言う。

「ヘッセの自筆のカラー水彩画と、庭仕事を愉しむ写真を数多く挿入した本づくりも受けて、中高年齢層によく売れています。昔の文学ファン、園芸趣味の人がお読みになっているのでしょうか。庭仕事を通して自然と人生について学ぶといった、人生論ぽいところがありますが……」。

高齢化社会で、ヒマをもてあましている人々に、生き方を啓示する文豪ヘッセの瞑想録でもある。

（1996/09/23）

講談社
1942円＋税

ＩＱ神話社会を揺さぶる“情動革命”の書

「EQこころの知能指数」

ダニエル・ゴールマン
土屋京子 訳

ＩＱ（知能指数）の高さが、社会で成功するための最大の要因と考えられてきた。一流大学へ進み、一流企業へ入るパスポートが、ＩＱの高さとされていた。このＩＱ概念に対して、ＥＱ（情動指数）を創出したのが、アメリカはエール大学心理学教授のピーター・サロヴェイらだった。これを、科学ジャーナリストのダニエル・ゴールマンが、『ＥＱ　こころの知能指数』で紹介したところ、またたく間にＥＱが流行語となった。

講談社では、このダニエル・ゴールマンの著書を簡潔な「社会で成功するためにはＩＱでなくＥＱだ」のキャッチフレーズで翻訳出版したところ、定価二千円の大部の本であるにもかかわらず、わずか発売二カ月足らずで八刷二十一万五千部のベストセラーに躍り出た。

ＩＱ神話の罷り通る学歴社会に、ＩＱの高さが必らずしも成功を約束するものではなく、むしろ人付き合いが巧みで、情動を上手にコントロールする人の方が成功するという主張は、ビジネスマン社会に天の啓示と受けとられたにちがいない。

昨年から今年にかけて『脳内革命』が、ベストセラーの上位を占めていたが、ここにきて〝情動革命〟的な『ＥＱこころの知能指数』が急上昇。ここしばらくはアタマとココロのハウツー書が、ベストセラー街道を突っ走ることだろう。

講談社学芸図書第三出版部の担当、富倉由樹央氏は「いま五万部単位で重版をしています。サラリーマン中心から、若い女性の読者がふえていて、年内に三十万部はクリアーすると思います」と語り、「こころの知的指数」が新神話化しつつあることを裏づけている。

（1996/10/28）

扶桑社
1359円＋税

タブーにとらわれず多様な視点で

「教科書が教えない歴史」

藤岡信勝
自由主義史観研究会

いま、全国の中・高校で使用されている社会（歴史）教科書は、日本人としての自覚、誇りを踏みにじった、自虐的・反日的な歴史観によって、記述されている傾向が強い。

このような歴史観を排除し、青少年が日本の歴史に誇りを持てる近現代史教育をすべきだとの考えのもとに、その執筆者グループ「自由主義史観研究会」を組織、活発な活動をすすめているのが、藤岡信勝東大教授のグループである。

藤岡氏らの考えは、司馬遼太郎の「司馬史観」と同じ立場にあって、その流れから産経新聞のオピニオン欄「教科書が教えない歴史」の連載企画がはじまった。

執筆のメンバーは、主婦から大学生、小・中・高教師、大学教授と幅はひろいが、あくまで実証的な歴史研究の成果に則って、タブーにとらわれない多様な視点からの記述を、矜持をもってこころがけている。

この本は、二年間の連載企画の五カ月分をまとめたもので、「日本とアメリカ／国づくりの設計／勇気と友情の物語／近代日本と戦争／歴史を生きた女性たち」の大項目の下に、七十八の日本人の誇りを甦えさせる物語が、平易簡潔に紹介されている。

扶桑社出版局の星野敏明編集長は、刊行四十日で二十五万部のベストセラーになっていると前おきした上で、「日本の歴史を見直すということで、いい悪いを論じたものではありません。読者は八割がご年配の方です」と、戦中、戦後の一ケタ代を生きた層に、受けているという。自国の歴史に誇りを持てない国家と国民は亡びの道を辿るという。敗戦から半世紀――謙虚にバイアスのない日本史の読み直しの時期にきているといえる。

（1996/11/25）

筑摩書房
1456円＋税

文豪と奇人の孫が綴る
面白エッセー

「不肖の孫」

夏目房之介

夏目漱石は誰でも知っている。『吾輩は猫である』『坊っちゃん』『草枕』『こころ』などの名作を遺した文豪で、千円札の肖像にもなっている。

だが、三田平凡寺なる人物は、よほどの好事家でないとわからない。

『不肖の孫』には、その人の横顔が次のように紹介されている。

「三田平凡寺は、奇人の蒐集家として有名だった。明治末から我楽他宗なる趣味蒐集家の会を主催し、自ら本山の宗祖となって様々な蒐集家と交流した。（中略）本人は耳が聞こえず、話はすべて筆談。気むずかしく偏屈、人の好き嫌いも激しかった。」

この平凡寺の末娘、嘉米子はハープ奏者として活躍していたが、欧州遊学から帰った夏目漱石の長男、バイオリニスト夏目純一と出会い結婚した。夏目房之介氏はこの夫妻の長男で、詰まるところ父方に文豪、母方に奇人の祖父を持ってこの世に生を承けたことになる。

ところが、彼の人生にとって、「漱石の孫」という七光りは、実にありがたくなく、青年期は心の葛藤と苦悩の日々をすごす原因となった。一方、同じ敷地の離れに住んでいた平凡寺は、より身近な存在だった。まるで人生が趣味のような面白がりの生き方は、後年、マンガエッセイストとして名を成す房之介氏に、漱石以上の影響を与えたといえる。

その二人の祖父のことから、世間に起こる珍事の数々を絶妙な語り口で述べたエッセーとマンガが『不肖の孫』である。房之介氏は、

「どっちから見ても不肖の孫ですが、ようやくこんな本を出せるだけの開き直りができました。漱石は四十九歳で死んでいます。」と語っている。不肖の孫でよかったようだ。

（1997/01/27）

講談社
970円＋税

内外の面白作品を縦横に批評紹介

「平成サラリーマン川柳傑作選」

山藤章二／尾藤三柳／第一生命 選

「川柳」は、切れ字・季語などの制約はなく、平常の用語で人情・風俗・人生のウィーク・ポイントを突く十七音の短詩である。

　諷刺、こっけい感が、その表現形式からはあふれていて、隠忍自重を強いられる宮仕えには、心のウップンを晴らすこの上ない言葉の武器となる。

　この点に着眼した第一生命では、客との新たなコミュニケーションの一つとして「サラリーマン川柳コンクール」を始めることにした。

　昭和六十二年を第一回に、以来、毎年作品を募り、優秀作数百句を発表してきているが、第四回から山藤章二、尾藤三柳、第一生命の三者を選者に、当選句を『平成サラリーマン川柳傑作選』として、講談社から出版し始めた。

　一年一巻として、現在までに第六巻が出ていて、応募の句は年を追うごとにふえ、現在では六万句を超えている。

ボディコンを無理して着たらボンレスハム

入社時に作った名刺がまだ使え

窓際で昔の手柄聞かされる

　入選句にはＯＬ、サラリーマンの哀歓やこっけいな風情が、見事に詠いこまれている。第一巻から三巻までが各十万部、四巻から六巻まで各八万部出ているが、講談社出版部の担当・三輪英子さんは、シリーズの流れを次のように説明してくれる。

「第一巻はバブル景気の頃で、ノーテンキの句が多かったんですが、巻を追うごとに世の中は暗く、きびしくなり、しんみりした句が目につきます。それらの句を読んでいますと、如実に世相が反映されていることがわかります」

　読者は、平サラリーマン・中間管理職・窓際族・ＯＬと様々だが、自分の状況に照らし合わせて読んでいるという。

（1997/02/24）

“流行語と時代”を読み説く言語体験史

「現代<死語>ノート」

小林信彦

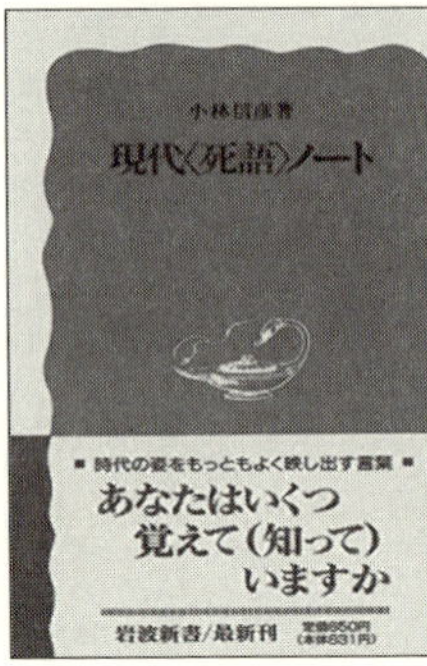

岩波書店
631円＋税

『現代〈死語〉ノート』、語呂のひびきはマイナーである。

『広辞苑』をひいてみると、「死語」には「古く使用され、現代は全く使用されなくなった言語または語彙」。

『岩波国語辞典』には「以前用いられたが、今では用いられなくなった言葉」。

『大辞林』には「過去に使用された言葉で、今では一般の言葉生活上使われなくなった言語」などと説明されている。

この本は今では使われなくなったそうした死語を、流行した時代順に並べ、その時代とリアルタイムに生きた著者の言語の体験史である。

昭和二十年代の「死語」のスケッチを前説に、昭和三十一年から五十一年までの二十年間に流行し、時のかなたに消え去った言葉をひろいあつめ、流行語の生まれた社会背景を百字から長くて八百字内で解説している。

「ある言葉が死語であるかどうか」の判定は、微妙な言語感覚を要する――と著者は宣うが、映画・テレビ・出版にこだわり続ける〝マスコミ料理人〟だけに、その言葉裁きは見事である。

岩波書店新書編集部の柿原寛氏の雑談からスタートした名企画であった。「世界」に六割強を連載、のこりは書き下ろしてまとめたものだ。

柿原は「刊行一カ月で三刷、五万部を超えました」と、売れ足の早さを明らかにした上で、次のように読者層を分析している。

「読者カードを付けていないので断定はできませんが、渋谷あたりの若い読者が入る書店でよく売れています。著者の小説のファンや簡潔で要をえた読み易さが受けているのでしょう」

足の早さは、「死語」も企画次第で「生語」になることを物語っている。

（1997/03/31）

扶桑社
1553円＋税

29人の「知」が語る国民作家の人と心

「司馬遼太郎の『遺言』」

その死とともに、過半の作家は忘れ去られていく。ベストセラーを輩出し、名声をほしいままにした人物でも、一年も経てば作品の重版はおろか、絶版に追い込まれていくのが出版界の習い。

歴史小説に大きな足跡を残した〝国民作家〟司馬遼太郎は、その流れの中にあって、司馬史観でくくられる歴史小説、エッセイ、対談、講演に至る断簡零墨までがすべて出版されている。

それのみか、親交のあった作家、編集者、実業家、学者、新聞記者などが、心温まる氏の人柄を縦横に語った証言の集成も、まとめられている。『司馬遼太郎の「遺言」』は、親交のあった二十九人の証言で綴ったそんな一冊である。

半藤一利、寺内大吉、沈寿官、藤本義一、井上ひさし、向坂次郎、中内㓛、田辺聖子、太田治子、ドナルド・キーン、丸谷才一、姜在彦、永井路子、宮城谷昌光といった幅ひろい人々が証言している。その誰もが言っていることは、「分け隔てのない温かい人柄は忘れられない」である。

晩年は温かい語り口で、この国のかたち、日本人のあり方に言及することが多かったが、証言を集めると、それが国民作家の遺言であったと知る。

扶桑社の担当・高久裕氏は、

「読者は四十代後半より上のサラリーマンが主で、読後の感想、思い入れをていねいに綴ってきています。司馬先生の温かいお人柄に等しく感動を受けているようです」

と言う。

私は司馬遼太郎氏から『雑誌記者 池島信平』（文藝春秋刊）を上梓した時、跋に「信平さん記」をいただいている。『遺言』に寄せた二十九人の証言そのままのお人柄であった。

(1997/04/28)

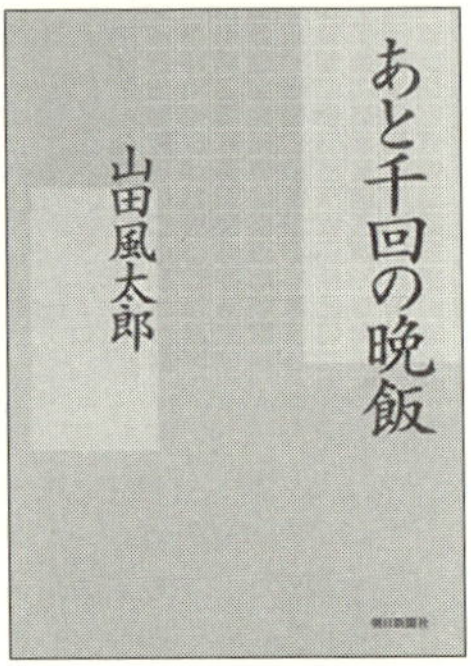

朝日新聞
1700円+税

ユーモアと卓見で
自在に綴る死生観

「あと千回の晩飯」

山田風太郎

「いろいろな徴候から、晩飯を食うのもあと千回くらいなものであろうと思う」

七十二歳になった山田風太郎が、しのび寄る老徴の自覚から、あと千回の晩食――三年足らずの余生を思いのまま、巧まざるユーモアと独創、卓見に裏打ちされたレトリックで自在に綴る死生観である。

この作家には、浩瀚《こうかん》な『人間臨終図鑑』という労作がある。十五歳から百二十一歳で死んだ古今東西の英雄、武将、政治家、芸術家、芸能人、さらに犯罪者たちの記録に残る臨終の様相を集大成したものだ。そこには悲壮、壮絶、荘厳、無意味、あらゆる死のタイプが年代順に並列され、各年齢の冒頭には、自らを含めての見事な死へのアフォリズムが掲載されている。

例えば九十二歳の項には「わざわいなるかな老いて痴呆と病苦に陥らざる者、彼は死への憧憬を持つ能わざればなり――山田風太郎」といった箴言《しんげん》である。この臨終図鑑を編んで、千差万別の死に様を知ったわけだが、その該博な死への知見を元に、自らの死をも他人事のように開陳している。

朝日新聞紙に連載した同名のエッセーを柱に、各紙誌に発表したここ四年間の身辺雑記を集めているが、忍法と明治開化もので一時代を画した作家は、死生観でも希有な話題の書をまとめたことになる。

朝日新聞社書籍編集部長の平泉悦郎氏は、根強い山田風太郎ファンに支えられて、いま四刷二万一千部の動きだと前おきした上で、「あと千日の晩飯のタイトルにそぐわない、若い方にも読まれています。忍法と明治開化もので小説の面白さを堪能した読者も、お読みになっているのでしょう」と分析している。

（1997/06/02）

講談社
1748円＋税

最も身近な民族の素顔を追って
「コリアン世界の旅」
野村進

「第28回　大宅壮一ノンフィクション賞」を佐野眞一の『旅する巨人』と共に受賞した力作である。

かつては日本の植民地であった朝鮮半島に出自を持つ在日韓国・朝鮮系の人々は、七十万人に近い。

この著書によると、芸能界では美空ひばり、都はるみ、ビートたけしらが、その血をひく混血者であり、スポーツ界には、かつての国民的英雄である力道山、金田正一、張本勲らがいる。

この顔ぶれからみて「紅白歌合戦」やプロ野球などは、彼らがいなくては成り立たないのに、日本人はあまりにも一番身近な彼らを知らなすぎるのではないか。

野村進氏の『コリアン世界の旅』は、この思いを胸にスタートしている。「コリアンとは誰か」「コリアン世界の旅」「コリアン　終わりと始まり」の三章を立て、在日のアイデンティティを探り、次いで外地の彼らを丹念に取材することによって、表から見えない民族問題に切りこみ、最終章で阪神大震災を契機に生まれた、日本とコリアンの共存の新しい方向性を提示している。

タブー視されたり、在日問題として、ことさらに問題視されがちの一番身近な民族を、相対的・普遍的な視点と切り口で見事に問い直した快著である。

講談社学芸図書第二出版部の担当・豊田利男氏は、大宅賞受賞前から、手堅い売れゆきだったが、受賞によって話題となり、目下六万部を超えたという。

「年齢、性別を超えて非常に広い層で読まれていますが、『知らない世界だった、驚きがいっぱいです』の反応が多く、一番身近なアジアを知る手がかりになっているようです」

著者野村進の公正で控え目な筆致が爽やかである。

(1997/06/30)

甦える天才マンガ家の疾風人生録

「ぼくのマンガ人生」

手塚治虫

岩波書店
660円+税

戦後の日本を疾風迅雷のごとく駆け抜けた天才マンガ家・手塚治虫の肉声で甦えるマンガ人生録である。

六十年の生涯は、昭和時代とほぼ歩みを共にしていたが、「ぼくのマンガは大阪大空襲と八月十五日が原点だ」と、手塚は語っていた。

大阪で生まれ、宝塚市で育った手塚少年は、映画好きの父、マンガの本を声を出して読んでくれるような母親……。当時としてはかなり変わった家庭に育った。

やせて体も弱かった少年は、クラスの「いじめられっ子」だったと自らは言うが、作文する楽しさを教えてくれた先生、いい友だちにめぐまれて、天性のストーリーテラーの芽を育む傍ら、小学生の身で早くもマンガを描きはじめていた。中学時代に「ヒゲオヤジ」というキャラクターを創出。敗戦の年、医学専門学校へ進むものの、医学よりもマンガを描くことに熱中している医学生だった。

人の生命にコミットする医師になったことから〝生命の尊厳〟が、手塚マンガのテーマとなる。医者からマンガ家へのコペルニクス的転職は、「マンガがそんなに好きなら、マンガ家になりなさい」の母親の一言だった。

没後八年——ハートフルな肉声によって天才の生涯を知ったわけだが、「手塚マンガが、理想的ないい環境によってのみ生まれたのではない。アニメづくりで倒産、絶体絶命のピンチを助けてくれた友などの陰の面も語られていて、それが読む者を感動させている」と、岩波新書の担当者・森光実氏は前置きした上で、

「この著書から何を汲みとるか。自分のやりたいこと、本当に打ちこめることに生きるというメッセージではないでしょうか」と語っている。

（1997/09/29）

廣済堂出版
1429円＋税

寅さんに捧げる鎮魂のエッセイ

「お兄ちゃん」

倍賞千恵子

　松竹映画『男はつらいよ』は、全四十八作、二十八年にわたって国民的人気をひとり占めにしてきた。主人公のフーテンの寅さんを演じた渥美清は、この超ロングシリーズによって、寅さんと一体化した存在となった。寅さんの妹、さくらこと倍賞千恵子は、テキ屋風情のあやしげな仕事をつづけるチャランポランのこの兄に対し、呆《あき》れながらもどうしても嫌いになれず、お兄ちゃんと慕いつづける。

　映画の上の兄妹は、いつしか実の肉親以上の心情を交わし、渥美はことあるごとに「お前、幸せか」と倍賞を妹のように労った。彼女もお兄ちゃんに、私生活までも相談するようになった。

　寅さんこと渥美清の本名が田所康雄で、きびしく隠蔽された小市民的な私生活が明るみに出るのは、彼の死後であった。そのミステリアスな生涯は、寅さんの評価をさらに高めたものだったが……。

『お兄ちゃん』は、倍賞千恵子が自らの私生活と、『男はつらいよ』の二十八年の女優生活をないまぜて、つむぎあげた鎮魂のエッセイである。

　渥美清の一周忌直前に出版されたが、国民栄誉賞にかがやく寅さん人気が劣えていないだけに、その相乗効果も手伝って、ベストセラーになった。

　廣済堂出版の上田啓氏は、倍賞が「女優生活における最初で最後の本」を書き下ろした理由を、次のように語っている。

「女優としての生活の大半を『男はつらいよ』に集中してきただけに、渥美さんの死は心のよりどころを失ったほどの精神的ショックだったようです。しばらく女優活動をおさえていましたが、これを書くことによって、新しい倍賞千恵子としてやって行く踏ん切りがついたといいます」。

（1997/10/27）

“アラーキー語”
駆使して語る写真人生

「天才になる！」

荒木経惟

講談社
660円＋税

〝天才アラーキー〟が写真評論家・飯沢耕太郎氏の簡明的確なインタビューに答えて、語り下ろした自伝である。

　猥雑を意識的に織り込んだユニークなアラーキー語と、〝私情主義〟をつらぬく、饒舌な作品を交えながら、自称天才の人生を明らかにしているが、荒木経惟の写真人生は、二十年にわたって彼と生きた妻・陽子によってスタートしているという。

　破天荒な修業時代に電通で陽子と出会い、彼女を被写体に『女囚2077』、二人の新婚旅行を撮った『センチメンタルな旅』で、ひろく世に知られた。彼自身も、そのあたりを次のように語っている。

「やっぱりAの人生は陽子との出会いからはじまったと言いきれるくらいだね。オレの人生っていうのは写真だから、彼女がオレの人生をそうしたのかもしれないという感じがするくらい、写真が好きだからね。写真を取ったら、オレ、何もなくなっちゃうから。オレの人生って写真そのものだから」

　写真が人生そのもの、趣味と仕事の境界のない写真家・荒木経惟は、見方によっては果報そのものだが、アラーキー語を駆使した語り下ろしによって、その感触は読む者に見事に伝わってくる。

　担当の学芸図書第一出版部、矢吹俊吉部長は、

「刊行一カ月三刷、三万部を超えました。幅広い層に読まれています。話題となった『シュールセンチメンタリズム宣言2　カルメン・マリーの真相』の女陰写真も紹介していますが、『これを抜いては語れない』と判断して掲載しました。この本を読めば天才アラーキー氏の写真に対するピュアさが伝わってくると思います」

　と語っている。

(1997/11/24)

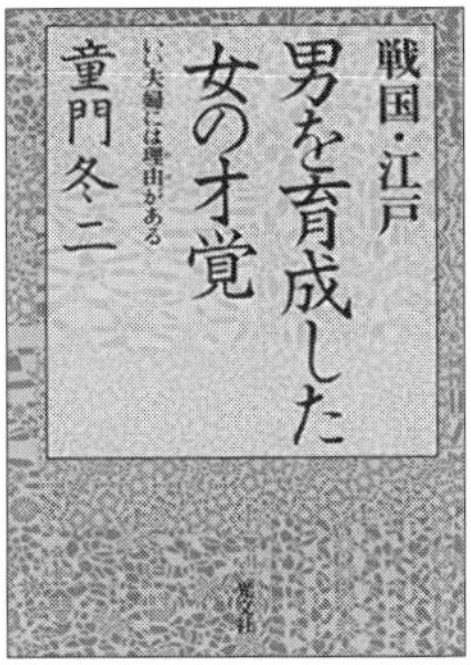

光文社
1143円+税

秀吉、馬琴、大雅らに見る「内助の功」

「戦国・江戸 男を育成した女の才覚」

童門冬二

戦国から江戸へと移行する時代を想像するとき真っ先に頭に浮かぶのが、上下関係を重んじ、男が女を見くだす〝男尊女卑〟の天下である。

戦いに明け暮れて、権謀術数が罷り通った時代相から「男が活躍した時代」と考えるのも、一理はあるだろう。

しかし、『男を育成した女の才覚』の著者、童門冬二は「つぶさに見てみると、必ずしもそうではない。そこには必ず『内助の功』を尽す女がいた」と説き、「内助の功」の意味を辞書でたしかめて、「夫が社会的に十分な仕事ができるように家庭にあって夫を援助する妻の働き」であることを明らかにしている。

そして、戦国時代の内助の功の典型を天下人・豊臣秀吉の妻おねねと、秀吉を補佐した加賀百万石の祖・前田利家の妻おまつの、一心にして同体に生きたいい夫婦の関係を、数々のエピソードを交えて描いている。

つづけて江戸時代は、失明した滝沢馬琴の口述筆記役をつとめ、大長編『南総里見八犬伝』を完結させた嫁のお路、日本文人画の大成者、池大雅の妻・玉瀾の男を天下に名を成さしめるために、内助の功に徹した生き方を、平易な文体で、懇切に書いている。

光文社のカッパ・ハード担当の千葉昭氏は、次のように語っている。

「著者は美濃部都知事の時代に、秘書を経て企画調整局長、政策室長を務められ、裏方としてご苦労なさっているだけに、表面に出ない内助の人に、興味があるようです。この本は、ある程度主婦の方に読んでいただければの願いもあって、やさしく噛みくだいてお書きになられています」

時代小説に新しい視点を穿った作家が、歴史上の女性をターゲットにした初めての著書である。

（1998/01/26）

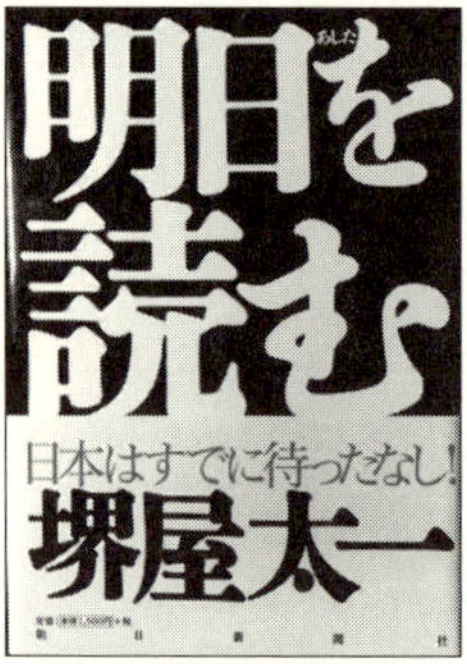

朝日新聞社
1500円＋税

“遅進国”日本に新しい発想を助言

「明日を読む」

堺屋太一

バブル経済の崩壊を予言した学者・経済評論家はほとんどいなかった。「一寸先は闇」の明日の動向など、読み難いのは普通だが、通産官僚から作家・経済評論家に転じた堺屋太一は、その辺りを読んでいた慧眼の持主だった。

その証左は、ベストセラーとなった『油断！』『団塊の世代』『峠の群像』『知価革命』などの著書の中に、次はどのようになるかの読みと分析が、見事に行われていた。端的な時代のコピーが、題名に謳《うた》いこまれてもいた。

いま、話題の本として注目を浴びているそのものズバリの『明日を読む』は、少子化、ボーダーレス化、ソフト化と、未曽有の大変化の流れにとり残された〝遅進国〟日本に、新しい発想と新たな覚悟を助言している。

『週刊朝日』誌上に、一九九六年七月から翌年八月にかけて、五十三回連載された時事評論を、「官僚」「改革」「政治」「地域」「経済」「世界」「暮らし」の七大項目にまとめていて、小項目の内容はほとんどそのまま編纂しているが、論述にブレは感じられない。

「官僚主導体制は財政的にも倫理的にも行き詰り、国民の信頼を失った。特定の官僚の汚職乱行だけではなく、官官接待から公共事業の効果効率に至るまで大小さまざまな問題が露呈し、『官僚文化』全体が問われるようになった」と著者のいう、その渦中に今、日本は彷徨《ほうこう》しているわけで、まさに時宜をえた出版といえる。

出版元である朝日新聞社書籍編集部の鈴木雅人氏は、

「昨年暮れに出版して、一カ月足らずで六刷八万部と、まずまずですが、堺屋先生の著書としては誇れる部数ではありません。読者層は四十代から五十代で、これからさらに伸びると考えています」と語っている。

(1998/02/23)

情報センター出版局
1900円＋税

伝説の女の生涯を新事実と秘蔵写真で

「阿部定正伝」

堀ノ内雅一

阿部定は、二・二六事件が起きた昭和十一年、愛する男の局部を切断した上、懐中に抱いて逃亡した猟奇犯罪のヒロインであった。

二・二六事件直後の張りつめた世相を嘲笑するかのような、この事件の女主人公は、一躍、満天下の超絶した存在となり、生きている内から伝説の女となっていた。

刑期は六年だったが、模範囚であったのと、紀元二千六百年の恩恵によって四年四カ月で出所。料亭の女中、おにぎり屋の女将、舞台に実名で「阿部定事件」に出演するなど、常にマスコミに注目されつづけたが、昭和四十六年六月謎の失踪をしてしまった。

以来、彼女の生死はつかめず、生きていれば九十二歳となるはずだが、消息不明であることから、お定伝説には尾ヒレが付いて、拡大再生産されつづけた。

現に、ベストセラーになった渡辺淳一の『失楽園』のモチーフに、阿部定事件が色濃く投影されて、映画化されてその存在が、リバイバルしている。

『阿部定正伝』は、この流れに棹さす形でタイミングよく出版されたが、内実は四年余の取材と、関係者を克明に追跡調査した上で、初めて明かされた伝説の女の生涯の真実となっている。

妖艶なお定の秘蔵写真と、発掘された新事実で明らかにした「正伝」で、一読、ぜひお定と面晤の機会を持ちたいような感懐を抱かせる。

情報センター出版局の担当・折田典之氏は「お定さんを知っている人が高齢化していて、取材は最後のチャンスだったと思います。出版して一週間で早くも重版となりましたが、パブリシティー前のこの動きは、この著書の持つ力でしょう。読者層は年配の方です」と語っている。

（1998/03/30）

岩波書店
640円＋税

八人の故人に捧げる生への賛歌

「弔辞」

新藤兼人

新藤兼人がオマージュを抱く杉村春子、勝新太郎、田村孟、松本清張、岡本太郎、甲斐庄楠音、絲屋寿雄、横井庄一と、死去した八人への、弔の言葉である。

濃淡はあれ、著者と親交のあった八人で弔辞を通してそれぞれの生き方、死に方が炙り出されている。

一九一二年生まれの新藤兼人は世界一の長寿国となったこの国の、男性の平均寿命を、すでに十年超えている。その年齢から死の影が、リアルに見えていて、積極的に老いや死の問題を映像化している。『午後の遺言状』『生きたい』といった作品である。

直視するにはなじまない、老いと死を真摯に見定めているわけだが、描き出された作品の基調部分には、生への賛歌が静かに流れていた。

『弔辞』にも、この流れは引き継がれていて、親しい人たちを見送った寂しさや、うっ屈感はなく、「よく頑張って生きた」という共感が読む者の胸にひびいてくる。

岩波新書編集部の担当者、斎藤公孝氏は「具体的テーマをつくったのは、新藤先生と親しい小野民樹です。先生から、杉村春子、勝新太郎さんたちの豊富なエピソードを聞いていて、その面白さにひかれて、書き下ろしていただいた」と語っている。

グアム島に戦後二十八年間潜伏していた横井庄一の弔辞は、伴淳三郎に頼まれて書き、映画化が中止となったシナリオ「恥ずかしながら生きながらえて」が、そのまま収録されている。戦争の愚かしさ、二十八年間も人間を穴の中にもぐらせていた実感が、惻々と伝わってくる。

勝新太郎への弔辞「勝新ひとり旅」は、唯我独尊的な彼の生き方を見事に描いて圧巻であった。

（1998/04/27）

NHK出版
1800円＋税

“魔法の森”の時代の日本を解明

「『昭和』という国家」

司馬遼太郎

日本は、昭和元年ぐらいから敗戦まで、世界史上でも類のないリアリズムの欠落した国家形態にあった。

敗戦のときが二十二歳の青年将校だった福田定一は、「なんとくだらない戦争をしてきたのか！　なんとくだらないことをいろいろしてきた国に生まれたのだろうか」との敗戦のショックに打たれ、やがてその理由を糾すために、作家・司馬遼太郎となって、日本とは何か、日本人とは何かを問い続けることになる。

『竜馬がゆく』『坂の上の雲』『翔ぶが如く』など〝司馬史観〟に括《くく》られる歴史小説、『長安から北京へ』『「明治」という国家』などの文明論、『街道をゆく』『この国のかたち』などのシリーズや対談に、その問いかけは結実していくが、〝最後の本〟と銘打たれた『「昭和」という国家』は、八六年五月から八七年二月にかけ、十二回にわたって放送されたETV8『雑談「昭和」への道』をまとめた本である。

敗戦までの昭和を、司馬は魔法使いが杖をポンと叩いて「魔法の森にしてしまった」との比喩で表現して、この摩訶不思議な国の解明に当たるが、その発言は苦渋に満ち、厳しい歴史批判、国家批判に貫かれている。しかし、その語り口は優しく、暖かい。

NHK出版編集局学芸図書出版部長の道川文夫氏は、「三月末に初版三万五千部でスタートして、現在八万五千部の早い売れ足である」旨を述べた上で、次のように語っている。

「放送から十二年目に出版した、時間をかけた本です。きちんとした現実感にもとづいて、昭和という〝魔法の森〟の時代を語っていらっしゃいます。今はシニアの読者が主流ですが、できるだけ日本の明日を創る若い読者に読んでいただきたい思いはあります」。

(1998/05/25)

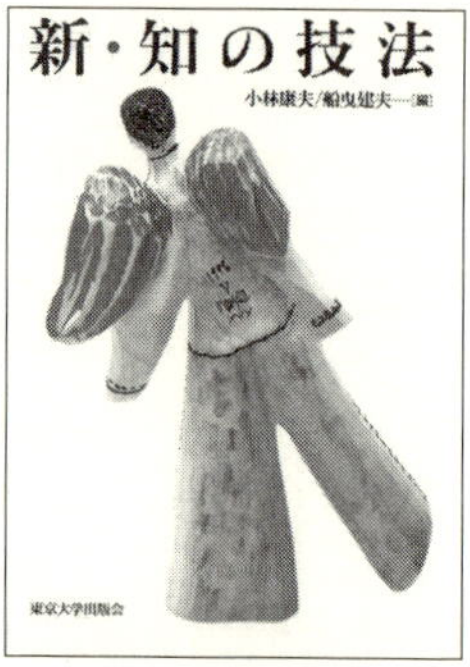

東京大学出版会
1600円＋税

あの異色教科書の新ヴァージョン

「新・知の技法」

小林康夫／船曳建夫

東京大学出版会の『知の技法』『知の論理』『知のモラル』の〝知の三部作〟は、アカデミックな色合いの濃い大学から発信された本としては、異例の売れゆきを示している。同出版会の山口雅己氏は「空前絶後でしょう」と、うれしい誤算を前おきに、『技法』が四十四万、『論理』十六万、『モラル』十一万と、トータルで七十一万部に達したという。

知の三部作は、東京大学教養学部の文科系学生を対象とし「基礎演習」のサブ・テキストとし編集された最新知識を、大学外の人びとに広く公開したものだった。

ところが、従来の〝教科書〟のイメージを破るわかりやすさ、イラストからマンガ、マドンナのヌード写真までを使った斬新《ざんしん》な本づくりが受けて、予想外のベストセラーになった。

『新・知の技法』は〝知の三部作〟の流れを継承した新ヴァージョンで、前著から四年の早さで改訂版を出すのは〝賞味期限〟に照らした結果であった。

このあたりは、『知の技法』の「まえがき」に明らかにされている。

新ヴァージョンでは、「日本」「言語」「身体」という三つのキーワードを設定し、やはり先端の考え方とトピックスを集めて、いまの時代をわかりやすく解析している。

「日本」のキーワードには、「日本人」「教育」「都市」「性」「ポピュラー・ソング」の五項目を立て、「性」では「ポルノグラフィーの政治学」、「ポピュラー・ソング」では「安室奈美恵への道」を切り口に、日本の現在を論じている。

〝知の三部作〟で体得したノウハウが新ヴァージョンでも見事に生かされ、「初刊二万部でスタートし、一万プラス一万部と重版しました」という。

（1998/06/22）

岩波新書
640円＋税

汗と勤勉に磨かれた箴言の数々

「商（あきんど）人」

永六輔

「商人《あきんど》」という読みには、腰の低い、律儀なあきないびとの響きがある。物の売り買いを通じて体得した生活の知恵をよりどころに、まっとうに生きる姿影がただよっている。

永六輔の『商人』は、御近所づきあいを大切にするあきんどの語録、家訓、そして経済学が「売る」「稼ぐ」「悩む」「説く」「知る」「出逢う」「語る」の七章に集成された〝六輔ランド〟である。

岩波新書を活性化させた『大往生』につづく『職人』『芸人』シリーズの締めの一書で、〝売文商人〟を名のる六輔は、「半年前まで、誰も考えなかった状況が生まれてくる／そして経済ビッグバン／この激動の時代に、いまこそ商人＝『あきんど』の時代と胸を張ってほしい」の願いを込めて、軽妙洒脱に綴っている。

第三章までは、全国各地の旅先で集めた商人語録で、汗と勤勉に磨かれた彼等の箴言だ。

曰く、「屏風と店は、拡げると倒れやすくなります」「雨が降ったら、傘を二本持って出て、一本は売ってこいと育てられました」「雨やみましたでェ、さきほど買うていただいた傘、引きとらせていただきまァ、雨やみましたでェ、傘、荷物になりまっせェ！」「〈安い〉〈高い〉で商売していた時代は楽でした。最近の客は〈好き〉〈嫌い〉ですからね。これは難しい商売です」

以下、「家訓」と、抱腹絶倒間違いない「六輔経済学」の語り下ろしとなっている。三部作を担当した岩波新書の井上一夫氏は、

「『職人』『芸人』は秋に刊行されましたが、『商人』は、この激動期に商人がやや自信を失いかけている、それにエールを送る著者の希望で、春に刊行しました。その力《りき》が伝わって十八万部に達しています」と言う。

（1998/07/27）

岩波書店
1100円＋税

笑い、涙、夢…
掛け値なしの面白本
「フーテン老人世界遊び歩記」
色川大吉

底辺の視座から日本の近代を検証している歴史学者・色川大吉教授の「珍談・奇談・恥だらけ」と称する書き下ろしの旅行記である。

自らを「フーテンの寅さん」にことよせて、フーテン老人を名のり旅人の想像力を刺激してくれる内陸アジアや、南米の先住民族の興亡の跡をめぐり歩いた〝遊び歩記〟。

ほとんどの旅が単独か少人数で、他人に妨げられず、行きたい所へゆく恣意的な旅ゆえ、出国、入国、乗りもの、宿、言葉など常に不安と危険に隣り合わせた旅であった。夢をなくした老いの人生なんて灰色だと思う〝フー老人〟は、マフィアの巣・シチリア島で、パスポート、航空券、クレジットカードをはじめ、全財産を奪われても、生命に別状はなかったんだからと、〝無事〟を祝って道連れと乾杯する。

ゲリラの出没する南米の密林行。戦火を交わす中近東の国境越えに、二日や三日の足どめ。バザールで数倍の掛け値の土産物を買わされた悔しさ。高山病や下痢の苦しみなど日常茶飯事。

巻頭のカラー口絵の旅でめぐりあった少女たちの笑顔は、少女へ素朴な憧憬を抱くという、フー老人の優しい温かな眼差しが、少女たちの心をひらかせたからであろう。

色川教授の『明治精神史』『近代国家の出発』『ある昭和史』など、凛とした著書に接した者には、この旅行記は、意外性にみちた抱腹絶倒のフーテン記に読める。しかし、「行動する歴史家」の眼と、戦時体験からくる怒りは、この旅行記の中に隠し味のように散りばめられている。一例をあげれば、「フー老はゲリラびいきである。強いもの、権力などにつらなってデカイ面をしているヤツらに楯つく人間が好きなのである」といった箇所だ。

（1998/08/31）

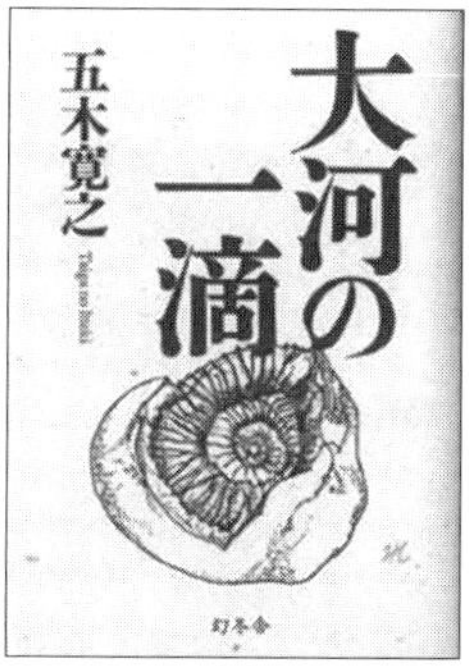

幻冬社
1429円＋税

悩める現代人に贈る告白的死生論

「大河の一滴」

五木寛之

国破れて山河だけが残った敗戦の日から半世紀がすぎた。この間、奇跡的な繁栄の日々があり、日本人は、この世は望月の思い、に酔い痴れていた。

それが一転、バブル経済の崩壊で、銀行、証券会社、大手商社までが倒産。凶悪犯罪が多発する信じられないような世に激変してしまった。

日本人は為す術もなく、呆然自失の態となっているが、この存亡の岐路に立ち尽くす人々に「いまが地獄と覚悟するところから始めよ。真の希望と生きる勇気は、その覚悟が定まったときに訪れてくる」と説く、作家・五木寛之の『大河の一滴』が刊行して、五カ月足らずで八十九万部のベストセラーになっている。

「私はこれまでに二度、自殺を考えたことがある」で始まる発作的な書き下ろし、「人はみな大河の一滴」の章百枚と、ＮＨＫラジオで好評を博したトークエッセイ「ラジオ深夜便物語」などを加えた、告白的死生論だ。

彼はこれまで、自分の感じていることをストレートで語らない姿勢を通してきた。それがこの著書では、はじめて赤裸々に本音を吐露し、重い体験を下敷にして、ブッダも親鸞も究極のマイナス思考から出発し、大きな人生の肯定にたどり着いたと説いている。

幻冬舎の担当編集者山口ミルコさんは、「読者の反響はものすごく、ダンボールに何箱も来ています。四十代、五十代、六十代の年齢層が主要読者です。これらの人々は、戦後の高度成長期に『頑張れ！』と言われて走りつづけてきたから、皆、お疲れになって、厳しい現実の前に立ち尽くし、哀しんだり、絶望したりしている。五木先生は『それでいいんだよ』と語りかけ、癒されていらっしゃる」という。

生病老死を直視した一冊である。

（1998/09/28）

夫・周作への
愛と献身の闘病記

「夫の宿題」

遠藤順子

ＰＨＰ研究所
1333円＋税

遠藤周作は、『沈黙』『深い河』に代表される敬虔なカトリック作家としての一面と、『狐狸庵閑話』で知られるぐうたらシリーズの、おどけたもの書きで知られていた。私生活にあっては、結核に冒されて三回にわたる手術を受け、晩年は肝臓と糖尿病の治療に苦しむ。文字どおり「死の影の谷を歩む」詩篇を地で行く病苦の日々であった。

　順子夫人著『夫の宿題』は、肝臓と糖尿病に苦しむ晩年から語り起こし、夫・遠藤周作との出会いから結婚、名作『沈黙』や『深い河』、狐狸庵山人、奇想天外な素人劇団・樹座をつくった舞台裏を、あたたかな筆致で綴る。

「遠藤と初めて出会ったのは、慶応義塾大学の仏文科の教室でした。彼は教壇に立つと、『ええ、僕は明後日フランスへ行きます。まあ、君たちはしっかり勉強したまえ』と申しました。『何でこんな人がフランスへ行けるのかしらん？』と口惜しく思ったことを今でも覚えています」

　こんな出会いだった二人が、やがて、

「手術をした晩、主人と約束をして、『いつだって二人で、どんな病気ものり切ってきたじゃないの。今度もきっと、順子が治してあげるから、がんばって頂戴ね。私も一所懸命がんばるから』と申しましたら、『頼むな』と嬉しそうでした」と語れる見事な夫婦愛を築きあげるまでになる。

　夫人の筆はさらに、愛と献身の看病生活で悟った、魂の交わりの持てる心あたたかな病院の提起、光の中から歓喜のメッセージを感じた夫の臨終の場面へ進んで、「死は終りではない」の確信をつかむまでを、語り尽す。

　担当した福島広司氏は、「主婦層と、医療に深い関心を抱かれている方、家族の介護で苦労をされている方から予想以上の反響をえています」と言う。

（1998/10/26）

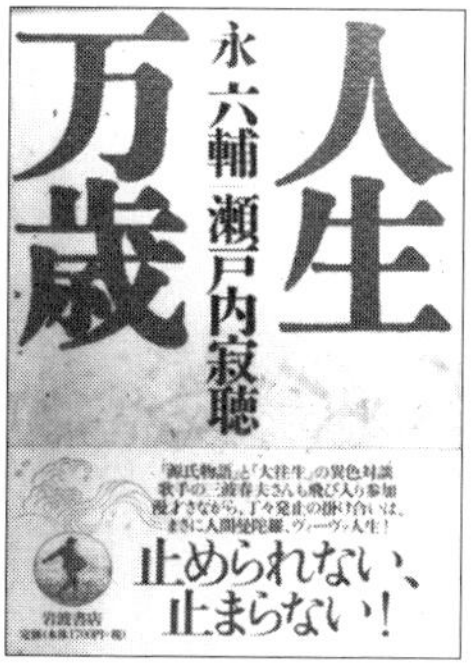

岩波書店
1700円＋税

共感、共鳴…
打てば響く異色対談

「人生万歳」

永六輔／瀬戸内寂聴

「打てば響く」とは、こういう対談を言うのだろうか。永六輔と瀬戸内寂聴の一見、異色と思える対談は、共感、共鳴し合い、心地よいリズムに乗って見事な〝共演〟をはたしている。人生曼陀羅から、宗教の戒律、そして死への準備と、重いテーマをとり上げながら、決して深刻にならず、それでいて軽薄に流れていないのは、片や寺に生まれて僧籍に入らず、此方、売れっ子の女流作家の身で剃髪して尼僧となった、二人の人生遍歴の重さであろう。

瀬戸内　……私ね、出家してからセックスだけは断ってるんですよ。それはね、私は戒律は一つ守らなきゃいけないと思っているの。（中略）で、「セックスするな」。これしか守れないと私、思ったんです。／永　それは、出家する前に決心なさったことですか。／瀬戸内　もちろん。／永　じゃあ、仕納めというのがあったわけだ（笑）。／瀬戸内　そう。五十一歳。出家する前ね。「ああ、これが最後か」と（笑）。

ともに還暦を過ぎている身でも、男女の対談で、これだけあけすけな丁々発止の掛け合いは、めったにお目にかかれない。

瀬戸内は、仏典をベースにおいて「源氏物語」を普通の言葉で訳し、懸案のライフ・ワークを完成した安堵感に侵るさ中。永は、岩波新書創刊六十年以来の超ベストセラー『大往生』をはじめ、『職人』『芸人』『商人』とつづく絶好調の流れに乗っている。

超有名人が、言葉の饗宴をくりひろげる中に、〝お客様は神様です〟の人気歌手・三波春夫が飛び入り、該博な読書と知識を裏づけに見事な三重奏を聴かせる場面もある。この勧進元が岩波書店とあって、異色味はさらに加わった感じだ。

(1998/11/30)

ぼけ、ヨイヨイも
プラス志向で

「老人力」

赤瀬川原平

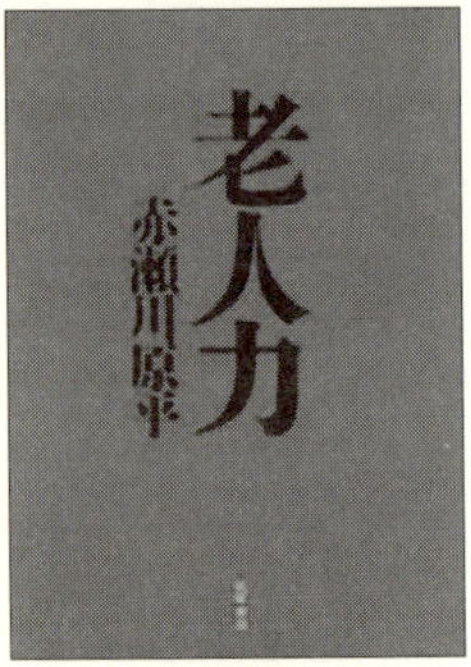

筑摩書房
1500円+税

快著『新解さんの謎』の著者、赤瀬川原平氏によると、「老人力」とは、「物忘れ、繰り言、ため息等、従来、ぼけ、ヨイヨイ、耄碌として忌避されてきた現象に潜むとされる未知の力」の解釈となる。

仲間たちから〝ボケ老人〟と呼ばれていた赤瀬川氏の言動から、この「老人力」を発見し世に広めたのが、路上観察学会を名の建築学者の藤森照信、イラストレーターの南伸坊両氏であった。平均寿命が男性七十七歳、女性八十三歳。六十五歳以上が二千五万人と、全体比で十五・九%を占める時代——老人のイメージは、おしなべてマイナス志向でくくられていた。

ところが、「老人力」が発見され、素材の提供者である赤瀬川氏が、精力的に老人力を喧伝し、同名の著書が上梓されるに至って、「これまで老人力は恥ずかしいエネルギーだと思われていた。だからみんな見て見ぬふりをしたり、ちょっとそのエネルギーが出たら隠したりしていたんだけれど、しかし『老人力』という正しい名前が発表されてからは、そうか、隠さなくてもいいんだ、自然のパワーなんだ、という流れになってきている」のだとか。

著者で、素材提供者である赤瀬川原平氏のこの述懐が、決してオーバーでないことは、路上観察学会のメンバーで『老人力』を出版した筑摩書房・松田哲夫氏の次の言葉が裏付けている。

「六十代から七十代が読者のピークですが、二十代もけっこういて、女性が圧倒的に多いことです。老人文化とみられている温泉、骨董好き、ガーデニング趣味などは、今の青年文化に変わってきているのでしょうか」

発見者の一人、南伸坊氏の、内容を熟知した朱色をバックのシンプルな装丁が一段と本を引き立てていた。

（1999/02/01）

飛鳥新社
1400円＋税

“体験”から語る合理的暮しの知恵

「節約生活のススメ」

山崎えり子

不況が続いている。昇給はおろか、リストラ、倒産の危機が身辺に迫る昨今で、学費、住宅ローンの支払いも、ままならない家庭が続出している。この非常事態の時、ドイツ生活の経験を生かした、知的な生活術で三十五年の「住宅ローン」を、七年で返済を可能にした主婦がいる。『節約生活のススメ』山崎えり子さんである。

山崎が、見事にシンプルで合理的暮しを始めたのは、夫の突然の交通事故で、山崎家の月収が六十％もダウンした衝撃体験からだった。

「精神的にも経済的にも、受けた打撃は大きかったものの、これを乗り切るために、まず家計の予算をたて直し、その中で生活する努力をしなければならないと思ったことが、生活を本気で見直すスタートになりました」

彼女は、ドイツで見た「健康」を基本にしながら「倹約」をし、そのうえ「環境」にもやさしい生活を始める。驚嘆すべきその合理的生活術は、この本に余すところなく公開されている。

第一章に「節約生活の知恵」としてドイツ流の生活を述べた上で、「食費を減らす知恵」「光熱水費を減らす知恵」「雑費を減らす知恵」「その他の知恵」と、主婦の立場で可能な節約のノウハウが、自らの体験を通した実例で紹介されているのである。

刊行以来、三カ月で五十五万部のベストセラーになっていて、飛鳥新社の担当編集者、島口典子さんは、予想外に大きな反響に、

「読者は二十代から三十代中心の女性ですが、男性読者も少くありません。受取人払いの葉書を入れたところ、千五百通のお返事をいただきましたが、〝ケチと節約とはちがう、目からウロコが落ちた〟という共感の感想が過半を占めております」と言う。

（1999/02/22）

充実の「第二の人生」への手引書

「定年後」

岩波書店編集部 編

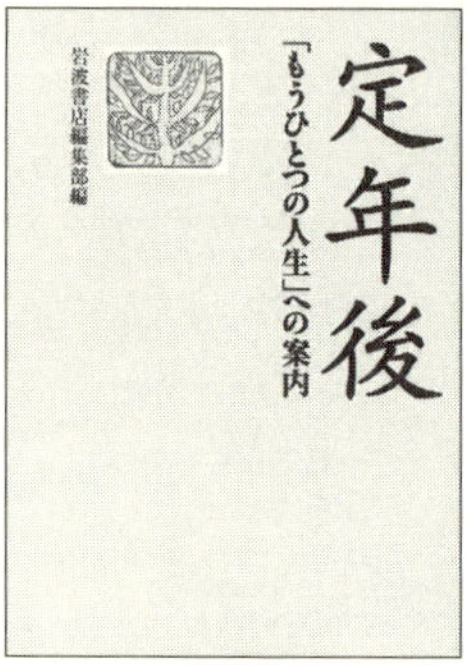

岩波書店
1800円＋税

日本人の平均寿命は、男性七七・一九歳、女性八三・八二歳と、世界の最高に達し、この高齢化現象からみて、定年後に茫々二十年近い人生がある。

定年までの四十年間、一日八時間労働で年間三百日働いたとして、労働時間は約十万時間。一方、企業中心社会を離れて、一日八時間の睡眠、二時間の食事とティータイムを割くと、自由な時間は一日十四時間もある。この十四時間の一年間の積に、さらに定年後二十年の相乗積を加えてみると、労働時間にイコールする十万時間が弾き出される。

「働きづくめの十万時間から、自分のための十万時間」の図式が導き出されるわけだが、この長い時間を、どのように割りふればいいのか。

『定年後―「もうひとつの人生」への案内』は、会社勤めの拘束や特権から突然離脱を余儀なくされて、生活のリズムも日々の目標も激変したあと、充実した「第二の人生」をどう選びとればいいのかに、懇切ていねいに答えた定年マニュアルである。

五百ページの大部の第一章は「定年後への視点―助言・考察・展望」で、城山三郎・加藤仁・佐高信・袖井孝子氏ら、この問題に深い関心を持つ作家、評論家、学者など十九人が、それぞれの角度から有益な助言や具体的な情報、事例を語る。第二章は「私の定年後」の公募手記二十六篇。第三章の「知っておきたい手続き・仕組み」は、雇用保険や再就職相談などに、専門家が分り易く説明した大資料篇。

『定年後』をまとめた岩波書店の編集担当、坂巻克己氏は「急速な高齢化社会が背景にあって、定年前後の生き方を模索する方々に読まれているようです」と、実例に学ぶ姿勢の多さに言及する。

（1999/03/29）

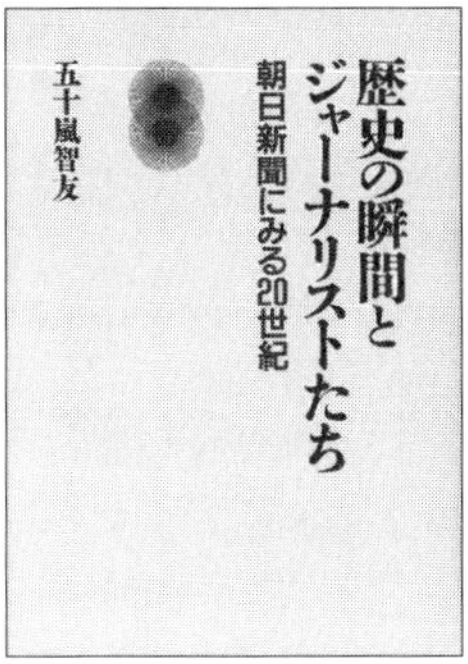

朝日新聞社
2600円＋税

記者たちの肉声溢れる20世紀史
「歴史の瞬間とジャーナリストたち」
五十嵐智友

日本の言論をリードしてきた朝日新聞のキーワードは「進歩主義」であろうか。その朝日新聞の一〇〇年の紙面から、世界史的な事件に照応して、先人の苦闘、業績、教訓を織り込んだ浩瀚な二十世紀史が刊行された。

『歴史の瞬間とジャーナリストたち』のタイトルが物語るように、大事件の報道に活躍した記者たちの肉声が紙面にあふれたヒューマン・ドキュメント史である。この世紀をボーア戦争の砲火の中で明け、冷戦終焉の中で閉じる「革命と戦争の世紀」に位置づけている。文字通りの天と地が覆えるような、大事件つづきの一〇〇年だったわけだが、正論を主張するあまりに、発行停止の弾圧を幾度も受けている。

朝日新聞の創業者・村山龍平は、あまりに度重なる停止通知に、「仕方がない。社は潰れぬとも限るまいが、潰れてもよかろう。主張だけは通そう……」と、沈痛きわまる一語を漏らしたと言う。

しかし、日中戦争から太平洋戦争へと拡大する間、国家総動員法が布かれて、遂に筆を折り、戦争協力に傾かざるをえない時が来る。同書では、朝日新聞の過ちも客観的に記述してあますところはない。また、一〇〇年の中で最大の汚点となった一九五〇年（昭和二十五年）九月二十日付の「伊藤律会見記」の捏造記事も〝架空会見記〟として記録。朝日新聞縮刷版から抹消された唯一の記事である。

いまや国民的行事の「全国高等学校野球選手権大会」が、大正四年に誕生した時、第一回の全国参加校七三、代表校一〇、観客一万人。それが平成十年の第八〇回は参加校四〇一二、代表五五、観客約九〇万人。参加校で五五倍、観客数九〇倍と知ると、隔世の感がある。

（1999/04/26）

学校崩壊が叫ばれる中
感動を呼ぶ
「くずかごの中の詩」
星野佳正

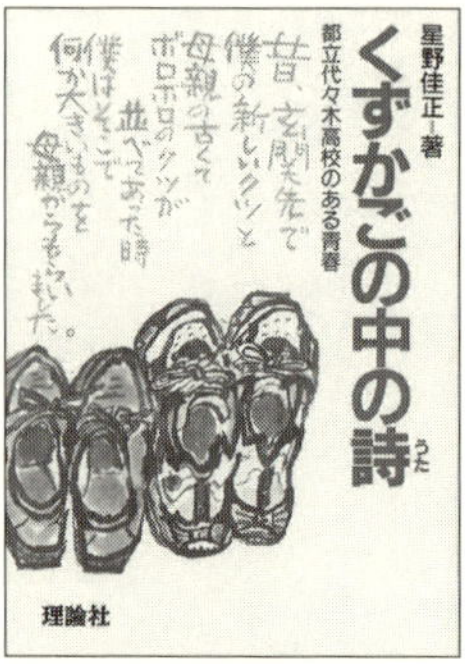

理論社
1500円＋税

「カラス」「先生へ」「同じ」と題された三篇の詩は、都立代々木高校のごみ箱に捨てられていた。

　この高校は、仕事の都合で午前部に学ぶ自営業者、子どもを学校におくりだして午後部の授業にやってくる主婦。あるいは働きながら俳優や歌手、スポーツ選手や棋士などをめざす卵たちが学ぶ三部定時制高校で、生徒たちの身なりも多彩をきわめ、茶髪はおろか、ピアスをした子、モヒカン刈りの男の子もいた。

　「カラス」の詩を書いたのは、モヒカン刈りを、フードでかくした生徒だった。詩片を拾った先生は、若い感性に深い感動を覚え、校長へと手渡した。

　カラスが今日も飛んでいる／お前はいいな／きゅうくつじゃないもんな／ましてや、頭もいいもんな／鳴けるもんな／いつでも、どこでも／仲間と飛んでいられるもんな／そのまま、ずっと／飛んでいてくれよな／お前はちゃんと生きてるよ……。

　星野佳正校長は、学校崩壊やいじめ問題で社会のきびしい批判のある中で、ほっとした救いをこの詩に感じた。

　校長は、「勉強好きじゃないけど、チョークの粉まみれになった、先生の『手』かっこいいと思う」と綴った「先生へ」等の詩と共に全校の生徒の前や、校長会の席、ＰＴＡの会合でと、この詩を紹介して回った。「いまの子どもの心になにか起こっており、どう対処しなければいけないのか。混迷して出口の見えない教育界を、この詩をキーワードにして少しでも開くことはできないか」の情念からだった。

　理論社の担当・小宮山民人氏は、「深く静かに感動の波紋はひろがっています。学校崩壊が叫ばれる時だけに、『くずかごの中の詩』の訴える力が強いのでしょうか」と述べている。

（1999/05/31）

サンマーク出版
1600円＋税

成功者に共通していたことは…「お金のことでくよくよするな！」R・カールソン／小沢瑞穂 訳

一年足らずで百五十五万部のベストセラーとなった『小さいことにくよくよするな！』の実践篇である。著者のリチャード・カールソンは前著で「ストレスの多いいまの社会に、ほんの少し考え方と視点を変えれば、生きるのが楽になる」と説いていた。

金儲けのノウハウ、利殖に関する本が、ごまんと出版されているが、『お金のためにくよくよするな！』は、その種の「投資」や「蓄財」の指南書ではない。「むしろ人生を名実ともに豊かにするための『精神的な投資』と『心の蓄財』のガイドブック」と、訳者の小沢瑞穂さんが指摘する人生の処方箋といえる。

九十六編のアドバイスから成っていて、その見出しを、アトランダムに拾い読みするだけでも、この著者の言わんとするところが明らかになる。

千里の道も一歩から／与えて、与えて、与えつくす／まず、自分に支払う／人生はいまの瞬間に始まる／情熱は成功のもと／人生の黄金律を忘れずに／人の成功に力を貸す／気楽にいこう／努力なしでは始まらない／自分の幸運は自分でつくる……。

著者カールソンが、心配しなければしないほど成功するという〝法則〟を発見したのは専門分野で成功した人を注意深く観察した結果だった。

出版元のサンマーク出版編集部の青木由美子さんは、『お金のことで～』の読者は、三、四十代以上の男性が中心だと言い、

「『小さいこと～』が総論だとすると、こちらは、金の切り口で豊かな人生の持ち方を教えていると思います。気の持ちようを変えることで、心も財布も豊かになると……」

脳内革命ならぬ意識革命ができる人には役立つ本と言えるだろう。

(1999/06/28)

人と犬との微笑ましい友情を描く

「介助犬ターシャ」

大塚敦子 写真・文

小学館
1300円＋税

介助犬とは、身体に障害を持った人の日常生活を手助けするために、その人のニーズに合わせて特別なトレーニングを受けた犬である。70年代にアメリカでスタートするが、現在、同国で約一〇〇〇〇頭以上、日本ではその一〇〇分の一の一〇頭に満たないと推定されている。

この写真絵本の主人公ターシャは、足の不自由な女の子ステファニーのために、分身の役割をはたしている雑種の大型犬である。介助犬育成プログラムに従った女子刑務所の受刑者による基礎訓練を終えた後、ステファニーを介助するめぐり合わせになった。

ステファニーは十五歳の黒人の女の子。幼くして両親を失い、自らも赤ちゃんのとき、事故でせきずいに大怪我をして、車椅子の生活を余儀なくされた。

不幸にも、事故の後遺症で彼女は知的発達もおくれてしまった。介助犬ターシャは、そんな二重のハンディを背負ったステファニーの通学から、授業にまで付き添い、手足の介助をするベストフレンド役なのである。

大塚敦子さんの写真と、やさしい文章でつづった『介助犬ターシャ』は、このステファニーと介助犬の日々を、見事に浮びあがらせた写真絵本で、浩《こう》瀚《かん》な『広辞苑』にさえ未載録の介助犬の解説と、その働きぶりを紹介したエポックメーキングな一冊だ。

目の不自由な人を導く「盲導犬」は、すでに知られていたが、

「介助犬は体の不自由な人と一緒に暮らして、ゆかに落した物を拾ってくれたり、必要な物を取ってきてくれたり、電気をつけたり消したりするような仕事をしてくれる」

と、大塚さんは前文で述べ、その24時間を追って、具体的なショットで明らかにしてくれている。

(1999/09/27)

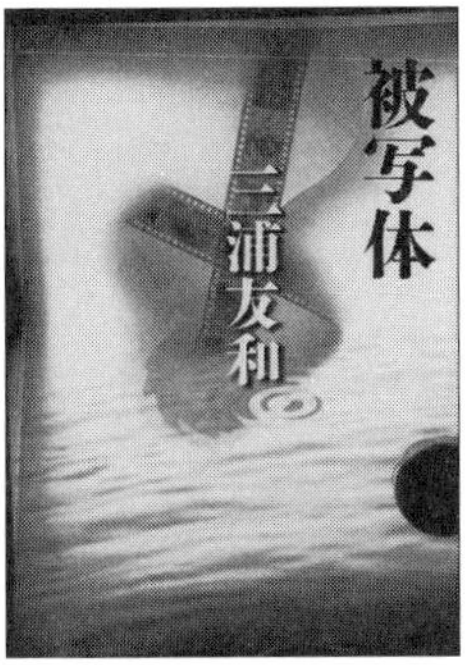

マガジンハウス
1400円+税

厳しく問われる写す側のモラル

「被写体」

三浦友和

被写体―写真に写される側を差す。

超人気アイドル歌手だった山口百恵と結婚した三浦友和が、自著へ直截的なこのタイトルを付けたのは、一家が四六時中マスコミの被写体にさらされ、プライバシーをずたずたにされた激しい怒りの意味が込められていた。

二人の関係は、写真週刊誌の盗写によって明るみに出た。それが物語るように、友和・百恵が結ばれ、家庭を形成する一九七〇年代後半からの二十年は、テレビのワイドショーで芸能ニュースが目玉になり、突撃レポータなるものが登場。スポーツ紙、写真・芸能誌、女性週刊誌がそれに追随し、抜きつ抜かれつのシーソーゲームを繰りひろげたため、一家は絶好のターゲットとなった。写す側は、二人の恋愛時代を経て結婚、愛児にめぐまれ、幼稚園へ入園、小学校入学と推移する、三浦家の動向を狙って、家の近所に張り込みをつづける。

ある雨の朝、ゴミを出そうとした百恵が、飛び出してきたカメラマンから逃れようとしてつまづき、足首を捻挫してしまう。同居していた百恵の母親は、二歳の孫を連れて散歩に出たとたん、取材陣のカメラの砲列に囲まれた。長男の幼稚園入園の日には、張り込んでいた取材陣が殺到し、その騒動におびえて子供が泣き出し、父・友和は車の中にまでカメラを入れたカメラマンを、殴りつけた……。

三浦友和は、被写体にさらされつづけた一家の二十年間を、怒りを抑え込むために、折りにふれ書きつづけてきたが、マガジンハウスの赤木洋一元社長にすすめられ出版したのが、この著書となった。

一家を守る夫として父としての友和の真摯さは見事。逆に、写す側のモラルが厳しく問われるところだ。

（1999/11/29）

自分の足で生きる
強靭な精神力

「倚りかからず」

茨木のり子

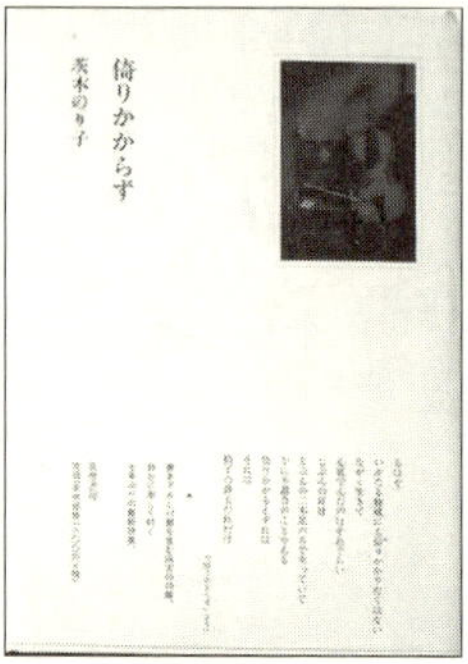
筑摩書房
1800円＋税

七十三歳になった女性詩人の宇宙の漆黒の闇に対峙して、いささかもひるまない透徹した詩編である。

「木は旅が好き」をスタートに、鶴／あのひとの棲む国／鄙ぶりの唄／疎開児童も／お休みどころ／店の名／時代おくれ／倚りかからず／笑う能力／ピカソのぎょろ目／苦しみの日々　哀しみの日々／マザー・テレサの瞳／水の星／ある一行――の十五編だが、詩集のタイトルとなった『倚りかからず』は、読む者を粛然とさせ、生きる姿を糺《ただ》させずにはおかない。

もはや／できあいの思想には倚りかかりたくない／もはや／できあいの宗教には倚りかかりたくない／もはや／できあいの学問には倚りかかりたくない／もはや／いかなる権威にも倚りかかりたくはない／ながく生きて／心底学んだのはそれぐらい／じぶんの耳目／じぶんの二本足のみで立っていて／なに不都合のことやある／倚りかかるとすれば／それは／椅子の背もたれだけ

ながく生きて、心底学んだのは、できあいの思想、宗教、学問、いかなる権威にも倚りかからずに、それらの一切を拒否して、自分の二本の足だけで立ち、自分の眼と耳を働かせて生きて、なんの不都合も感じないと言い放つ。

しかも、この詩人は、車もファックスもパソコンも持っていない自らの「時代遅れ」を認めた上で、それらの文明の利器に囲繞《いにょう》され、あり余る情報を集め、Eメールで情報を交換し、車で走り回る「頭はからっぽのまま」の現代人を、憫笑《びんしょう》しているのである。

担当編集者の中川美智子さんは、「朝日新聞の『天声人語』で取り上げられ、急に売れ始めました。『これを読んでしっかり生きなくては』との感想も寄せられています」という。

(2000/01/31)

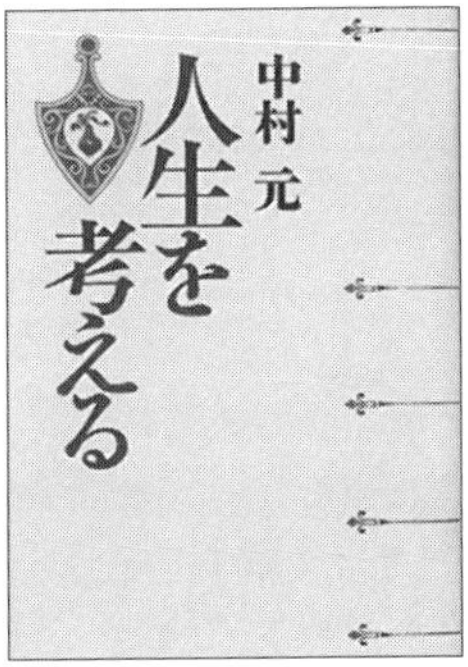

青土社
1800円+税

希代の碩学による明快な人生論

「人生を考える」

中村元

碩学《せきがく》——学問が広くて深い人のことだが、この言葉は中村元先生にまことにぴったりである。その学殖の広さと深さ、重さに比類する人は、その生前に見当たらなかった。

英語、ドイツ語は当然として、ギリシア語、ラテン語やサンスクリット語などの古典語を自由自在に駆使して、仏教哲学に挑み、そこから学び思惟した成果を、昨年八十六歳で逝去するまで発表し続けた。

その学問領域は、東は、ヴェーダ、ウパニシャッドから、仏教、ジャイナ教、インド諸哲学。中国は、孔子、老子、荘子、楊朱、朱子など。

西は、パルメニデス、プラトーンほかのギリシア哲学から、トマス、デカルト、スピノーザ、ライプニッツ、カント、ヘーゲル、ショーペンハウア、ニーチェ、ハイデカー、ラッセルととどまるところを知らず……。日本の思想家も、和辻哲郎、西田幾多郎、土田杏村と、きわめて隅なく行きわたっている。

この碩学が、青土社の詩人社長、清水康雄氏の問いに答えて、在る／自己／価値ある美／生き甲斐／こころと身体／性／愛／家族あるいは社会／老い／死／神あるいは信仰／論理と真理／こころのはたらき／自然についての十四項を、「飾らず、高ぶらず、根元から、綿密に、行きとどいて、穏やかに、明快すぎるほど、惜しみなく、節度をもって語られ、語り尽くされ」（三枝充悳）ているのである。

碩学は、高邁な学殖を「分かりやすく説くのが学術的なのだ」と、ベストセラーとなった『ソフィーの世界』を最晩年に読んでいた。日常の平素の言葉で、「どう生きればよいのか」を説く大学者の恩恵に、この高著を通じ接していただきたい。

(2000/02/28)

明晰な文章で綴った自伝の傑作

「日本語と私」

大野晋

毎日新聞社
1400円+税

大野晋氏は無類の読書家で、名うての読み巧者の井上ひさし氏が、「現代日本語文の最高にして最良の書き手の一人」と折紙をつける学者だけに、簡潔で明晰な文章で綴られた人生は、読む者の心へ爽やかに語りかける。

『日本語と私』のタイトルとなっているが、当初『両国から』の題で、ある小冊子に連載されていた。砂糖問屋を営む商人《あきんど》の家に、生まれ育った大野だった。下町の世界は学問に縁が薄いが、大野は「それだけに知識に飢えて文字を学ぶことに憧れる若者」の一人として、「学問に対する崇敬の念と、それに一歩でも進み入りたいという願望は純粋」であった。進学校として知られた開成中学へ進み、天下の秀才が憧れる第一高等学校へ挑むが、六題中最少五題できなくては合格ではないといわれていた幾何を、四題しかできず「入学試験の合格発表は親父が見にいってくれた」と述べている。

「親父が帰ってきた。『どうだった』と出迎えると、『受かっていた』という。『よかった!』と叫んで『何番だった?』ときくと、親父は一呼吸置いて答えた。『お前の後には誰もいないよ』」

東大国文学科で橋本進吉教授の指導を受けたことで、日本語を通して日本の根本条件を明らかにしようと志す。橋本は、一字一語の形や意味を周到に、徹底的に吟味する学者だった。

大野はこの師の教えを忠実に守り、万葉仮名に清濁の区別があることを指摘したほか、上代語の音韻、仮名遣い等で画期的な研究成果を挙げた。さらに近年、日本語とインドのタミル語の間に系統上の親近関係のあることを主張して、国語学会に大きな波紋を巻き起こした。空想力に欠けた学者は、学問を切り開くことができないという持説の実証だった。

（2000/04/24）

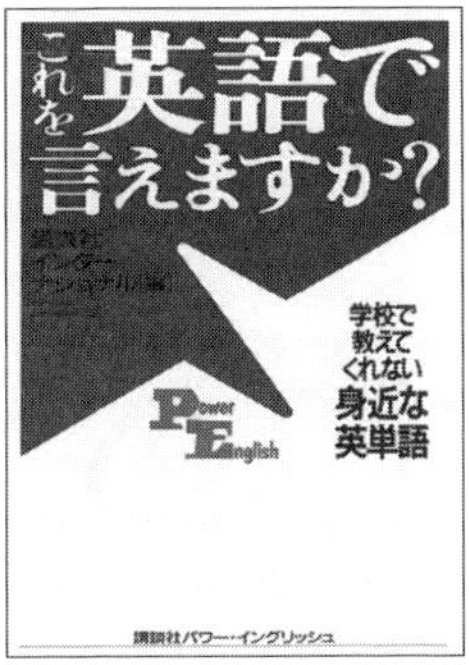

講談社
1200円＋税

貴重な経験が生んだヒット本

「これを英語で言えますか？」

講談社インターナショナル編

英語のベテラン達のたった一つの思いつきで企画された『これを英語で言えますか?』が、刊行六カ月で八十万部のベストセラーになっている。

英語を第二公用語にの声が、ほうはいとして起きている中でタイミングよく出版された実用的な語学の本だが、企画のきっかけは講談社インターナショナルの編集部員の一人が、「a2」を読めないことに愕然としたことからだった。

大学で英語を専攻し、英語の本づくりをする編集部にいて「a2」が読めない。外国人スタッフはみんな読めるのに、日常、英語を使い慣れているはずの他の日本人スタッフにも、読める者は一人もいなかったという。

英語のベテランにしてこの現実は、学校では文法や受験に必須な英単語、熟語等は教えてくれるのに、子供の英語や数・図形の英語、日常の実用英語などには、全く「ノータッチ」のカリキュラムだったからだ。

また、「ノータッチ」にみる短絡な和製英語は、英語圏では通用しないことがあり、学校で教えられた言葉も、現場では役立たない例が少なくなかった。時間と共に様変わりする生き物である言葉のネイティブチェックを怠っていた報いだった。

この落差を埋め合わせるべく、「学校では教えてくれないけれど、常識として知っておくべき身近な英単語」を、七十七ジャンルから集成してみたところ、目からウロコが落ちるような鮮度がよくて面白い「パワーイングリッシュ」の一冊が生まれたのである。

愛読者カードには、「あるようでなかった本」「こういう言葉を知って有難い」、専門の英語教育を受けた人からは「こんな表現にはいままで気がつかなかった」などの声が寄せられた。

知的革命の時代を生き抜く知恵

「脳を鍛える」

立花隆

（2000/05/29）

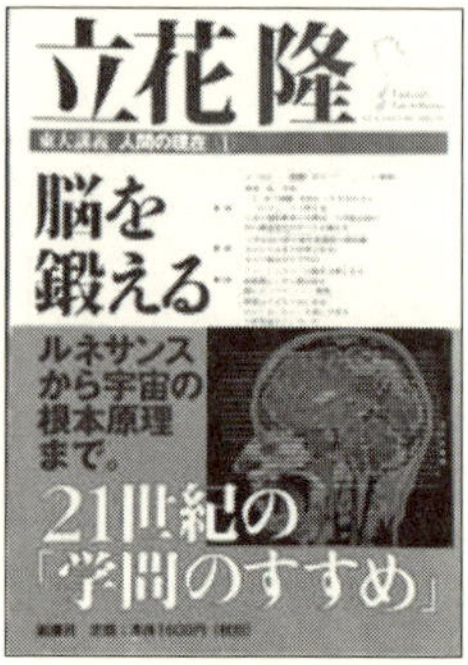

新潮社
1600円＋税

知の巨人・立花隆が、東大の教養学部で行っている講義の第一回から第十二回までをまとめた、現代版『学問のすすめ』である。

「人間の現在――人間はどこからきて、どこに行こうとしているのか」が講義の題目となっている。

立花には『脳を究める――脳研究最前線』の著書がある。「脳について知ることは、自分自身について知ることであり、同時に人間を知ることである」の視点でまとめているが、今回の『脳を鍛える』では、ネクスト・ジェネレーションに対して、人類史上いまだかつてない知的革命の時代に生き抜く知恵を与えようとしている。

そして、『脳を鍛える』段階《フェーズ》について、次のように述べている。

「自分より力量すぐれた相手と議論を闘わせて、一度徹底的に論破されてみることだ。思想のもつこわさを知ることだ。人間の知の全体像について考えてみることだ。宇宙の誕生から滅びの日にいたるまで世界の運命を見すえることだ。脳にできるだけ多様でバランスのとれた力を入れて自分の脳を育てあげることだ。いわゆる知的刺激だけでなく五感のすべてを刺激することだ」と。

この知と五感の積み重ねがあれば、ものごとを考えるときの正しい筋道の立て方が導き出されるというわけだが、そのための勉強は並みではない。哲学、文学、宗教、歴史、社会など、きっちりと基礎的な学問を押えておかなければならないようだ。

新潮社出版局の担当・私市憲敬氏は、「読者は、立花ファンに加えてビジネスマンと学生です。読者カードの大半は『すごく勉強になった』というが、五十代以上の方も勉強を志して買っているようです」と語っている。

（2000/06/26）

河出書房新社
1600円＋税

子育て虐待の深層に迫るルポ

「漂流家族」

信濃毎日新聞社 編

一人の女性の生涯に産む平均子ども数が、一・三八人となった。両親の寵愛を一身に受けて、ぬくぬくと育つ幸福な育児生活を想い浮かべそうだが、現実は母親が子どもを虐待し、時には死に追いやるケースも稀でない。

『漂流家族——子育て虐待の深層』は、長野県下で起こった嬰児殺し事件と、親に虐待されて必死に救いを求めている子どもたちの実態を、丹念に追ったルポルタージュである。担当した信濃毎日新聞社の井上裕子記者自身も、幼い子どもを抱える母親である。

「それまでの私は、親が子どもを殺した事件を聞くと『信じられない』『わが子がかわいくない親なんて親じゃない』と思っていた」だけに、自分の心の奥に潜んでいたそうした感情にぞっとし、精神的・肉体的に追いつめられた時、冷静な判断を失うやも知れないと気づく。

井上記者は、「自分も含めた親のだれもが加害者になりうる視点」で、取材を重ねて信濃毎日新聞に「こども、居場所を求めて」を連載した。

その最中に、若い母親が泣きやまない生後四カ月の長女を押入れに押し込んで死なせる事件が起き、その母親の心理を追った「追いつめられて」を加筆。単行本化するに当たって、第一部に追いつめられた「母たちの苦しみ」、第二部に虐待される「子どもたちのSOS」と再構成。

河出書房新社の長田洋一氏が、信毎紙上でこの連載を読み、

「子どもが減り続ける社会にあるものを探る格好の記事だと本にしました。十代の少年凶悪事件が続発し、父親の存在の薄い子育て問題がクローズアップされはじめている時、この著書の日本の大人に問いかけている意味は大きいと思います」と語っている。

（2000/07/31）

宝島社新書
680円＋税

モノ氾濫の悩みに究極の処理法

「『捨てる！』技術」

辰巳渚

モノ余りの時代が久しい。着るモノ、食べるモノ、書類、本、雑誌など身辺にはモノが氾濫している。収納術、整理法を謳った本が書店のコーナーを占める勢いにあるのも、溜まったモノをどう処理したらいいのか、困り果てている人が多いからだろう。

『「捨てる！」技術』は、モノ氾濫に悩み苦しむ人々の目から鱗《うろこ》が落ちるような教示に充ちたノウハウ本である。

溜めこんだモノを、「思いきって捨てる」「見ないで捨てる」「その場で捨てる」という、究極のノウハウが、実にあっけらかんと書かれている。

著者の辰己渚さんは、昭和四十年生まれの三十代半ばのフリーのマーケティング・プランナーで、モノをいかに売るかのエキスパートである。その人がモノ余りの世を見て、「日本人が公私ともにこれから次のステップを踏み出すのに、まず捨てることから始めては……」に思い至ったのだという。

誰もの心の中にわだかまっている「捨てたい」という潜在意識に、エクスクラメーション・マーク付きで「捨てる！」と訴え、その下に「技術」と素直な余りに素直なタイトルにしたことが、この本をベストセラーに押しあげた第一の要因であった。

ついで第二の要因として、第一章で捨てるための考え方10か条、第二章で具体的な技術を10か条にわたって紹介し、第三章でモノが少しでも捨てやすくなるような情報を加えていることだった。紹介されていることどもは、「やる！」という踏ん切りがつけば、即座に実行できることだった。

「とりあえず」だの「いつか捨てる」といったバッファー意識に「ノン！」を突きつけ、単純明快に捨てる方法を述べた点が受けたのか。モノ余りの切実さが炙り出されている。

（2000/08/28）

主婦の友社
1600円＋税

性差を認め、その差の謎を解く

「話を聞かない男、地図が読めない女」

アラン・ピーズ＋バーバラ・ピーズ
藤井留美 訳

サルトルの同伴者ボーヴォワール女史は、かつて『第二の性――女はこうしてつくられる』の冒頭で、「人は女に生まれない。女になるのだ」とのたもうた。

アラン・ピーズ＋バーバラ・ピーズ著『話を聞かない男、地図が読めない女』は、性差を認めない現代社会の流れに異を唱え、「男と女は、たまたま同じ地球に住んでいる異星人でアル」論を展開している。

同じ種であるのに、なぜここまでの差ができてしまったのか。著者は三年の歳月と二十一カ国、移動距離にしてのべ四十万キロをかけて、論文を調べ、専門家にインタビューをこころみ、その謎に迫ったのである。

その結論は、男と女は生きる必要に迫られて、前者は狩をし、後者は木の実や果実を採り、男は眷族を守り、女は子どもを育てる等の棲み分けを図った。それを何百万年ものあいだつづけた結果、両者の身体と脳は、まったくちがった方向に進化し、考えかたはもちろん、行動、信念まで、ちがってしまったというのだった。

著者は、本質的にちがう例証を、脳医学の先端知識から、日常の何気ない会話までを含めて、ふんだんに集めている。一例を挙げると、「女をかならず満足させる」ためには、「甘やかし」「抱擁する」など五十余の意志伝達を必要とするが、「男を満足させる」には、女が「裸で目の前に立つ」だけでいいのだと。

読者アンケートの反応は、
「夫婦喧嘩の原因がよく理解できたとか、奥さんには読ませたくない、あるいは恋人同士で読み、お互いの気持ちがよくわかるようになったといった言葉が寄せられている」
と言う。

（2000/09/25）

集英社
1500円＋税

「旅」テーマに
饒舌対戦の第２弾

「ああ言えばこう嫁行く」

阿川佐和子／壇ふみ

父親に名の知られた作家を持つ美女で才女二人の、饒舌対戦の第二弾である。『ああ言えばこう食う』の共著で味をしめた阿川佐和子と壇ふみの今回のテーマは「旅」となっている。

「まえがき」でアガワは、あらかじめのことわりとして、「本書のどのページをめくったところで、異国の目新しい情景も心洗われるような感動的な風景も、のどかな旅情もなああんにも出てこない。出てくるのはひたすら、著者双方の悪口ばかりである」と述べている。「食」がテーマだった前著で「他人が見たら不安になるであろうほど、けなし合い、悪態のかぎりを尽し」たと認めあう二人だったが、今回も女同士の「ああ言えばこう行く」辛辣なやりとりは〝舌好調〟である。

だが、凸凹コンビを自称する二人の悪態だの悪口の数々には、小気味よいユーモアが隠し味になっていて、毒がない。やりとりする言葉でその激越だが、毒の要素がないから悪口もどきに終始している。

たとえば、内モンゴルの旅の一件では、〈「アタシね、新しい言葉、発見しちゃったの。『シ・リ・シ・タ・肉』。どう？」言い終わるとアガワは、「ウフッ」といかにも満足げに微笑んだ。

たいへん残念だが、私は「チチ」の肉とも「シリ」の肉とも縁遠い。当然、「シリシタ肉」にも縁がないから「ウフッ」と微笑まれても、「それは素晴らしい発見でございます」と、微笑み返すだけの理解にいたっていない。〉

ところが、一千キロの車の旅の後に、ダンフミはヨレヨレになったアガワの後姿を見て「アンタッ、シリシタ肉！」と叫び、「言っていいことと悪いことって、あるんだからねッ」と相棒の怒りを買う。一読、笑いを呼ぶエピソードにみちている。

（2000/10/30）

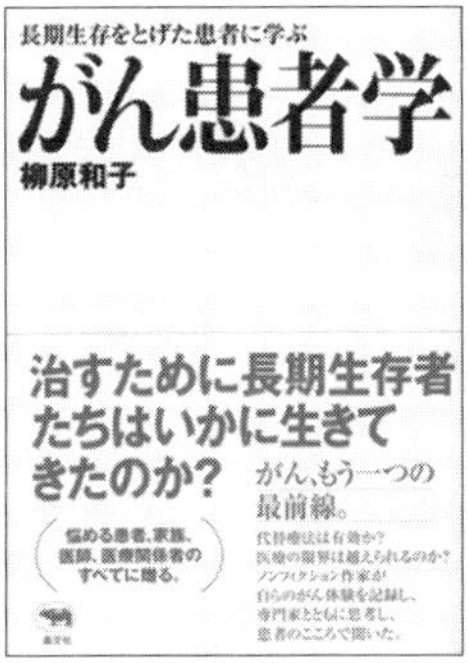

晶文社
2600円＋税

半端でない、がんを見つめ闘う壮絶な姿

「がん患者学」

柳原和子

がんの発症率が三人に一人の時代になった。現代医学での治療は、手術、抗がん剤、放射線治療の三つとされているが、治療中再発への怯《おび》えに悩み苦しむのががん患者の宿命である。

『がん患者学』の著者柳原和子さんは、生存率の低い卵巣がんに罹病し、「五年生存率は二十％」と宣告された。母親も同じ四十七歳で卵巣がんになって死去しているだけに、柳原さんの再発への怯えは、想像を絶していた。

彼女は「やすらかに死ねるための方法はないのか？　あわよくば治る処方箋があるのではないか？」と懊悩《おうのう》する中で、末期がん、再発進行がんを宣告されながら、五年、十年と生き永らえている患者たちの闘病体験を聞き、その代替療法に学ぶことを思いたつ。

その聞き書きでまとめたのが第一部で、柳原さんは彼らの語るあらゆる代替療法を実践し始める。

第二部は、がん医療にかかわっている専門家たちとの対話で、自らもがんに罹《かか》り手術後、患者の心のケアに取り組んでいる河野博臣氏ら八人に、踏み込んだ問いを投げかけている。

第三部は、著者の三年間の闘病記録である。大部な『在外「日本人」』などの著書で知られ、多くの死を見つめてきたノンフィクション作家だけに、自らのがんを見つめ闘う姿勢も半端ではなかった。自身は「不安、戸惑い、怒り……。絶望と混乱の中で、ドタバタしました」と語るが、生に執着し、生き抜こうという壮絶さには頭が下がる思いがする。

がんになった原因はひとりひとりが違い、また療法もさまざま……。六〇〇ページにわたる『がん患者学』は、その個を追い詰め、解読に迫った真摯さが濃厚に集積されている。労作である。

(2000/12/25)

文学史の固定観念を打破する力作

「ピカレスク 太宰治伝」

猪瀬直樹

小学館
1600円＋税

心中という手段で自裁した太宰治は、遺書の下書きに「みんな、いやしい欲張りばかり。井伏さんは悪人です」という文学の師への痛罵とも思える一文を遺していた。本書は、この謎めいた一言をキーワードに、ミステリアスにつつまれた太宰治の死の真相と、その生涯に迫っている。

猪瀬氏は、綿密な資料蒐集を前提に、断簡隻句までを渉猟した上で、『人間失格』のタイトルに象徴された「弱くて駄目な人間、生きることに耐えられず常に死を求めていた」とする太宰治の人間像を見事に、覆えしている。

「あとがき」で、そのあたりを「僕は死のうとする太宰治ではなく、生きようとする太宰治を描きたかった。（中略）つねに目標を設定して破壊しまた新たな目標を設定し直す、そんな勤勉なひとりの青年の軌跡を浮かび上がらせたかった」と、述べている。

そのこころみが「曲がりくねった性格、逆説的で奇矯な言動」のみを強調されていた太宰治のイメージを、内面から見事に突き崩し、ピカレスク作家像を、彫りあげたのである。

彼の死後半世紀間に、誰もがなしえなかった新しい太宰治像を刻みあげて、著者は「固定観念で染め上げられた日本の文学史の狭隘《きょうあい》さに対するささやかな抵抗、この作品は僕の『如是我聞』でもある」と、胸のすく啖呵を切っているが、これだけ周倒に、資料を駆使して成った〝如是我聞〟（私はこのように聞いたの意）に、異論をさしはさめる人は、まず当分は現れないだろう。

『ペルソナ』で三島由紀夫の評伝を、『マガジン青春譜』で川端康成と大宅壮一の評伝をまとめた猪瀬直樹氏の壮大な三部作は、本書で大尾となった。一読を進めたい。

(2001/01/29)

筑摩書房
1600円+税

貧乏父さんが多いから読まれる？

「金持ち父さん 貧乏父さん」

ロバート・キヨサキ シャロン・レクター

日系四世が教える金銭の哲学である。著者のロバート・キヨサキは、実の父親と、友人の父親の二人の父さんを持った。タイトルとなっている『金持ち父さん　貧乏父さん』である。

実の父は高い学歴を持ち、公務員としての社会的地位にも恵まれ、息子に「勉強をしていい大学へ入りなさい」と叱咤激励するタイプ。一方、友人の父は高卒の学歴しかない人物だった。

ここまで書くと、金持ち父さんはロバート・キヨサキの実父と早合点するだろう。が、実父はそれなりの高給を得ていながら、ローンと税金に追われた〝貧乏父さん〟であった。

一方、友人の父は、ハワイ一の金持となっている〝金持ち父さん〟だった。

常識に反するようなこの結果は、なぜなのか。友人の父さんが金に関する知性(ファイナンシャル・インテリジェンス)を身につけ、本当の意味の「資産」を手に入れ、そこから金を生み出す生活を実践しているからだった。

少年時代から、友人の父親に徹底した金銭教育を受けたロバート・キヨサキは、これからの時代を生きるには、「よく勉強していい学校に入り、一流会社に入れば一生安泰」といった古い考え方では落後者になると考える。

そして金持ち父さんの教えに従うのだが、「金持ちはお金のために働かない／お金の流れの読み方を学ぶ／自分のビジネスを持つ／会社を作って節税する……」などの六つだった。

ところが、いざ実践になると、金を失うことの恐怖心、臆病風、悪い習慣に悩まざるをえない。ロバートはそれらの恐怖に打ち克つことで、見事に金持ちの道を歩むことになる。

一読、目からウロコの教えに充ちているが、実践には失敗を含めての高い授業料も必要のようである。

(2001/02/26)

偶然を発明に結びつけるには

「化学に魅せられて」

白川英樹

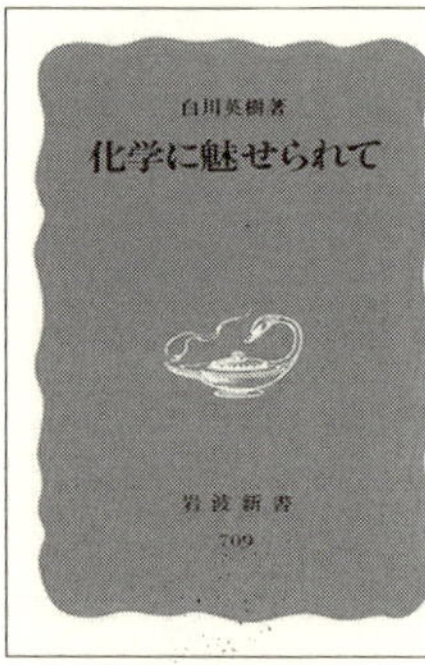

岩波新書
700円＋税

「白川？　ＷＨＯ？」

日本の国内で、ノーベル賞の発表直前までごく一部の科学の分野にしか知られていなかった白川英樹氏の受賞記念講演と、既発表の文章や対談をまとめた新書である。

白川は導電性ポリマーの発見で二〇〇〇年十月にノーベル化学賞を受賞し、一躍、世界に知られる存在となったが、その発見は受賞をさかのぼる二十三年も前のことであった。

白川は、この発見をセレンディピティ（偶然や幸運に恵まれた発見）だったと表現している。その理由は、絶縁体と思われていたプラスチックから、実験の過程で失敗がもたらしたポリアセチレン薄膜を発見し、その薄膜に微量の臭素をドーピングしたところ、導電性プラスチックが合成されたのである。世紀の大発見の幕開けだった。

白川は、アメリカに招かれて、この〝錬金術〟を成功させたのだが、その感動の瞬間を次の通りに語る。

「……それで向こう（アメリカ）で電子を受け取りやすい物質（アクセプター）である臭素をちょっと入れて、電気伝導度を測るという実験をやった。そうすると、臭素を入れるとともに電気伝導度が急激に上がってくる」

白川は、さらに伝導度を上げるナトリウムやカリウムをドープすることで、金属を超える導電性高分子合成の道を拓いていくのである。

この体験を踏まえて、「偶然とは文字どおり、予期できないような時と仕方で予知できないものごとがおこることです。しかし、その偶然を認識し、思索を深めて発見や発明につなげるためには、その偶然に出会った人が旺盛な好奇心や深い認知力と洞察力などに富んでいることが不可欠です」と、謙虚に人生訓を語っている。

（2001/03/26）

潮出版社
1200円＋税

冤罪との闘い、愛妻の介護を綴った血涙の記録

「妻よ！ わが愛と希望と闘いの日々」

河野義行

松本サリン事件を題材にした映画『日本の黒い夏～冤罪』の原作である。事件の起きたのは平成六年六月二十七日の夜であった。

第一通報者河野義行氏は、警察に犯人と疑われ、マスコミは一斉に「農薬調合に失敗」と犯人視する報道を開始した。

河野氏はサリンの後遺症に苦しみ、意識不明の重態となった妻澄子さんを抱えて、警察権力やマスコミ報道によって形づくられた、心ない誹謗中傷に、もの言わぬ妻と孤立無援の闘いを開始する。

『妻よ！　わが愛と希望と闘いの日々』は〝殺人者とその家族〟のレッテルを貼られた河野氏一家の冤罪との闘いと、愛妻の介護の日々を綴った血涙記となっている。

河野氏はこの理不尽極まりない窮地に立たされた中で、初動捜査のずさんさで犯人視されたことへの怒りを抑えて、

「妻は私一人では生きられないことがわかっているから、私を支えようと懸命に生きているんでしょう」

と、悟りに近い言葉をもらしている。

しかし、その一方で河野氏はマスコミ報道の行き過ぎ、一部週刊誌による為にするセンセーショナルな虚報に対して、告発できる制度と犯罪被害者救済法の早急な導入の必要性を、毅然と訴えている。

世紀の冤罪ともなった松本サリン事件は、翌七年に東京都で地下鉄サリン事件が発生し、オウム真理教という荒唐無稽なオカルト教団の犯行が明らかになったが、疑いが晴れるまでの河野氏一家の怒りと苦しみは『妻よ！』に余すところがない。

愛妻澄子さんはいまだに意識を回復していない。

（2001/04/30）

岩波書店
2200円＋税

碧眼の研究家の正鵠を射た日本の戦後史

「敗北を抱きしめて」（上・下）

ジョン・ダワー

歴史研究は半世紀を閲《け》みして、ほぼ正鵠を射たものになるといわれている。米国きっての日本の戦後史研究家ジョン・ダワーの本書は、このセオリーを実証した見事な労作である。

敗者の日本が、勝者である米国に遺恨を超えて抱擁を迫るというビビッドなタイトルに、著書の全容が示唆されている。

ダワー氏は敗戦に対して日本人がみせた多様で、エネルギッシュで矛盾にみちた驚嘆すべき反応を六年にわたる占領時代の映画、漫画、流行歌、小説、評論、マスコミの片言隻語から縦横無尽に引用、立証した。

そこに採録されたのは権力者から闇市のやくざ、有名人と普通の人、知識人からパンパンガール、男と女と子どもと、当時の日本に住む〝みんな〟の声であった。

このみんなを通して、占領軍から配給された自由を享受する日本人の様相を鮮やかに甦らせた。

日本の歴史学者による戦後史は、偏頗な史観やイデオロギーに歪められたステロタイプが多いが、碧眼研究者のこの著書には、その種のバイアスがなく読後感もいい。

むしろ新植民地主義的な軍事政治に走った占領軍に厳しい裁断を下し、彼らが直接統治を行わなかったのは「直接統治するだけの言語能力と専門能力が欠けていた」と述べている。

その流れは、今日の政治に揺曳されているが……。

該博な資料集成から、手品師もどきに自由自在に引用、立証している本書には、拙著『ベストセラーの昭和史』などからの引用もしている。

出版史に残る名著に拙著からの引用は、著者にとって大変名誉なことであった。

（2001/05/28）

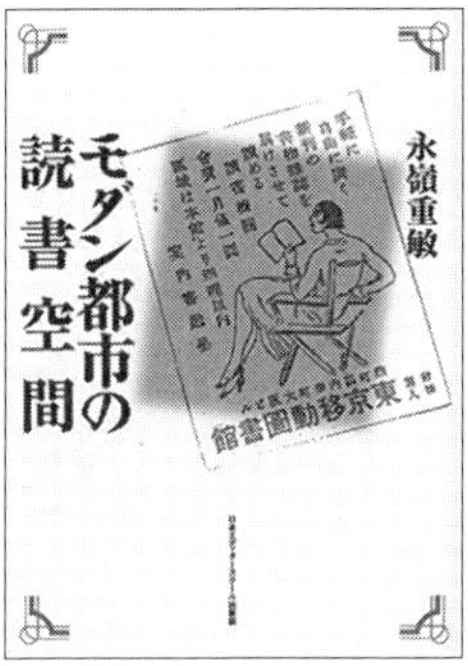

日本エディタースクール出版部
2600円＋税

モダン都市を文化的な営みでとらえた読書史

「モダン都市の読書空間」

永嶺重敏

東京は、出版・読書の一大集積都市である。

出版社・新聞社・図書館が集中し、濃密な読書空間を構成しているが、このモダン都市を読書という文化的ないとなみで立体的にとらえた「読書史」である。

都市に住む人々の読書スタイルに、通勤電車の車中が定着するのは、大正から昭和にかけての一九二〇年代だった。

モダニズム文化という言葉でで括られる時代だったが、読書の流儀は、ほぼこの頃に完成していたと、著者は述べている。

「読書の目的はもはやかつてのように教養的体系の血肉化による自己完成ではなく、読書は一種の知的ファッション、流行と化し衒示的消費の要素が強かった。（中略）その読書スタイルは読書を通した人間形成というよりもむしろ娯楽的消費文化と化し、大衆的な読書スタイルに近くなっている」と。

現代の読書は、まさに大衆的スタイルの時代にほかならない。著者は慧眼にみちたこの論考を、二〇年代の文献を丹念に渉猟して、見事に実証しているのである。

一例をあげれば書物の大衆化の象徴的存在である円本。大正末期、改造社の山本実彦が、単行本が一冊二円から二円五十銭したのに、その三、四冊分の分量を収めて一円とし、『現代日本文学全集』全三十七巻を刊行。三十数万人の予約読者を獲得した。

また雑誌ジャーナリズムの天才・菊池寛の創刊した「文藝春秋」発展の軌跡が、豊富な資料とエピソードによって活き活きと再現されている。

読書史、読書論の陥りがちな難解さはなく、その語り口は平易で達見に充ちている。

（2001/09/24）

第２の敗戦の今、日本人に響く“挑戦”の言葉

「プロジェクトＸ リーダーたちの言葉」

今井 彰

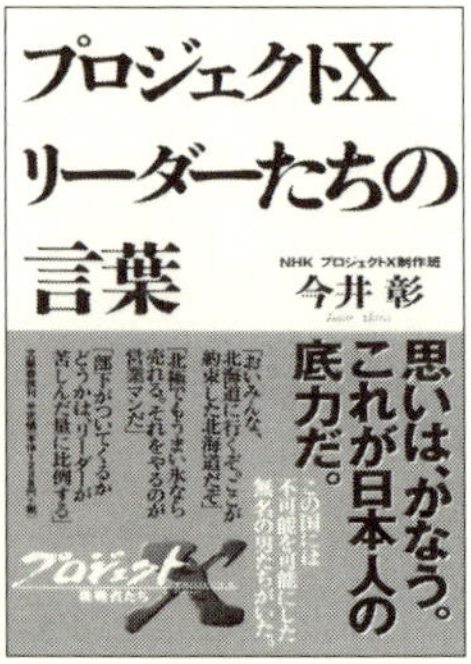

文藝春秋
1238円＋税

敗戦によって日本の文化や科学技術の分野は壊滅的な打撃を受けた。そのどん底から、さまざまなプロジェクトの現場指揮官に率いられた集団が〝ゼロからの挑戦〟を試み、奇跡の復活を成し遂げていった。

北海道と本州を結ぶ青函トンネルを掘ったチーム。世界一高い東京タワーを建てたプロジェクト。極寒の南極探検に挑んだ科学者。トランジスターラジオを世界に売りまくった企業戦士たち。最下位のラグビーチームを一年で日本一に育てた泣き虫監督等々である。

いずれも不可能を可能に変えたプロジェクトチームのリーダーたちだが、その経緯はＮＨＫの「プロジェクトＸ」に再現され視聴者を感動させ続けている。

この本は、同番組に登場したリーダーたちが、不可能を可能にするクライマックス場面で吐いた感動的な言葉の大集成である。

「おいみんな、北海道に行くぞ。ここが約束した北海道だぞ」（青函トンネル）

「北極でもうまい氷なら売れる。それをやるのが営業マンだ」（ソニー・トランジスターラジオ）

「とにかく、やってみなはれ。やる前から諦《あきら》める奴は、一番つまらん人間だ」（南極越冬隊）

バブル経済の崩壊で第二の敗戦に陥っているといっていい現在、日本人の底力を示すプロジェクトＸのリーダーたちの、これらの言葉は、汗と努力の体験の裏打ちがあり、感動的で泣かせる。

本書は、その言葉を集めた企画力の勝利であった。

人間は言葉を持った動物。とにかくやってみることだ。

（2001/10/29）

潮出版社
1200円＋税

被害者の苦労を広がりのある視点で描く力作
「不思議の薬 サリドマイドの話」
鳩飼きい子

薬には毒の要素もある。

その恐ろしさを天下に知らしめたのは、サリドマイド禍と、薬害エイズ事件であった。

サリドマイドは非バルビツレート系催眠薬の一種で、睡眠や鎮静、つわりに見事な速効性が認められて、１９５０年代後半から60年代前半にかけて服用されていた。

しかし、妊娠初期に使用すると、胎児の手足や耳などが欠損する奇形を生じることで社会問題化。日本では62年に市販停止された。

本書は、睡眠薬として服用したこの薬によって、耳に欠損のある愛児を産んだ母親の悲しみ、怒り、その子を育てていく間の並々ならぬ苦労と、企業と国を訴えた訴訟のすべてを、克明に綴ったノンフィクションの力作である。

日本でサリドマイド禍の苛酷な運命を負わされた子どもは、平成十三年の時点で三百余人いると推定されていて、その一部の家族が国と市販元の企業を訴えたのが、三十年前にさかのぼる昭和四十年十一月だった。

裁判はまる九年後、和解によって終結したが、この著者はその間の原告が嘗めた筆舌に尽くしがたい経緯を、広がりのある視点で描ききっている。

被害者特有の偏頗さのない力作で読後感のいいのが救いである。〝悪魔の薬〟の烙印を押され、いちどは抹殺されたサリドマイドがいま難病エイズをはじめ骨髄のガン、ハンセン病に劇的な薬効が認められて、〝福音の薬〟としてよみがえる兆しがあるとの記述には心から驚く。

まさに〝悪魔の薬〟が〝福音の薬〟に一変！『不思議の薬』と名づけて妙なる薬というべきか。

一読をすすめたい。

(2001/12/17)

潮出版社
1800円＋税

広い視野と知識に
裏打ちされた碩学の対談集

「二〇世紀から」

加藤周一／鶴見俊輔

世界に通用する広い視野と、該博な知識と教養に裏打ちされた碩学の見事な対談集である。

加藤周一氏は英・独・仏語を自然に駆使する国際的に知られた第一級の教養人。鶴見俊輔氏は戦前ハーバード大学哲学科に学び、帰国後一貫して反アカデミズムを標榜する先駆的知識人である。

二人に共通するものは、生まれてこの方、戦争を嫌ってきたという一点。その一つのことを軸として、20世紀の100年を、進歩主義／戦争／帝国主義／社会主義／ファシズム／ホロコースト／南北格差／マス・カルチャー／大衆ばなれの文化／女性の文化／科学技術／宗教／歴史観／マスメディアと、14項の明確なテーマに沿って、縦横無尽に語り合っている。

一読、どのテーマからも、蒙を啓いた思いに駆られ、読後感は実に爽快である。

ドグマと偏見を排した圧倒的な読書量と、そこから導き出された傍証によって、論は展開されていくが、これだけ知的で贅沢な言葉の饗宴は、めったにお目にかかることができないだろう。

この種の対談は、ややもすると衒学的に傾きやすいのが常だが、反アカデミズムをつらぬく鶴見氏の柔軟な考えが、そのバイアスを消して余りある感じがする。

併せて、長期にわたったこの対談の機会をつくった雑誌「潮」編集部と、簡潔で要を得た「注」と記録を受けもった吉田博行氏の労もたたえたい。

『潮』は発行する会社が宗教系列であることから、とかく批判されがちであるが、この雑誌からは時折、目からウロコの落ちるような名企画が飛び出している。

（2002/01/28）

マガジンハウス
838円＋税

民話の形で異文化・異民族の理解の大切さを語る
「世界がもし100人の村だったら」
池田香代子 再話／C・Dラミス 対訳

Eメールという通信手段で、ボーダーレスな海を漂流している一通の「ガラス壜の中の手紙」がある。

その手紙は、読む者たちが次々、自分の気持ちを書き足すうちに、簡潔で見事な一篇のインターネット民話フォークロアに、結実してしまった。

Eメールのサーフィンから、誕生した民話とは……。

「世界には63億人の人がいますが、もしそれを１００人の村に縮めるとどうなるでしょう。１００人のうち、52人が女性です。48人が男性」の書き出しで、30人が子ども、70人が大人、７人が年寄り、70人が有色人種で30人が白人と説明される。

そのうち、61人がアジア人、13人がアフリカ人、13人が南北アメリカ人、12人がヨーロッパ人となり、さらに宗教、言語圏に及んで、

「いろいろな人がいるこの村では、あなたと違う人を理解することがとても大切です」

と、説く。

ついで、世界の富の59％を占める６人が、すべてアメリカの人だと、地球の貧富の差、教育や文化の落差にまで話がすすんでいく……。

つまり、この現代民話は、１００人の住む地球村を、パステルの素朴な絵に添えて民話風に語り下ろしているのである。

民話には、民族の生活の知恵や、勧善懲悪の教訓が味濃くまぶされているものだが、63億人を１００人にと仮定した地球村の民話には、村に生きる人々の存亡の英知が語られている。

地球、国、地域を１００人といわず、１０００人、１０００人、あるいは50人と仮定して、このように民話に仕立てたらきっと面白い話が生まれることだろう。

（2002/04/29）

邪心のかけらもない
表情と動作に心癒される

「盲導犬クイールの一生」

石黒謙吾 文／秋元良平 写真

文藝春秋
1429円＋税

盲導犬クイールの誕生から死までを、モノクロームの写真と、淡泊な文章で綴った感動的な記録である。

主人公のクイールは、わき腹に鳥が羽根をひろげたような黒い模様をもって生まれたラブラドール・レトリーバー犬だった。

この犬種は、性質が温和で、人間と共に行動することを喜ぶ性質を持つことから、視覚障害者の目となり、安全に誘導する盲導犬になるケースが多かった。

父親に、盲導犬の血統をいただいて、五匹の中に生まれたクイール（鳥の羽根の意味）は、反応がワンテンポ遅れがちの仔犬だった。

一匹でも盲導犬に育てたいと念願する飼主は、その適性を認められたクイールを、パピーウォーカー（しつけ担当の仔犬育成家）にあずけ、クイールはさらに盲導犬訓練センターを経て、パートナーにめぐり会った。

クイールは、犬嫌いだったパートナーの心を癒し、絶大な信頼関係を結ぶが、不幸にも二年間でパートナーと死別してしまう。

新しい使用者を得るには、半端な年齢だったため、盲導犬普及活動のデモンストレーション犬として生きることになった。

最後は、かつて自分を育ててくれたパピーウォーカー宅に引き取られ、穏やかな老後を送って、クイールは十二年の生涯を終えるが、十余年後に、生家に帰った時のクイールの記憶力の確かさ、よろこびのシーンは実に感動的だった。

このクイールの生涯を丹念に写真で追い、文章で肉づけていて、素直なカメラアングルと、邪心の一点もない犬の表情と動作が、見る者の心を和ませる。

（2002/09/30）

理論社
7000円＋税

名作ドラマの全シナリオが千ページを超える本に

「定本 北の国から」

倉本聰

昭和五十六年十月に放送を開始して以来、北海道富良野の大自然を舞台に、妻に去られた父子の絆を描いた大河ドラマ『北の国から』のシナリオ総集成である。

黒板五郎とその子供、純と螢は、妻令子の浮気を機に、故郷富良野に戻って、電気も水道もない廃屋で暮らし始める。

都会育ちの幼い兄妹は、電気がなかったら夜はどうする？ ごはんは？ 冷蔵庫は？ テレビは？ と、困惑し、悲嘆、絶望するが、ここでは全部自分でやるしかない。

知識は役にたたず、知恵のみを必要とする生活なのだ。『北の国から』は、この原始的生活を起点に、純と螢の成長を核に展開されていくが、二十年を超える物語は、見事な自己形成小説（ビルドゥングスロマン）となり、父と子の絆の太さを謳いあげた感動詩として結実した。

ところが、これほど話題のドラマのシナリオは、久しくドラマの完成後、捨てられていた。

児童書で知られる理論社は、その流れに逆らい、倉本聰の名作ドラマを全三十巻のコレクションに仕立て、見事な出版のジャンルをつくりあげたのである。

そして、その実績を背景に『北の国から』をシリーズ化し、放送と歩みを共にして刊行をつづけ、ドラマの終局と同時に『定本 北の国から』全一冊を刊行した。

理論社の山村光司会長は、「マンガやテレビを見て子供が育つ時代に、シナリオは文字情報を頭の中でイメージ化するのに役立つ立派な文学です。千ページを超える定本が刊行できたのも、この考えが正しかった実証でしょう」と語っている。

（2002/11/04）

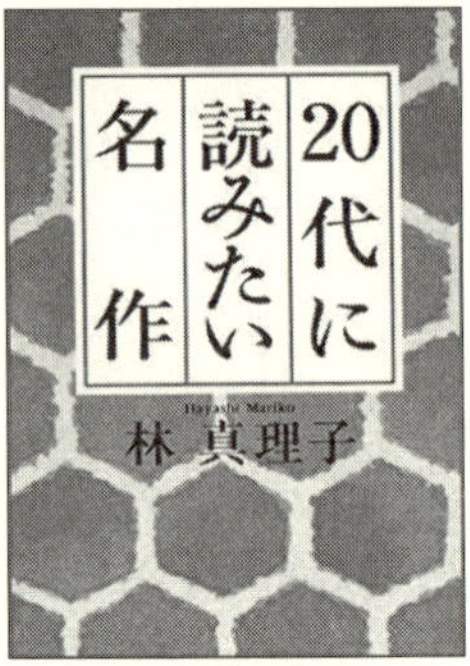

文藝春秋
1190円＋税

“素敵な大人の女”への体験的読書案内

「20代に読みたい名作」

林真理子

売れっ子作家・林真理子が推奨する、20代で読んでおきたい名作54作品の集成である。２０００字前後で簡潔に、各作品の読みどころ、名作に推す理由をプロの眼で解説する。

名作と銘打つと、ほとんど読まれもしない古今東西の古典に集中するが、彼女は自らが若い時代に読んで感動した作品を再読。各社の文庫に収録されていて、いまも読める作品だけを取り上げている。

その顔ぶれの一部を示すと、遠藤周作「わたしが・棄てた・女」、岡本かの子「老妓抄」、林芙美子「放浪記」、三島由紀夫「鏡子の家」、太宰治「斜陽」、村上龍「限りなく透明に近いブルー」、村上春樹「ノルウェイの森」、石原慎太郎「太陽の季節」、檀一雄「火宅の人」、瀬戸内晴美「かの子撩乱」、宮部みゆき「火車」、カポーティ「冷血」、ラディゲ「肉体の悪魔」など、広範にわたる。

この顔ぶれをみて、傑作の多い三島由紀夫の作品の中から、評価の低い「鏡子の家」をなぜ取り上げたのか。物議をかもした「限りなく透明に近いブルー」を20代の女性にすすめる理由などに、一瞬戸惑いを感じる。

著者は、前者に一生忘れられない的確な表現を発見したよろこび。後者に、どれほど猥雑なことが書かれていても、清潔で多くのことを伝える達意の文体の魅力においている。

「読書の効用というのは、自分だけだと悩んだことが、実は違うと解明されることである」と定義する林真理子の〝素敵な大人の女〟になるための体験的読書案内である。

この種の本はややもするとタテマエに流れ〝名著〟のたぐいを列記するだけであるが、本屋生まれの小説家林真理子は、自らが読んで感動を受けた〝名作〟をしっかりと推している。

（2002/12/02）

中公新書
780円＋税

“パソコン時代”に重宝する文章上達の極意

「『超』文章法」

野口悠紀夫

「『超』整理法」1・2・3弾に続く「超」シリーズの第四弾である。

情報がはんらんする現代、それをいかに捨て、整理するかのノウハウを説いて、三冊をベストセラーにした著者が「文章力上達」のマニュアルを公開している。

文章読本が、いかに名文を書くかを目的としているのに対し、野口悠紀雄氏の文章法は「いかにメッセージを確実に伝え、読み手を説得させるか」に絞っている。

その理由は、企画書、評論、論文などの「論述文」についての上達法を語っているからである。

著者は「論述文の目的は読者を感動させることではなく、説得し、自分の主張を広めること」であるとし、そのためには、「メッセージを明確にするのが第一、文章が成功するかどうかは八割方この段階で決まる」と主張している。

メッセージとは、論述文では「主張」や「新しい発見」、エッセー・評論などでは「テーマ」「主題」と説明している。そして、「ためになり、面白いもの」で、「ひとことで言えること」が不可欠の条件であるという。

著者は経験から編み出した文章上達のマニュアルを「骨組みを作る」「筋力増強」「化粧する」といった具体的な項目で、分かりやすく公開していくが、〝超〟文章法の眼目は第7章「始めればできる」で一気に開陳している。パソコン時代にしてはじめて意味をもち、通用する文章上達の極意といえそうだ。

この種の上達極意法が、年々歳々と刊行されるのは、読んでも実践されていない故ではないか。すぐ〝実行〟してこそ意味があることをあらためて知るべきだ。

（2003/01/06）

オリジナルな人生を切り開いた人々の姿を紹介

「人生のつくり方」

藤原和博と107人の仲間たち 編

サンマーク出版
1400円＋税

30～40代で、独自の居場所をつくったホワイトカラーっぽい人たち１０８人に、その人生のつくり方を問うた仕事カタログである。

彼らの最初の一歩は、フリーター、サラリーマン、ＯＬ、専門家などで、失敗を重ねながらキャリアを積み上げ、１０８通りのオリジナルな人生を切り開いている。

見開きの二ページに、一人ひとりのライフワークがコンパクトに収められ、その前後に経歴、人生を語る一言、そして、子ども時代／人生最大の買い物／年収／最も価値ある遺産／自分のウリ・強み／苦手なものごと／自分を一言で表現／現在興味があること／今の自分になれた理由――が、文字通り〝一言〟で語られている。

当然、語られている人生は、１０８通りということになるが、各人の生きざまは興味に満ち、エキサイティングで、読む者に多大なヒントを与えずにはおかないだろう。

それもそのはずで、この本全篇にみなぎるインパクトは、編著者の藤原和博氏に負うているところが大であるといっていい。

氏はリクルートに入社して、新規事業部長を歴任し、年俸契約の「フェロー」制度を創出、自らその第一号になり、さらに契約を終えるや、杉並区教育委員会の教育改革担当に就任。２００３年4月からは、同区の公立中学校で民間初の校長を務めることになっている。

その足どりをたどると、常にオリジナルな人生を切り開いてきているわけで、自分自身がこの仕事カタログの第一号である。

一読、自分自身をクローズアップするために、１０７人を集めた？ と見るのはひが目か……。

（2003/03/03）

主婦の友社
1600円＋税

男と女の違いを微に入り細をうがって分析

「嘘つき男と泣き虫女」

アラン・ピーズ＆バーバラ・ピーズ
藤井留美訳

脳の構造とからだの違いから、男と女の差をあきらかにした前著『話を聞かない男、地図が読めない女』は、日本で二百万部、全世界で七百万部の超ベストセラーになったとか。

『嘘つき男と泣き虫女』は、同じ著者アラン＆バーバラ・ピーズによる男と女の違いをうがつ第二弾。

意表を衝いた題と内容は、異性の考え、感じていることをさらに深く理解できるようにと、読者や編集者の意見を取り入れた所産である。

「女の小言」を導入部に、女をいらだたせる男の七つの行動／どうして女はすぐ泣くのか？／女の評価システム／男をめぐる七つの謎を解明する／もうひとりの手ごわい女／女の言葉に込められた五つの秘密／セックスアピール度テスト（女編）／男をとりこにするために／セックスアピール度テスト（男編）／女に火をつける方法／なぜ男は嘘つきなのか／男が狩りをやめるとき——の十三章から成る。

その章建てが示すように、男と女の心の仕組み、感情の表し方の差、セックスアピールの表出方法などが微に入り、細をうがって分析されている。

男女の脳の仕組みと、性を異にした者たちの気持ちは、前著とこの本を読むことで、おおむね掴むことができ、その活用によって、異性と充実した関係も築けるだろう。

さらに、ビジネス・チャンスに生かせば、売れるもののヒントを見つけることができるはずである。

男女が購入したくなるような商品を開発したら、二倍の売り上げは必至。

男と女の違いをうがつ類の本は、ごまんと刊行されているが、アダムとイブが禁断の木の実を食べ、エデンの園から追放されて以来、〝嘘つき男と泣き虫女〟は永遠のテーマであるようだ。

(2003/04/07)

光文社
1400円+税

野球を道連れにした一人旅の面白エッセー

「野球の国」

奥田英朗

「百獣の王○○○○」のクイズに、ウケを狙って「サダハル」と書き入れるという熱狂的〝球迷ファン〟の野球道づれ一人旅エッセーである。

著者は『マドンナ』で直木賞候補になった奥田英朗氏。キャンプ見学や二軍の試合を追って、沖縄を振り出しに、四国、台湾、東北、広島、九州と、足の向くまま、気の向くままの旅をつづけるが、その旅先で名物料理をタンノーし、映画館をのぞき、痼疾の首から背中にかけての凝りを癒すためにマッサージを受け、お気に入りの着替えをして街をぶらつき、球場では見事なヤジを飛ばしている……。

『野球の国』のタイトルが示す通り、中心的話題は野球にあるわけだが、その読み方は幾通りもあり、食べもの、観光、映画と、どの道筋をとっても面白い。

熊本へ行き、地元の名物ラーメンに舌鼓を打つ件。

「注文したのは七百円の『パイクー麺』だ。……食してみると、これが美味。クーッ、旨かとー。おいどん、感激でごわす」

といった調子だ。

パ・リーグの公式戦が行われた台湾では、

「九回裏、マウンドにはオリックスの守護神・大久保が上がった。去年のパ・リーグ新人王。若いが度胸は満点だ。大久保が振りかぶった。みんなが大合唱。『残一球！　残一球！』きっとこんなコールだ。……

感動した。なんだか誇らしい気分。どうだ、見たか。これが日本のプロ野球だ。

鼻の奥がツンとくる。いかん、泣けてきた」。

野球観戦もここまでくれば本モノ。ワォ！　よか、よか。一読を。

(2003/05/05)

学陽書房
1600円＋税

「絶版文庫」発掘の旅へ読者を誘う“探書実録”

「文庫ハンターの冒険」

司悠司

いま、文庫本を刊行する出版社は七十社近く、そのアイテムは百三十種を超えている。文庫のハンランともいえるが、この見せかけの殷賑の裏で、アッという間に絶版になる文庫本も続出している。

『文庫ハンターの冒険』は、この流れに棹さし（?）、絶版文庫収集三十年に及ぶ文庫マニアの痛快な探書実録である。

文庫とは、Ａ５判の半分の大きさの本のことだが、日本では「岩波文庫」が代表格で、岩波だけを読む読書子も少なくない。

著者の司悠司氏が、文庫本という形態の虜になったのは、中学生時代だった。小ささに異常な愛情を抱いたのだが、その形態に加えて、探す対象を、非日常的な小説や、血わき肉おどる波瀾万丈のフィクションにしか置かないマニアックな蒐集家になった。

単行本で持っている本でも、文庫本が出ると嬉しくなってつい買ってしまい、本の置き場がなくなると、文庫は保存して、かさばる単行本は売ってしまった。

変な小説と、絶版をターゲットの収集となれば、めざす文庫にめぐり合う確率は限りなく低く、購入の値段は高くなる。著者はそのハードルをどのように超えつづけているのか。

この本は、そのコツをくだけた文章で洗いざらいに語り、さらに一人でも多く若い読者を「絶版文庫」発掘の旅だちへ誘うべく、レア情報満載の「古本屋徘徊日記」も公開している。

さらに文庫ハンターは、ラーメン・マニアでもあった。町めぐり、古書探しの合間をぬって、訪ねた町や村に点在するうまいラーメン店を探しあてる付録サービスもまめに実践しているのである。

（2003/06/02）

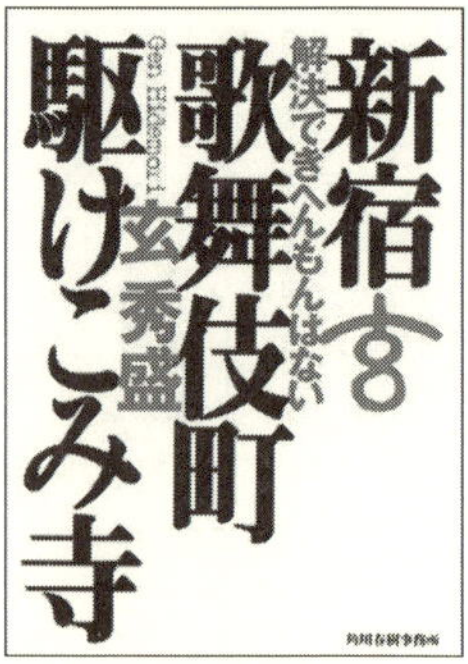

角川春樹事務所
1500円＋税

「解決できぬものはない」を実証した半生記

「新宿 歌舞伎町駆けこみ寺」

玄秀盛

著者・玄秀盛氏の前半生は、生半可ではなかった。密入国した韓国人の父と、在日韓国人の母との間に生まれるが、成人するまでに「四人の父」と「四人の母」の間を転々とさせられている。

当然のように、小・中学校時代は転校の繰り返し、家出も数知れず、中学からグレ始め、補導歴八回、逮捕歴も五、六回だった。

携わった仕事は大工、サラ金、スナックなどおよそ町の雑用的な仕事を三十以上。生き抜くためには何でもやった。ヤクザとの抗争も絶えなかった。

そんな玄が、三十代で「生き仏」と言われる天台宗の酒井大阿闍梨と邂逅し、得度して変わり始め、阪神淡路大震災の時には、ボランティア活動に献身するまでになった。

ところが、三年前、献血でHTLV―1（ヒトTリンパ球向性ウイルス1）の保有者であることが判明した。千分の一の確率だが、発症すれば、二年以内に死亡するという奇妙なウイルスの保有者だったのだ。

失意、絶望、苦悶の末に、「自分の生きた証」を残すために、玄氏は経営していた会社を解散して、NPO法人日本ソーシャル・マイノリティ協会を設立し、新宿・歌舞伎町、コマ劇場の裏に「新宿救護センター」という〝駆けこみ寺〟を開いたのである。

本書は、劇的な人生を歩んだ玄秀盛の四十六年間の人生と、駆けこみ寺で受けた電話相談三千二百件、面談七百人の内容を綴ったものである。

新宿歌舞伎町という日本一の魔窟の駆けこみ寺に持ち込まれた数千件の相談とはなんであったか！

壮絶な生い立ちと、生きるためには何でもやってきた玄の「解決できへんもんはない」を実証した迫真の半生記である。

(2003/07/07)

光文社
1400円＋税

生活を楽しむカギは「価値観の転換」にあり

「年収300万円時代を生き抜く経済学」

森永卓郎

ボーナスはゼロ。給料さえ半減される不安な世の中になっている。

かつての日本の企業を支えていた年功序列はもろくも崩れ、アメリカ型の弱肉強食の波に翻弄されはじめたのである。

一割の勝ち組に対し九割が負け組という時代の襲来だが、マクロ経済学者の森永卓郎氏は、この苛酷な時代を三〇〇万円の年収で暮らせるノウハウを、開陳してくれる。

『シンプル人生の経済設計』『ビンボーはカッコイイ――好きなことを仕事にする幸福』などの著書を持つ森永であるだけに、年金に毛の生えた程度のお金で、豊かな生き方のできるポイントを「人生の価値観の転換」に置いている。

そして、至難と思われる発想の転換をどのように行うのかは「収入に見合ったレベルにまで生活水準を下げることだ」と、生活のリストラが前提条件になることを、軽々と言ってのけている。

俗に「高めた生活レベルは簡単には落とせない」といわれている。

その不安感に対し、森永は「いまの日本では少しくらい生活レベルを落としても健康で文化的な生活は十分に可能」という。

たしかに、いまの日本には、物が溢れるほどにあり、一〇〇円ショップで生活日常品を間に合わせることも可能である。

大袈裟に、「価値観の転換」などと考えず「目先を変える」「日常生活にちょっとした工夫を」程度の考えで、当たればいいわけだ。

要は「負け組」になる怯えを捨て、自由な時間を余裕を持って楽しめる生活を求めていくほうが、まともと思うことである

（2003/08/04）

日本経済新聞社
1400円＋税

セカンドライフの多彩なノウハウの“指南書”

「定年後大全」

日本経済新聞マネー＆ライフ取材班

「定年」を、現役命数の尽きた社員のために、荘厳に営む生身の葬式、と表現したのは、直木賞作家・岡田誠三氏であった。

一世代前の解釈だが、いま思うと生身の葬式とはいかにもネガティブな、年金や人生八十年時代を楽しむ情報・ノウハウを知らぬ世代の繰り言だったと言える。

ところが、『定年後大全——セカンドライフの達人になる50のツボ』は、大全（ある事に関係のある事柄をもれなく集めた書物）の題名が物語るように、年金、資産運用、住まい、介護から、多彩な暮らし方、資格取得、ボランティア、旺盛な好奇心、好きな勉強に没頭できる50のコツが、懇切丁寧に指南されている。

まさにポジティブな定年後の指南書といっていい。

人生は価値観の持ち方、家族を含めての対人関係、サム・マネーの有無等で、生き方に大きな差が生まれてくるものだ。

とくに、誰の上にも間違いなくやってくる定年とその後のセカンドライフは、対応を学び、備えを持つ者と、怠った者とでは雲泥の開きができることは間違いない。

世界一の長寿国となった日本で、六十歳でリタイアして八十歳まで生きると仮定すると、本人が好きなことに使える時間は、一日十一時間と見て、およそ十万時間に迫るそうである。

これは、学校を出て就職してから定年退職するまでの総労働時間に匹敵するとか。

『定年後大全』はこのあり余る自由時間を有意義に使うための知識を遺漏なく揃えてくれている。

さらに実践例が加えられれば、生きた大全となるだろう。

（2003/10/06）

ＰＨＰ研究所
680円＋税

脳解剖学の権威がひっくり返す“教育談義”

「養老孟司の＜逆さメガネ＞」

養老孟司

学級崩壊から教育の荒廃が議論の的となっている。文部科学省をはじめ現場の教師、父母まで、教育問題への取り組みは半端ではない……と見られているが、『逆さメガネ』の著者、養老孟司氏は、逆にここ半世紀の間、日本社会がいちばん考えてこなかった問題、それは教育ではないかと言うのである。

その理由は、「教育について議論する以前の話、人間とはなんだとか、人はなんのために生きるとか、いまの社会とはどういうものか」といった議論の前提についての話し合い、コンセンサスが全く出来ていないからだと述べるのである。

たしかに、この根源の部分の常識が変であれば、教育は間違いなく変になって、社会全体がある方向に歪んだり、傾斜したものになる。

だが、その社会の中ではそれが見えない。

卑近な例を挙げれば、現在の北朝鮮がその類の国であるのではないかと考えられる。

養老は、この常識の傾きを知るために、ふつうの人と違う「逆さメガネ」をかけて、ものを見る必要性を提起するのである。

日常の通しメガネで見てきているものは、日本もアメリカも西欧、中国も「都市化」しつつある現実である。つまり世界全体が〝養老天命反転地〟の中にあり、養老は教育の根本問題は、この都市化に隠ぺいされているのだという。

脳解剖学のオーソリティが説く教育談義は、一読、視界が逆転したかのような衝撃を受ける。

面妖な『養老孟司の〈逆さメガネ〉』のタイトルの真意が、那辺にあるかが、漸く読めてきたようだ。

（2004/08/30）

大企業の創業者にして成功者が語る人生哲学

「生き方」

稲盛和夫

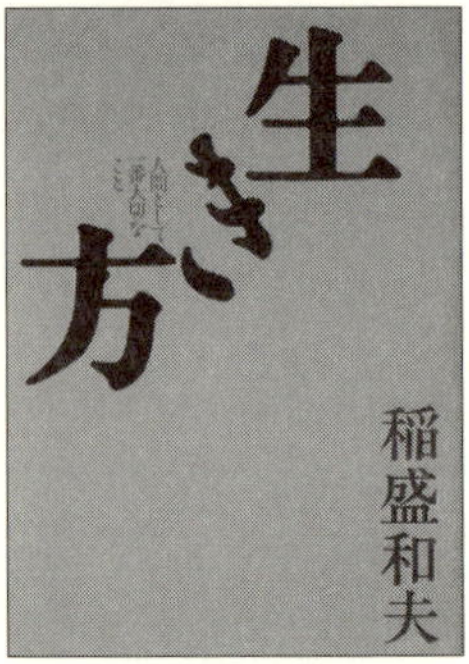

サンマーク出版
1785円＋税

人には百人百様の生き方がある。その生き方を、自らの来し方に照らし、凛然として語れる人物は少ないだろう。

『生き方』の著者、稲盛和夫氏は、一代にして世界的企業の京セラと、KDDIを創業、大発展をさせた成功者である。

松下幸之助、本田宗一郎氏らに伍し、いまや世界の実業界に燦然と、その名を刻んでいるが、六十五歳に達したとき、人生とは何かを学びたい、真の信仰を得たいと、覚悟を決めて、得度している。

その稲盛が、成功は何によってもたらされたかを、力強い言葉で率直に説いた人生哲学の集大成が『生き方』である。

思いを実現させるためには、どのような心がけを持ったらいいのかをとば口に、原理原則の立て方、心を磨き高める法、欲望を捨てて利他の心で生き、宇宙の流れと調和するまでの生き方が、語り尽くされている。

どの章句から引用しても、ゆるぎのない指針に貫かれ、言葉は重い。

「人間はより大きな使命をもってこの宇宙に生かされていると私は考えています。（中略）生まれてきたときより、少しでもきれいな魂になるために、つねに精進を重ねていかなければならない。それが人間が何のために生きるかという問いに対する解答であると思うのです」

バブル経済が崩壊した世紀末から、混迷の時代に入り、社会は閉塞感に塗りつぶされているが、この著書はその閉塞感に風穴をあける役割を担っている。世界に雄飛した企業を育てた人物にして、はじめてこれだけの人生論が語れるわけである。拳々服膺《けんけんふくよう》し、人生の指針にすべきではないか。

（2004/10/04）

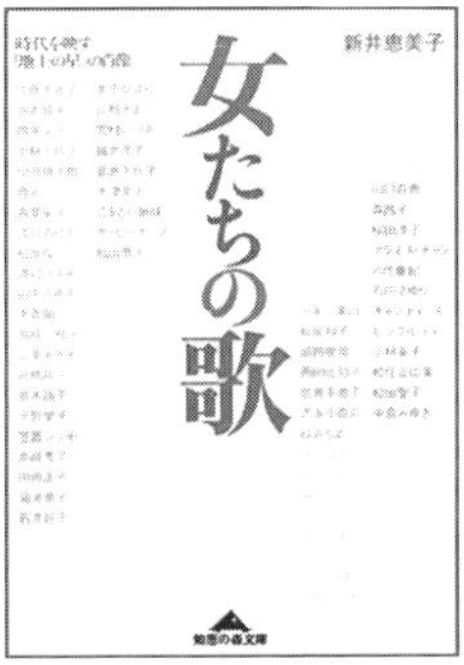

光文社知恵の森文庫
780円＋税

流行歌に見え隠れする日本女性の変貌を描く

「女たちの歌」

新井恵美子

六十余年にわたった昭和は、流行歌の時代であった。一身にして二生、三生を経るような激動の時代だったが、その姿影を反映させた、おびただしい数の歌たちが生み出され、歌われた。

流行歌手の一番星となったのは、佐藤千夜子だった。つづいて、藤山一郎、東海林太郎といった男性歌手が輩出するが、栄光の座は淡谷のり子、渡辺はま子、李香蘭、二葉あき子へと引き継がれ、戦後は「リンゴの唄」の並木路子、「東京ブギウギ」の笠置シヅ子と続くなかで、昭和の生んだ不世出の大歌手、美空ひばり出現への花道が敷かれていった。

美空は当初、こましゃくれた、ものまね歌手と嫌われていた。その少女をいち早く、〝歌と映画の娯楽雑誌〟『平凡』のマスコットガールにとりたてたのが、『平凡』創業者岩堀喜之助氏だった。『女たちの歌』の著者、新井恵美子さんの父上である。

この経緯が物語るように、喜之助・恵美子父娘には、歌で時代を読み、読者を和ませるDNAが流れているようである。

新井さんは、この著書で、昭和期に活躍した六十五人の女性歌手のオリジナル曲を手がかりに、歌にこめられた時代背景を丹念に掘り起こし、ユニークな昭和史を描き上げた。

つつましやかに生きた戦前の大和撫子から、戦後の自立して力強く生きる女性まで、歌に見え隠れする彼女らの暮らし、生き方、そして愛の表現におどろくべき変貌のあったことが読みとれる。

余談ながら新井さんの父上、岩堀氏には、出版関係の拙著を書く上で、大変お世話になっていて、私の出版三部作の出版パーティーには、過褒な挨拶を賜っている。

（2005/03/21）

誤用の“論理”に迫り、正しい使い分けを示す

「問題な日本語」

北原保雄 編

大修館書店
800円＋税

日本語ブームがつづいている。先駆けとなったのは、世紀末に刊行された大野晋著『日本語練習帳』（岩波書店）だった。

２００万部に迫る超ベストセラーとなったが、つづく斎藤孝著『声に出して読みたい日本語』（草思社）がミリオンセラーとなるや、二匹目、三匹目のドジョウを狙った同工異曲の日本語本が輩出した。

目下、売れ筋上位にたつ北原保雄編『問題な日本語』は、日本語ブームの中から、出版されるべくして出版された本といえる。

諸橋轍次の『大漢和辞典』で知られた大修館書店の『明鏡国語辞典』にかかわった編集委員五人が「どこがおかしい？　何がおかしい？」と考えられるへんな日本語にメスを入れて、どうしてそういう表現が生まれてきたのか、その誤用の論理に迫っている。

一例を挙げると、「お連絡／ご連絡」のどちらが正しいのかの問いに、「お」と「ご」の使い分けを懇切丁寧に、幾多の実例を示して解説。

「ポイント」として〈漢語には「ご」、和語には「お」という原則を踏まえつつ、慣用や言いやすさに配慮して使い分けましょう〉と、ダメ押しを試みている。

さらに各頁の下段には「一所懸命／一生懸命」「味わう／味あう」等、一〇八例の類似した言葉の正しい使い分けと、息抜きに、いのうえさきこのコマ割りまんがが収められ、本づくりに見事な工夫が施されている。

一読、日本に生まれ育ち、母国語を話しているが耳を凝らすと、変な日本語を何の疑いもなく話しいていることを知る。

正しい日本語を今日から始めようではないか。

（2005/04/11）

PHP 研究所
750 円＋税

“愚かだと言われない”
話し方のための実用書

「頭がいい人、悪い人の話し方」

樋口裕一

大ベストセラー『バカの壁』につづくミリオンセラーが『頭がいい人、悪い人の話し方』である。

前者を十分意識して、〝バカと呼ばれないための知的実用書〟の惹句となっているが、企画の原点はフランスのラ・ブリュイエール著『レ・キャラクテール』だった。

日本語に訳すと、『人はさまざま』――世の中にはいろんな人がいるという人間模様の本である。

樋口裕一氏は、この本をまねて、「世の中にはいろんなバカがいる」の執筆を思い立ったのである。

翻訳業のかたわら、文章の書き方を教えていた樋口は、下手な文章を書く人に、愚かな話し方をする者が多いことに気づいたのだ。

自分も決して話上手ではないという樋口は、自らを反面教師に「どのような話し方をすれば、相手を説得できるか、相手の心を引きつけることができるか、あるいはどんな話し方をすれば、相手の心が離れていくか」を、上役、下役、同僚などを観察し、その結果をまとめたのである。バカに見える話し方は、

道徳的な説教ばかりする。

他人の権威を笠に着る。

抽象的な難しい言葉を使う。

自分のことしか話さない。

理想論ばかりを言う。

など、身辺を見れば自分を含めて、過半に見られる話し方であった。

この発見は、世の中おしなべてバカの集まりで成り立っているということか。この著書の売れ行きがそれを実証するかのようだが、改めてこのようなタイトルの著書が刊行されたことは、『バカの壁』がバカ売れしたことに便乗した結果である。

頭も使いようということか……。

（2005/05/09）

書店員がいち押しする
ロングセラーがずらり

「これは絶対面白い！」

太田出版営業部面白本探検隊 編

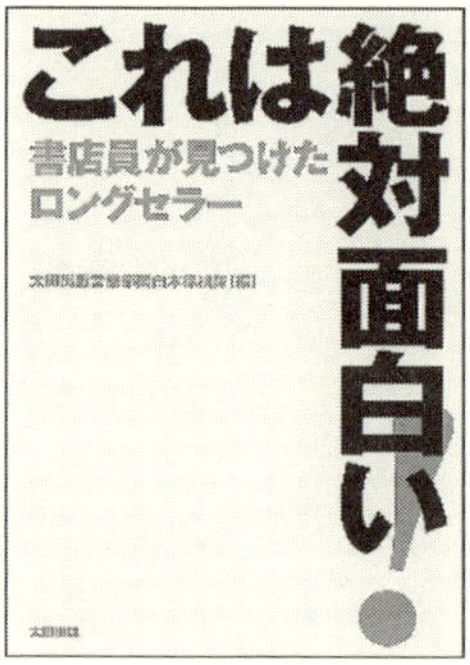

これは絶対面白い！
書店員が見つけたロングセラー

太田出版
1155円＋税

年間7万点を超える新刊ラッシュのもと、なんと1000店に迫る書店が閉店に追い込まれている。

華やかなベストセラーの陰で、労作、力作が淘汰されていて、無残の極みである。

当然、現場で毎日、本に触っている人々には、この現況への自省、秘策が数々あるだろう。

最前線にいる書店員に、どんな本が面白いのか、だれが書いた、どのような内容の本が売れているのかを、聞いてみたいところだが、この問いを充たすタイミング本が、そのものズバリの書名で誕生した。

69人へのインタビューと、50人のアンケート回答をまとめたもので、設問は次の5項目が基本的条件となっていた。

「日本の作家であること／2003（平成15）年12月31日以前の刊行／最低限、店頭の棚に1冊は収まっている／文庫判、軽装判、品切れのタイトルは除く／今後10年は売り続けてみようと密かに思っている」

この結果、数十坪から二千坪規模の書店で、五万冊前後から百数十万冊の中から、書店員が見つけ出したロングセラーは、一、二冊のダブりはあるものの百人百様の選定となった。

どの本にも書店員からの「ぜひ売りたい！」との思い入れが込められていて、感動を誘う。

本は多品種少量生産が原則の商品だが、119人の書店員が見つけ、推せんする面白い本が、こんなにあるという事実は、本の原則を裏付けて余りがある。

狭いスペースで、絶対面白いとする本の書名を紹介できなくて残念だが、その書名を見るかぎり、出版最前線に異状なしだ。

（2005/06/06）

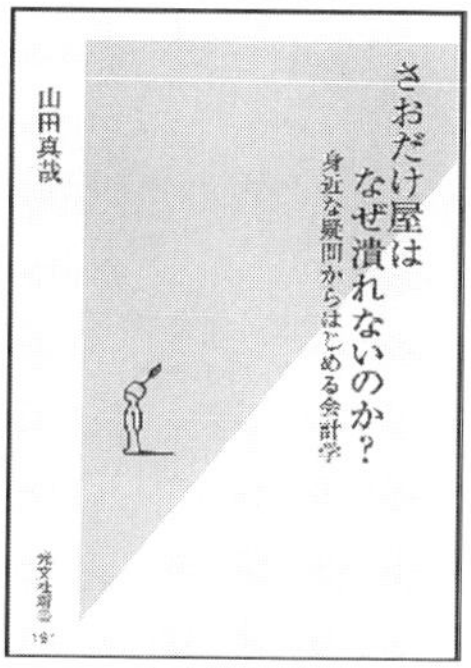

光文社新書
700円＋税

数字嫌いも読むことができそうな会計学の本

「さおだけ屋はなぜ潰れないのか？」

山田真哉

『さおだけ屋はなぜ潰れないのか？』――意表を衝いたタイトルである。住宅街でのんびりした「たーけやーさおだけー」のメロディーを耳にしている者は、さおだけ屋なる商売が成り立つ理由を、いちどは疑問に思ったに違いない。

ところが、「さおだけ屋には、見事な儲けのカラクリがある」と導入部で説くこの新書は、数字嫌いにも笑って読める会計学である。

著者の山田真哉氏は、大阪大学文学部史学科の出身ながら、公認会計士となった異才である。

そのユニークな前歴を生かして、『世界一やさしい会計の本です』や、コミックで『公認会計士　萌ちゃん』など、シリーズもので分かりやすい会計の本を書いているが、『さおだけ屋はなぜ潰れないのか？』は、そのサブタイトルが示すように「身近な疑問からはじめる会計学」の本で、挫折をせずに最後まで読み終えられる心配りとなっている。

売れた本を分析すると、3つのTに納まる「タイトル」「テーマ」「タイミング」の揃った本が多いようだが、『さおだけ屋はなぜ潰れないのか？』には、この3つのTの条件がすべてである。

会計学は、目に見えないものも数字にする学問だというが、著者はその数字や難しい数式を極力抑えて、たとえば飲み会のワリカンを「キャッシュ・フロー」の説明に使用したり、また一着を狙わず二着で満足する麻雀打ちの行動から、「回転率」を説き明かしている。

難しいところは読み飛ばしても、一読すれば「数字のセンス」とはどのような意味であるかが分かった感じになり、日常生活に新しい視点や考え方が芽生えてくる。

（2005/07/04）

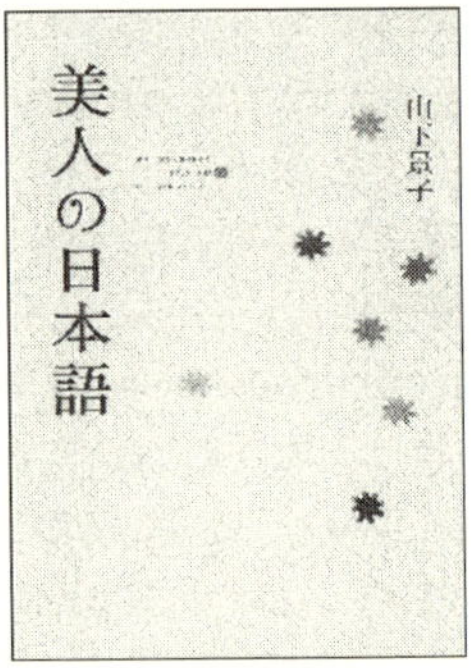

幻冬舎
1400円＋税

365日を彩る味わい深い言葉の“しおり”

「美人の日本語」

山下景子

十七字を定型とする俳句には、季語を入れるルールがある。例えば鶯は春の季語、金魚は夏の季語とされているように、伝統文化の施しを受けた日本人の言語感覚は、豊かであった。

しかし、活字離れが目立ち、ケータイにうつつをぬかす昨今、若者の言葉に乱れが目立っている。

記号化された彼らの言動は、機能的ではあるが美しさに著しく欠けているようだ。

折も折、『美人の日本語』を書名に謳った、一年三百六十五日の味わい深い言葉のしおりが刊行された。

四月一日の「わたぬき」を出発点に、「口にするだけで心が綺麗になる」と著者が感じる言葉を、一日一語ずつ選び、その言葉の成り立ち、用例にまで立ち入って、心配りに充ちた解説を行っている。

一例を挙げると、九月十一日は「野分」の言葉が選ばれ、野の草木を分けるように吹く強い風、つまり台風と説明され、「特に立春の日から数えて二百十日から二百二十日に吹く強い風のことをさしたようです」と敷衍《ふえん》している。

そして「台風」という言葉は、英語のｔｙｐｈｏｏｎ《タイフーン》を漢字に充てたと、トリビアの泉的な知識も与えてくれる。最も、台風・颱風は、古くは暴風の意味があり、中国語起源説、アラビア語起源説、ギリシャ語起源説があるそうだ。

本書では月ごとに、色調を変えて、言の葉を引き立たせるイラストを描いているが、こうした洒落た本づくりが、この本のテーマを一段と際立たせている。

著者は、作詞・作曲で数々の賞を受賞している女性で、その言語感覚が生きている。

（2005/08/15）

岩波新書
700円＋税

振り返って率直に語る
幼い日の戦争体験

「子どもたちの8月15日」

岩波新書編集部 編

昭和二十（一九四五）年八月十五日。飢えと死が隣り合わせだった悲惨な太平洋戦争は終わった。その日からすでに六十年となるが、戦時下に育った子どもたちは、敗戦という現実をどのように感じ、心にとどめてきただろうか。

岩波新書編集部編の『子どもたちの8月15日』では、敗戦当時、四歳から十二歳の国民学校世代だった皇后美智子、永六輔、扇千景、小澤征爾、河野洋平、筑紫哲也、柳田邦男、山藤章二、梁石日、下重暁子、別役実、大林宣彦など三十三名に、率直な回想を求めている。

日本の不滅を信じていたおとなに対し、子どもたちは育った環境、疎開の有無、父や兄、肉親を戦争で失ったかどうか、さらに当時、日本の植民地だった満州、朝鮮で敗戦を迎えたか、といった状況、情勢の差によって、回想にかなりの落差があろう。

しかし、育ち盛りだっただけに、満足に食べられなかった飢えの体験からくる苦しみ、恨みは彼らの強烈なトラウマになっている。

また、都会に育ち空襲を避けて疎開させられた子どもたちは、両親と別れた寂しさとひもじさに涙を流しているし、肉親を戦争で失った者たちは、幼い身で人生の不条理さを、知らしめさせられたのだった。

天皇制国家の権力者たちがおっぱじめた戦争のいけにえに、この時代に育った子どもたちは、ストレートにさらされたのだった。

『子どもたちの8月15日』には、前記の三十三名の悲しみと苦しみに充ちた伝言が、明確に語り継がれている。

一読、物心がつく前の白紙状態であっただけに、戦争体験は、白紙の上に黒々と過酷な思い出を記させてしまった。

（2005/09/12）

天才棋士が惜しげもなく明かす“羽生の兵法”

「決断力」

羽生善治

角川 one テーマ 21
800 円+税

19歳で初タイトル「竜王」を獲得した後、破竹の勢いで、名人、棋聖、王位、王座、王将、棋王と、将棋界の〝七大タイトル〟すべてを独占した天才・羽生善治！

平成五年当時、34歳の若さで、タイトル戦に登場すること75期と知るや、その赫々たる勝利の軌跡から、最強の棋士であったことが、おのずと実証させられる。

その天才棋士が、勝つための「決断力」「集中力」の極意を、数々の対局を通じてつかんだ貴重な体験から初公開した『決断力』には、

「決断するときは、たとえ危険でも単純で、簡単な方法を選ぶ」

といった簡潔で明快な奥義が告白されている。

この心境に到達するまでには、天才棋士の含蓄に富んだノウハウが蓄えられているのは自明の理で、その一、二の触りの部分を紹介すると、次の通りである。

情報は「選ぶ」より「いかに捨てるか」が大切であること。

「意表をつかれる」ことに驚いてはいけないとの教え。

結果には「いい結果」と「悪い結果」があるそうで、対局する相手に「いいアイデア」を引き出してもらえれば、勝利に導かれるという勝負のカンどころを、惜しげもなく明かしているのである。

また「決断とリスクはワンセットである」「欠点は裏返すと長所でもある」「直感の七割は正しい」「『整理整頓』すると意外に集中力がつく」など、将棋以外の日常生活に役立つ知恵も公開されていて、〝孫子の兵法〟ならぬ若い天才棋士の〝羽生の兵法〟は、盤上だけでなく、盤外戦術に応用できる魅力があった。

（2005/10/10）

一草舎
上・下で 3000 円+税

長野の出版社が放った
戦後60年目の文学企画

「文学作品に見る太平洋戦争と信州（全2巻）」

井出孫六 ほか 編

敗戦後六十年の節目になった平成十七年、あらためて戦争を考える出版が相次いだ。

保阪正康の『あの戦争は何だったのか』（新潮新書）と『「特攻」と日本人』（講談社現代新書）、佐藤卓己著『八月十五日の神話』（ちくま新書）、岩波新書編集部編『子どもたちの8月15日』、竹内修司著『幻の終戦工作』（文春新書）、小林よしのり著『靖國論』（幻冬舎）など、いまの時点に立つと無謀きわまりない蕩尽だった太平洋戦争を、真摯に検証する出版企画のオンパレードとなった。

その中で、一地方出版社で上梓した上・下巻で広辞苑並みの重厚な『文学作品に見る太平洋戦争と信州』が人目を引いた。

山国の信州は、大都市や軍需施設が少なく、空襲にも遭わず戦争被害は些少と考えられていたが、山々に囲まれた僻地だけに、文学者の疎開が多く、満蒙開拓団を日本で最多に送り出した県だった。

さらに、太平洋戦争末期、連合国軍の本土上陸に備え、松代に仮皇居と大本営の堅牢な地下壕が掘り進められていた。

満州といわれた傀儡国、いまの中国東北地域には、敗戦前夜の引き上げ途中に棄てられたり、満人に拾われて育った日本鬼子が残されていた。

中国残留孤児となった彼らは、現在も父母の地日本への帰国を望んでいて、十五年戦争の傷が痼疾になっている県でもあった。

大部な『文学作品に見る太平洋戦争と信州』が敗戦から六十年目に刊行されたのも、いまもって、戦禍の影を引きずっている長野県民に、戦争の真実を語り伝えたい一念からだったのではないだろうか。

膨大な臨床結果から
「健康のための常識」を

「病気にならない生き方」

新谷弘実

（2005/10/31）

サンマーク出版
1600円＋税

新谷弘実医博は、胃腸内視鏡外科の権威である。35年間に約30万例の人の胃腸を診察――開腹手術することなしにポリープを切除しているが、その膨大な臨床結果から導き出したのが『病気にならない生き方』であった。

医博は医学が進歩しているのに、「病人が増えているのはなぜか？」と原因追究し、食歴と生活習慣にこそ健康で長生きできるカギがあることを理解したのだった。

この手の情報はテレビや雑誌で、ふんだんに流布されていたが、新谷氏は「常識を信じていると危ない！」と警告する。

「肉を食べてもスタミナはつかない」
「薬はすべて基本的に『毒』である」
「運動の『しすぎ』は百害あって一利なし」
「病気の大半は遺伝よりも習慣に原因がある」

などの巷に流布されている健康のための常識を覆す新常識を、わかりやすい言葉で説明してくれる。

内視鏡でおびただしい数の、胃や腸をのぞいているので、胃相、腸相の良しあしは一目で見分け、悪い行為をしている人物の人相が凶悪になるように、悪い食歴、生活習慣は臓器に反映されていると説くのである。

そして、目からウロコの落ちるような忠告をしてくれるのである。

一例をあげると、緑茶には殺菌効果や抗酸化作用があって、日本茶をたくさん飲んでいれば、がん予防や長生きにつながると言われているが、

「お茶をたくさん飲む習慣がある人の胃相は悪い」

と忠告する。その理由は『病気にならない生き方』に懇切に書かれている。

太く、長く〝平均寿命〟をまっとうするための手引になる一冊だ。

（2005/11/28）

海竜社
3800円＋税

圧巻は、子供時代の思い出を通しての読書論

「皇后陛下お言葉集 あゆみ」

海竜社 編

美智子皇后が、即位されて十七年に刊行されたのが『皇后陛下お言葉集あゆみ』だった。繊細なおこころくばりで、皇室と国民、国際間の親睦に尽くされてこられたが、この間、発表されたすべてのお言葉、講演、短歌をまとめ、『あゆみ』と題されて海竜社から出版された。

御成婚時代からの十六ページの口絵写真、皇后さまの装束紋様をあしらった上品な装丁で、下村のぶ子さんが創立した同社三十年記念出版にふさわしい仕様となっている。

一部を除いて英文も併記されているので、歌会始御題も美しい日本語と英文で読むことができる。

圧巻は、平成十年、ニューデリーで開催された第二十六回国際児童図書評議会の基調講演「子供時代の読書の思い出」であろう。

皇后は、お子さん時代に、本から受けられた様々な恩恵を述べられた後に、次のような深いお言葉を述べられている。

「今振り返って、私にとり、子供時代の読書とは何だったのでしょう。

何よりも、それは私に楽しみを与えてくれました。そして、その後に来る、青年期の読書のための基礎を作ってくれました。

それはある時には私に根っこを与え、ある時には翼をくれました。この根っこと翼は、私が外に、内に、橋をかけ、自分の世界を少しずつ広げて育っていくときに、大きな助けとなってくれました」

「……読書は、人生の全てが決して単純でないことを教えてくれました」

この見事な読書論を展開される聡明で忍耐強い一人の女性のお言葉集『あゆみ』は、座右におき繙読するにふさわしい教育書である。

(2006/01/16)

治癒力蘇生へ——がんとつきあう８項目示す

「道づれ賛歌」

三國隆三

展望社
1800円＋税

体内に居すわった「がん」を道づれにして、明るくたくましい歩みをつづける著者の闘病生活で学んだ健康ガイドである。

　がんに関する著書は、掃いてすてるほど刊行されているが、この『道づれ賛歌』には、類書には見られぬがんとのつきあい方が集められている。

　著者は、前立腺がんの最悪Dステージの生還者である。手術後、再発におびえ、不安と対峙する日々のなかで、医者にさじを投げられたがん患者の奇跡の生還事例を調べていて、奇跡的治癒が昔からあったことをさぐり当てたのだ。

一、心の持ち方を変える。
二、熱中することを見つける。
三、自分の体を知る。
四、食生活を見なおす。
五、愛する気持ちを大事にする。
六、よく笑うように心がける。
七、運動を日常的に取り入れる。
八、ときに、自分にご褒美をあたえる。

　といった八つの項目に括れる生き方であった。

　著者は早速、実践にのり出すが、心の持ち方を変えたり、食生活を見なおす生活は、とりもなおさず老化とともに衰える〝治癒力〟を蘇らせ、免疫力を活性化させる道に通じていることを知ったのだった。

　Dステージの前立腺がんをわずらいながら、がんとの〝道づれ賛歌〟を書き下ろした勇気は、このようなポジティブな生き方にこそ、治癒力がつく啓示にほかならなかった。

　二人に一人ががんになる時代。「かん」などとは、道づれになりたくないものだが、がんに関する最新情報つきの健康ガイドが本書には付けられていて、これは懇切でたいへんに役立つ。

（2006/02/20）

幻冬舎
1300円＋税

奥深いサムライの言葉を人々の心に甦らせる

「サムライの日本語」

久保博司

武士道の訓え『葉隠《はがくれ》』の冒頭に「武士道とは死ぬことと見つけたり」という、箴言《しんげん》がおかれている。

凛然としたこの一句に、サムライの人生美学が見事に表現されていて、その真意を理解するには、一冊の書物を必要とするだろう。

いや、この言葉にかぎらずサムライをとり巻く日本語には、日本人を支えてきた強靱な哲理が秘められている。

その奥深いサムライの言葉を、いまの日本人の心に甦らせたのが、この著書『サムライの日本語』である。

基本的な心構えの章に、

「生くべきときに生き、死すべきときに死す」

「剣の徳は不殺生にあり」

といった十四話。

生活の知恵の章に、

「足るを知る」「秘すれば花」等の十三話。

仕事の知恵に、

「忠臣二君に事《つか》えず」「刀は己の魂を磨く」等の十四話。

競争に勝つ知恵に、

「おのれの敵を誇れ」「身を捨ててこそ浮ぶ瀬もあれ」などの九話を集めている。

一話ごとに、適切な箴言が対句のように用意されていて、一例を挙げれば「不名誉は樹の切り傷のごとく——大望を抱くなら、目先の功に走るな」「怒りと欲を捨ててこそ心を楽しむ——執着する心を捨てれば人は強くなる」といった具合だ。

話題の藤原正彦著『国家の品格』にも「武士道」の必要性が説かれているが、昨今、巷をさわがせている破廉恥な事件を見るにつけ、日本の誇るサムライが、消滅して久しいのではないかの懸念を覚える。せめてサムライの言葉の復活を願うこと切である。

(2006/03/20)

強い巨人軍から学んだ すべてを明かした労作

「巨人軍論」

野村克也

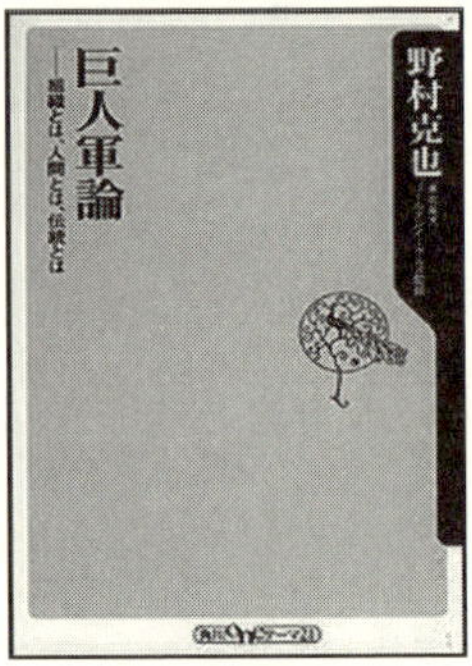

角川 one テーマ 21
700 円+税

日本のプロ野球は、巨人軍を恒星格に、七十余年の歴史を刻んできた。球史に残る名試合、名選手、名監督の過半は、このチームにかかわりがあったとみて間違いないだろう。

この著書は、巨人軍を徹底的に分析し、組織、人間、伝統にまで分け入り、研究し尽くした生涯一捕手を自認する、野村克也の全力を傾けた労作である。古希に達して、東北楽天ゴールデンイーグルス監督に就任した〝生涯一捕手〟の赫々たる野球人生は、知り尽くされている。

野村は南海ホークスへテスト生で入団し、緻密なデータや情報の収集、チームプレーに先だって精神野球を信奉する鶴岡一人監督の洗練を受けた。

しかし、鶴岡親分の精神野球に、大きな疑問と不満を感じた彼は、野球は頭でプレーするものと心に決めたのだった。以来目標とし、熾烈に対抗心を燃やし続けたのが、常勝を宿命づけられた巨人軍だった。

日本が、アメリカにつぐ野球大国に育ったのは、衆目の見るところ巨人あってのことであった。

野村は現役時代に三冠王、本塁打王、打点王など球史に残る大活躍をする一方、ヤクルトスワローズ監督時代に四度のリーグ優勝、三度の日本一に輝く。

この野村野球の根幹に、強い巨人軍に学んだ勝負哲学があったのだ。昨今、凋落気味の巨人軍でも、野村克也は「巨人軍に勝利への戦略・戦術の方程式が隠されている」と研究を怠らない。

野村は『巨人軍論』で、巨人軍から学んだすべてを明らかにしている。が、ぼやきの野村こと、不平不満を漏らし続ける野球人に見えるが、その裏には、緻密なデータや情報の収集はもちろん、頭脳でプレーする姿勢が基礎にあることを知る。

（2006/04/24）

ぱる出版
1500円＋税

世界一細い注射針をつくった金型職人の生き方

「岡野雅行 人のやらないことをやれ！」

岡野雅行

本のタイトルが、内容のすべてを語っている。人のやらない、やれない、誰にもできないことに挑み成しとげたら、斯界の第一人者になっていた金型職人の熾烈な生き方が述べられている。

岡野雅行氏がその人で、金型プレス職人では、人のやらないことをやった人物であった。東京の典型的な下町向島の町工場に生まれ育った岡野氏は、国民学校と言われた当時の義務教育の学歴だけであった。

しかし、「誰にもマネのできないものをつくる」ことを生活のモットーとし、先端の直径がわずか０・２ミリ、針穴の直径は80ミクロン（１００分の８ミリ）という世界一細いインシュリン用注射針をつくりあげたのである。

蚊が人の血を吸うときに刺す針並みの——針の先どころか毛の先ほどの刺されても痛くはない注射針を、四年半の歳月をかけて完成させていた。

この細い注射針の基本に流れているのは「たった一枚の板を丸めて製品をつくることだ」と岡野は断言するが、〝神の手を持つ〟小さな町工場の主が世界一の職人に育った裏には、下町の人情の機微をうがつ生活が基本になっている。

一口に「人のやらないことをやれ！」と言うのは簡単だが、言うは易く、行うことがむずかしい最たるものが、「人のやらないことをやること」だ。岡野雅行氏は、四年半がかりで、それを成し遂げたわけであった。

岡野氏は自分の経て来た至難の人生を、ざっくばらんな言葉で述べていて、金型プレス職人の技術や経営哲学指南以前の、まともな人間の生き方の教えになっている。

教えは平易だが、実践はなかなか大変だ。

(2006/05/22)

添加物の真実を知る人が食品製造の舞台裏を明かす

「食品の裏側」

安部司

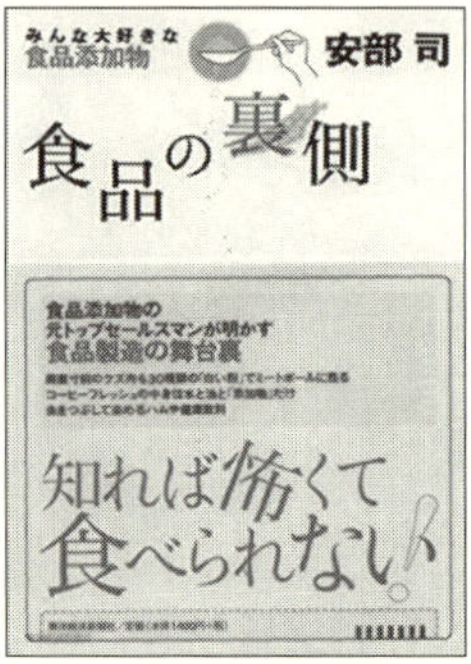

東洋経済新報社
1400円＋税

冷蔵庫を開けると、ハム、チーズ、明太子、ミートボールと、たちどころに役立つ便利な食品がいっぱいに詰まっている。栄養価と味のいい食品は、庶民の生活に計り知れない〝口福〟をもたらしてくれている。

だが、いま出回っている食品には、「長持ちをさせる／色形を美しく仕上げる／品質を向上させる／味をよくする／コストを下げる」ための魔法の粉・食品添加物が、一品に十種類から二十種類も添加されているという。

台所で漬ければ、米ぬかと塩、昆布のだしでおいしく漬かるたくあんが、店頭で購うと、ぬか、ふすまにはじまってグルタミン酸ナトリウム、乳酸、甘草、黄色・赤色の着色剤などを加え、十七種類の添加物で出来上がっている。これらの添加物は一品では微量だが、十、二十と複合されて、長い間、摂取され続けたらどのようになるのか。

著者の安部司氏は、かつて食品添加物の専門商社に勤めていて、添加物の「真実」、食品の「裏側」を克明に見てきた「生き証人」である。その人が、自分の経験を最大限に生かして、化学記号などは一切使わずに食品製造の舞台裏を明らかにしている。

一読、口あたりがよく味のいい食品の色彩、香り、歯ごたえからのどごしに至るまでが、添加物に支えられているのを知り、併せて、消費者の舌先が賢くならないかぎり、添加物は減らないと知るが、頭で分かっていても、漬物を自宅で作っている家庭はわずかであろう。

台所にまな板、包丁さえ置かない家があると噂される昨今、食品はすべて出来合いを買っているのだろう。食品の裏側を知ったところで、救いはないのが現実である。

（2006/06/19）

実業之日本社
1700円＋税

大企業病にかかった自社を変えた行動哲学を追う

「東レ　前田勝之助の原点」

綱淵昭三

ホリエモン、村上ファンドを率いた村上世彰元代表が〝時代の寵児〟としてもてはやされていた。

だが、彼らは不正な操作で巨額な金をつかみとっていた〝時代の徒花《あだばな》〟に過ぎなかったようだ。

その正体を見抜けず、投機熱に踊らされた個人投資家は、手痛い損失に呻吟したのだった。これらの人々に、経営の真の姿を教示する評伝が刊行された。その名は『東レ　前田勝之助の原点―現実を直視せよ』である。

東レは、合繊王国をほしいままにしていた日本のリーディングカンパニーであった。戦後いち早く合成繊維・ナイロン、ポリエステル繊維・テトロンを導入し、繊維業界で頭抜けた利益を生み出していた。

一時は、トヨタ自動車、松下電器と肩を並べる超優良企業として君臨していた。その東レが本業である製造業からレジャー産業によろめき、凋落のきざしが明確になったとき、大抜擢人事で社長に推されたのが、前田勝之助であった。

33人の役員の中で31番目のいわばブービー重役だった。前田は異例の大抜擢人事を一度は固辞するが、往年の王国が揺らいでいる現実を見て、社長に就任。

「現実を直視せよ」を第一声に、重度の大企業病にかかった東レを、ドラスチックに変えていったのである。

由来、伝統ある企業、一度は斯界の頂点に立った会社、優良企業と称《たた》えられた会社が凋落した時、その復活を期すことは至難の極みである。

前田勝之助は、東レを奇跡的に甦らせたのだが、迅速、果敢な前田の言動がどのようであったか。

著者は、詳細かつ具体的に、前田勝之助の行動哲学を追求している。

（2006/07/24）

一度は断念したプロの道
実現の棋士が明かす人間力

「夢をかなえる勝負力！」

瀬川晶司

ＰＨＰ研究所
1400円＋税

プロとアマチュアに截然たる差のある世界に、将棋、囲碁、相撲、ボクシングなどがある。史上初の三冠王になった升田幸三九段は、全盛期に名人に〝香〟を落とした唯一の棋士だった。彼はプロ野球に常に疑問をもらしていた。その理由を彼は私に「大学野球のエースが、プロ野球に入っても即エースであること」と語っていた。

その点、アマチュアで三段、四段の実力者が、プロでは五級、六級の扱いの将棋を例にとると、プロになるには、奨励会試験に合格し満21歳までに初段、満26歳までに四段になれないと退会させられる。

瀬川晶司氏は、プロ棋士の条件をクリアできなかったため、一度は将棋をあきらめたのだった。しかし、プロへの思いは断ち難く、アマチュア名人戦、王将戦、銀河戦などで優勝を重ねて、二〇〇五年、プロ入りの嘆願書を日本将棋連盟に提出。特例によるプロ編入試験が認められて六番勝負で、五段、六段、A級棋士の八段といった高段者と戦い、合格の条件三勝二敗となり、奇跡的に夢をかなえたのである。

アマからプロへの道なき道を切り開いた瀬川氏が〝平成の三四郎〟の愛称で知られた柔道の古賀稔彦氏、囲碁界のアイドル梅沢由香里さん、将棋アマ四段の社会心理学者岡本浩一氏、ギャンブル社会学の谷岡一郎氏、失敗学研究の第一人者畑村洋太郎氏の五人と対談し、勝つための総合力＝人間力とは何かを、多角的に浮かびあがらせてまとめたのが『夢をかなえる勝負力！』だった。

満26歳でプロ棋士の道をあきらめ、大学に学んでサラリーマンになった瀬川氏だけに、勝負オンリーのプロ棋士にみられぬ視点と語り口で対談を盛りあがらせている。

（2006/09/04）

サンマーク出版
1600円＋税

会社員が生き残るための知恵を平易に教える
「会社の寿命10年時代の生き方」
道幸武久

人生の栄華のはかなさを「一炊の夢」にたとえるが、会社の寿命もわずか10年と予言するビジネスプロデューサーがいる。昭和四十七（一九七二）年生まれの道幸武久氏である。彼は世間を賑わせたホリエモンと同世代にして、この大胆な予測を立て、新卒で一部上場の証券会社に就職しながら、一年でベンチャー企業へ転職。さらに営業コンサルティング会社に変わって、プロフェッショナル・マインドを身につけたのである。

道幸氏がその生き方を選んだのは「会社の寿命10年時代は、プロフェッショナル・マインドをもった人でないと生き残れない」と考えたからだった。

彼はさらに、大企業に勤めている人ほど危ないと警告し、いまから間に合う生き残りの知恵を、自らの体験を通して、伝授するのである。

その目次を示すと、「会社の寿命10年時代」がやってきた／「人生の設計図」はこうして描こう／年収が下がる前に「この手」を打とう／「自分サイズの幸福」はこうすれば見つかる／「プチ・ブランド人」という生き方を目指そうの五章建てで、平易で具体性に満ちた教えには説得性がある。

「自分の会社がつぶれる前夜まで、社員は、だれ一人何も知らなかった。」

これは、往年のベストセラー、占部都美著『危ない会社』（一九六三年、光文社刊）の冒頭の一文だが、企業の寿命30年時代の教訓は、10年時代の現在にも通底する。備えある者だけが救われるのは、古今東西変わらない鉄則のようだ。

道幸氏は『会社の寿命10年時代の生き方』を刊行したいま、まだ三十四歳である。あと十年先、四十代半ばの道幸氏が、どのような生き方をしているのか想像しただけでも楽しい。

（2006/10/09）

三つの出版社の社長をした人物の半生記とは

「きょう、反比例」

竹井正和

フォイル
1000円＋税

「僕はもう最初っからあきらめて生きてきた。自分が生まれ育った環境とか、血とか、もろもろ全部。」

竹井正和氏の『きょう、反比例』は、意表を突いたこの書き出しで始まっている。

大阪で生まれ、オヤジは暴力団組長の競艇仲間。本とは無縁の世界で育ってきた……と自己紹介は続き、編集者には不適任と考えられた。

その竹井が、筑摩書房の名編集者だった原田奈翁雄創業の径書房へ押しかけ入社。

そして、社長に推されるが、社内紛争で飛び出し、「少しでもいい本を作ろう」と、リトル・モアを創立。アート関係の話題作を次々と手掛け、現在はフォイルという出版社で、アート本を中心に、見事な出版戦略を展開している。

高校卒、四十五歳の若さで、「三つの出版社の社長をした人間はいるのだろうか？」と、この本の帯で問い掛けるが、日本の出版界では希有の存在であることは、紛れもない事実である。

奇跡に近いことがどうして出来たのかは、この著書に生い立ちから出版人としての歩み、後進への提言を含めて、ざっくばらんな言葉で綴られている。

タイトルの『きょう、反比例』とは、「出版は常に権力と反比例に働きかけていなくちゃいけない」の考えから、ほとばしったもの。

竹井は出版の師、原田奈翁雄の理念を継承しているが、偶然にも、私は原田奈翁雄の出身地、長野県飯田市を共にしている。

径書房のスタート点となった山代巴の『囚われの女たち』のことで原田に会い取材している。

私の場合は反比例ならぬ比例的な行為であったが……。

（2006/11/06）

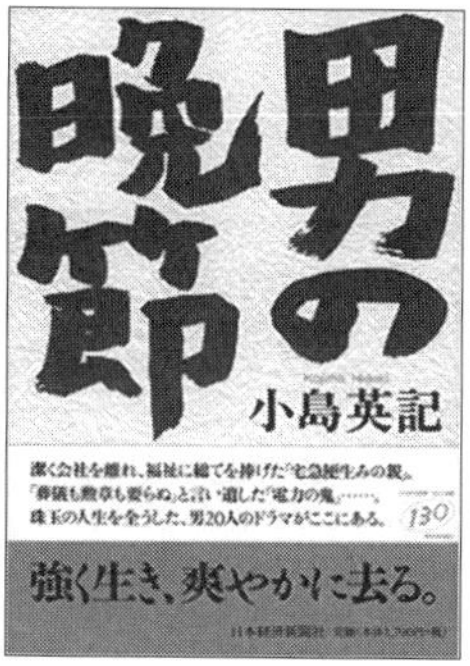

日本経済新聞社
1700円＋税

去り際の見事さが特筆される20人の日本人の伝記

「男の晩節」

小島英記

珠玉の人生を全うした20人のエピソードにあふれたミニ伝記である。

登場する人物は、土光敏夫、本田宗一郎、松永安左エ門、小倉昌男、石橋湛山、山田次朗吉、伊庭貞剛、新渡戸稲造、富岡鉄斎、各務鎌吉、御木本幸吉、森信三、井上成美、山本夏彦、後藤新平、三宅雪嶺、白洲次郎、大原孫三郎、古島一雄、鈴木大拙の面々。

この顔ぶれの共通点は「明治維新以降で、立派に長生きした日本人」で、その生き方が人を勇気づける光に満ちていることである。

政治、経済、文化、スポーツ、軍人と生きた場の異なる人々であるが、生き方の原則には、阿吽《あうん》の一致が見られ、爽快さにみちていた。

さらに特筆すべきは去り際の見事さである。

心血をそそいで築いた会社を離れて、福祉にすべてを捧げた「宅急便生みの親」の小倉昌男。「葬儀も勲章も要らぬ」と言い遺した〝電力の鬼〟松永安左エ門。身内を誰ひとり会社に入れなかった本田宗一郎、吉田茂の懐刀として占領軍と渡り合った白洲次郎の「葬式無用、戒名不用」の遺言書。

また倉敷紡績を創業し、事業を発展させて、働く者の労働環境や待遇改善に努める一方、社会活動に私財を散じた大原孫三郎。台湾総督府の民政長官、満鉄総裁、東京市長として卓抜した手腕を発揮した後藤新平の凛然たる生涯など、生気を失った若者たちを覚醒させる逸話の集成となっている。

『男の晩節』の登場人物で、私が謦咳に接したのは、山本夏彦一人に過ぎない。

夏彦は最晩年にガンに侵され、八十過ぎの高齢にして手術を選んでいた。やはり生きることに執着していたのだろう。

（2006/12/04）

各界の大物から虚心坦懐に言葉を引き出した名対談

「戦後の巨星　二十四の物語」

本田靖春

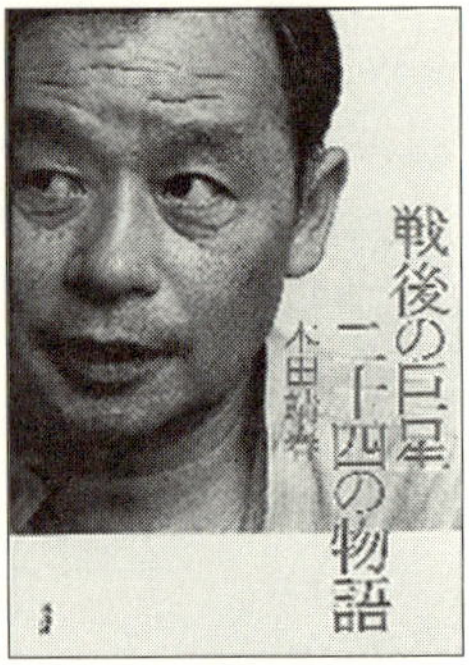

講談社
2000円＋税

絶筆『我、拗ね者として生涯を閉ず』を遺した本田靖春氏の一九八四～八五年当時の対談集である。

登場する人物は、長島茂雄、美空ひばり、中上健次、ビートたけし、手塚治虫、立花隆、阿佐田哲也、北の湖敏満、フランク永井、趙治勲……とスポーツ、芸能、文学界など、各界を代表する二十四人の巨星である。

ホスト役の本田靖春は、読売新聞社会部記者からフリーとなり、渋谷の愚連隊花形敬の生涯を描いた『疵』、吉展ちゃん事件の『誘拐』、金嬉老事件の『私戦』などを世に問うた気鋭のノンフィクション作家。

その本田が、シンパシーを寄せたスターたちに、虚心坦懐見事な対談をこころみていて、一例を挙げれば、驕慢の女王と噂されたひばり当人に、

「美空ひばりというと、趣味が悪いとかなんだとか、悪口をいう人がいるんだけど……」

とストレートに問いかけ、

「私の機嫌が悪くなるからそれ以上おっしゃらないのかもしれないけど、一時ね、自分でも趣味が悪いなと思ったこともありますよ」

といった、客体化した言葉を聞き出している。

ややもすると、対談ともなると、相手のご機嫌を損ねる質問は、セーブするものだが、拗ね者を自負する本田靖春は、美空ひばりであろうと、真っ正面から渡り合っているのである。

対談の各所にゲストの表情や動き、これまでの足跡を入れていくが、その補足によって、ゲストの片言隻句が見事に立ち上がってくる。

本田は、朝鮮半島からの引揚者で、生来、権力に馴染まない性分に加え、複眼的にゲストを見られる視角が生んだ名対談集といえよう。

（2007/01/15）

日本評論社
1400円＋税

第一線を走り続ける役者がケタはずれの人生語る

「最期」

藤田まこと

藤田まことが、「はぐれ刑事」「必殺」から「剣客商売」と、一線を走り続けている最中の『最期』の書名は、そぐわない感がある。

だがこの書名は、太平洋戦争末期沖縄で戦死した兄の最後のはがきに記された「さようなら」に、七十歳を越えた自らの人生を重ね合わせて付けたタイトルだ。

藤田は、兄の最後のはがきのコピーを、肌身離さずに持っているというが、この著書には、兄への鎮魂の念もこめられているのである。

まず、家族の面影から語り起こし、旅回り一座の端役から「てなもんや三度笠」を経て、人気を定着させた「必殺」の中村主水役をつかむまでの半生と、この間に学び遊んだ芸・酒・女・金と辿った人生を、あっけらかんと語り下ろしている。

しかし、「役者というのはある程度、ミステリアスでないといけない」と、レギュラー出演すれば確実に人気が高まるバラエティー番組に出なかったり、三枚目役なら飛びつくであろう番組を断ったりして、「あいつは何を考えているんやろ」と思わせるしたたかさを、守り続けていた。

この間、バブル経済の絶頂期、二十部屋と広い庭の大豪邸の主におさまったが、バブルがはじけるや負債二十八億円を背負う等、必殺の主水役が辿った道はケタはずれであった。

しかし、この顔の長さを売りものにした役者は「てなもんや」の三度笠の演技力で幾多の困難をくぐり抜けてしたたかに生き残ってきたのであった。

思わせぶりの『最期』なるタイトルをつけながら、読んでみるとほとんどが知り尽くされたことを書いていて、期待はずれ感が残る。もう一歩踏みこんだ記述がほしかった。

（2007/02/05）

日韓で愛された頭突き
レスラーの壮絶な生涯

「自伝 大木金太郎 伝説のパッチギ王」

大木金太郎／太刀川正樹 訳

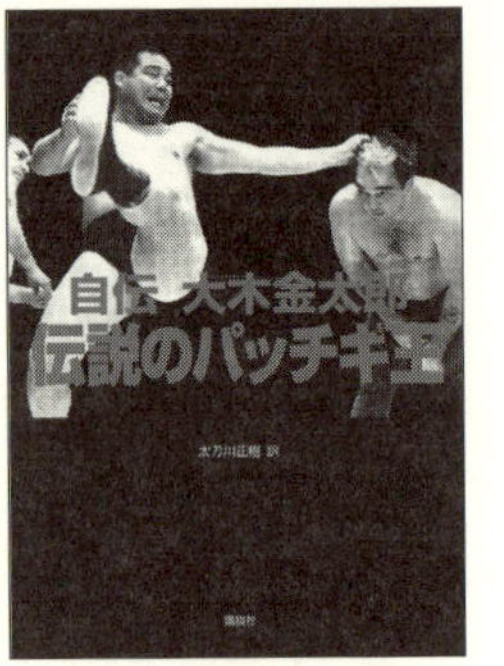

講談社
1500円＋税

敗戦後、自信喪失の日本人を、甦らせてくれたのが歴とした日本人を自称する力道山だった。空手チョップで、アメリカのプロレスラーをなぎ倒し、大喝采を博していた。

この力道山に憧れ、韓国から密入国したのが金一（日本名・大木金太郎）だった。彼は入門を許されるが、力道山は大木に地獄の特訓を課した。

「先生は私の顔を見るとよく叩いた。まるで犬を叩き殺すような勢いであらゆる部分をやみくもに叩いた。なぜ叩くのか、その理由はなにも言わなかったが、ただ『闘魂』だけを強調した」

同じ民族の血を引く師の理不尽な特訓を受けて、大木は強烈な頭突き（パッチギ）を武器に、リングのヒーローに成長し、アントニオ猪木、ジャイアント馬場らと、日本プロレス黄金時代を築く功労者になった。

大木はその一方、頭突きの英雄として、母国韓国のリングに迎えられ、時の朴大統領に寵愛された。

東洋人が尋常な手段では到底倒せそうにない巨体の欧米レスラーを、頭突き一発で倒す闘志に「やればできる《ハミヨンテンダ》」の民族的自尊心を甦らせた挙を、朴大統領は高く評価したのである。

不幸にも、力道山、朴大統領は、共に思いがけない災難で死去するが、大木自身も、三千回の試合で放った五万発の頭突きの後遺症に苦しみ、自伝が刊行される目前に死去した。

力道山が韓国人であったことは、彼の生前から知られていたが、それをひたすら隠蔽していたのは、絶大な人気を保持するためであった。その点、大木金太郎こと金一は、韓国人であることを隠すことはなかった。

一読、日韓交流の懸け橋となった金一——大木金太郎の壮絶な生涯に合掌したい。

（2007/02/26）

講談社
1600円+税

惹きつけ、笑わせ、儲けつづけるシステムとは

「吉本興業、カネの成る木の作り方」

大下英治

大阪の人の挨拶の一つに「儲りまっか」がある。

実利に生きる〝阪僑《はんきょう》〟の面目躍如というところだが、その大阪で吉本興業は、お笑いを売りものに立ち上げ、大手を振って東京へ進出している。

明石家さんま、島田紳助、ダウンタウン、西川きよし、桂三枝、笑福亭仁鶴……と、傘下の芸人名を列記すると、吉本興業の人を惹きつけ、笑わせて儲けつづけるノウハウを、だれでも知りたくなる。

この著書は、タイトルそのものの「吉本興業のカネの成る木の作り方」を、笑いの王国の成りたちから説きおこし、戦前のお笑いコンビ、エンタツ・アチャコ、戦後の漫才コンビ、やすし・きよしから、次々に誕生する話題タレントを俎上にのせて、経営の秘密に迫って行く。

吉本興業の吉野伊佐男社長は、著者大下英治の核心を突く問いに、独自のシステムのあることをあっさりと明かしている。

「いわば野球で言うルーキーリーグ、ファームチーム用の劇場で修業して、いわば二軍戦に出られるグラウンドというか劇場みたいなところから、メインの『NGK（なんばグランド花月）』という流れです」

実際に見に来た客の反応から、お笑いの基本を学んでいく方式だが、吉本興業の強みは二軍用の劇場から始まって、檜舞台のNGKを持っていることだろう。

さんまファンの大下英治は、縦横にカネの成る木にゆさぶりをかけ、お笑いDNAを色んな角度から分析している。

興行は人気が元での世界――。絶えずカネの成る木を作り続けないと凋落してしまうものである。

(2007/03/26)

戦後混乱期、東京で勢力振るった中国人の虚実追う

「闇市の帝王」

七尾和晃

草思社
1500円+税

闇市の帝王・王長徳とは、戦後の混乱期、焼け跡の東京に絶対的な勢力を振るった中国人である。

稗史《はいし》のヒーローにぴったりで、戦勝国の特権を嵩に銀座、新橋、渋谷と東京の一等地を次々に占拠。闇市を手はじめに国際的な賭博場マンダリンを経営し、アウトロー商法で、莫大な現金を手中におさめていた。〝東京租界の帝王〟と畏怖された時期もあった。

銀座と新橋の境界に黄色合同会館なる地上三階地下一階を建て、ここを根城に中国大陸の人脈と日本の有力者たちの結びつけを図っていたのである。

黄色合同会館の上得意の顔ぶれは毛沢東、周恩来、吉田茂、岸信介、河野一郎など日中両国のトップだったと闇市の帝王・王長徳は自称している。

それを裏づける毛沢東の直筆書簡二百五十通以上を持っていたなど、ケタ外れの告白もしている。毛主席の直筆所簡を、一、二通持っていると言っても眉唾物と思われるのに、二百五十通以上持っていたなどの言葉は〝嘘八百〟もいいところ。事実であったら歴史に残って然るべきだろう。

著者・七尾和晃氏は、王長徳のケタ外れの〝大きな言葉〟を追って、可能なかぎり実像に迫ろうとしていた。が、半世紀の壁は、王を知る多くの人々を冥府へ旅立たせてしまい、裏づけがとれないうらみが残る。

一例を挙げれば、横井英樹事件で犯人を隠匿し、読売新聞社を追われた社会部記者三田和夫に、昭和三十三年当時の金で「二千万円くれてやった」など、と語っていたそうだが三田と交流があった私からみて、「?」が付く法螺話に聞こえる。

王はあらためて思うと、三田和夫の筆先に踊った戦後稗史の一人であったといっていい。

（2007/04/16）

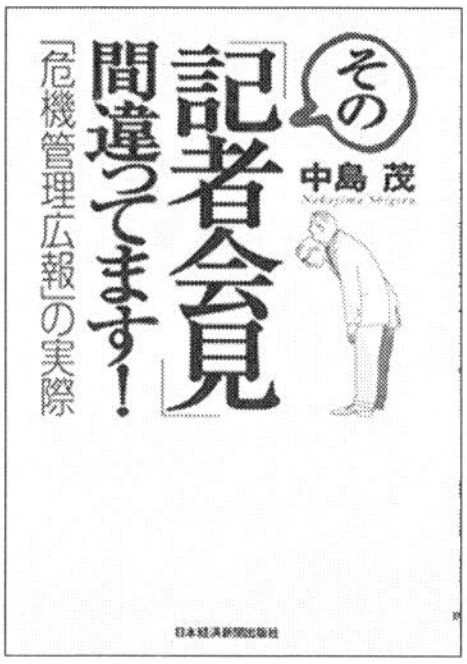

日本経済新聞出版社
1600円＋税

企業の不祥事発覚時の
対応ノウハウを伝授

「その『記者会見』間違ってます！」

中島茂

ペコちゃんの不二家、関西テレビの「発掘！ あるある大辞典Ⅱ」の捏造。さらに二、三年前にさかのぼると、「牛肉偽装事件」や「雪印乳業食中毒」「耐震偽装」と、不祥事が目白押しである。

事件の都度、事情釈明から陳謝の記者会見が持たれていたが、その会見時のたった一言、お辞儀の仕方一つで世間の反感を買い、企業の〝命とり〟になりかねないことがある。

これは、危機管理広報の弛みが招いた重大なミスだが、現場を知る企業法務担当の中島茂弁護士は、その種の記者会見の持ち方に「待った」をかけるのである。

そして、「世間の反感を買わない企業体質の築き上げ方」「伝える決意」「初期対応の迅速さ」「記者に誤報を書かせない」「法的側面からのチェック」「会見にはトップが出る」「常に相手の立場に立って考える」――等の実践ノウハウを、八章に分けて具体的にレクチャーしてくれたのが『その「記者会見」間違ってます！』である。

例えば、お辞儀の仕方に「五秒ルール」があると説くのである。

お辞儀を五秒もする理由は、陳謝の記者会見を持つ折、それぞれの角度から、記者団が満足のいく写真を撮る最低時間を指している。

その五秒を演出するのに「ひゃくいち、ひゃくに、ひゃくさん、ひゃくよん、ひゃくご」と「百」をつけて心の中で数えると、五回数えるうちに五秒が過ぎるのだという。

たしかに、記者団を招いた陳謝の席の丁寧なお辞儀一つに、誠心誠意は端的に表われる。

中島弁護士のお辞儀を五秒もする方法を教える具体例に富んだノウハウは、不祥事発覚時の対応に役立つことは確実である。

（2007/05/21）

「潮来笠」でスターになった歌手の起伏に富む半生

「シオクルカサの不思議な世界」

橋幸夫

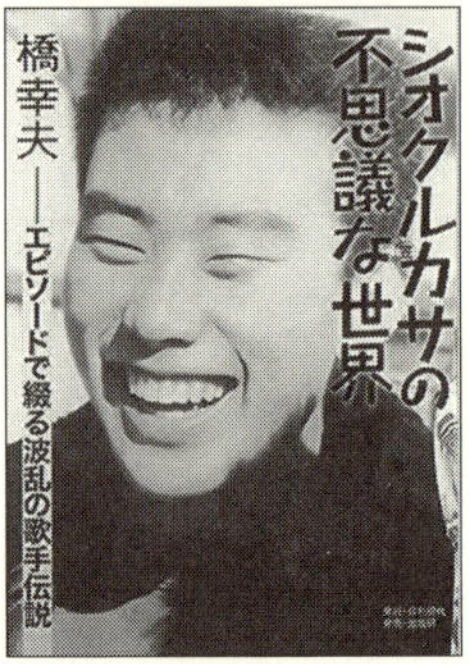

日刊現代
1142円＋税

「君のデビュー曲はこれだ」と、師の吉田正から「潮来笠」を渡されたとき、「はあ、『しおくるかさ』ですかあ」と読んだのが、まだ17歳の橋幸夫少年だった。

この歌の爆発的ヒットで、一躍スターとなりレコード大賞新人賞から、二度にわたる大賞を受賞する幸運な歌手が誕生したことは間違いない事実。

この本は、軽いエピソードで綴った、シオクルカサで有名な橋幸夫の起伏に富んだ半生記である。

橋は戦後を代表するヒットメーカー、遠藤実の門下生となったものの、師が専属のコロムビア・レコードの登用試験に落とされた。

しかし、ビクターの吉田正に預けられ、吉田の門下生になったことからデビュー曲の「潮来笠」の大ヒットで僥倖を拾った。

遠藤実は、「舟木一夫」の芸名を準備していたが、吉田正が「本名の橋幸男の姓が珍しい」と、男を夫に変えただけで、激烈の芸能界に船出をさせたのであった。

平成十八年のデビューから今日までに、十年間の挫折を含めて、橋幸夫の通常人の幾倍かに相当する人生の体験は、傾聴に値すべき話は少なくない。

とくに、芸能界から干されていた時代、認知症となった母を介護し、『お母さんは宇宙人』を自費出版して、介護体験の講演を七百回も行っていたのは、橋幸男（本名）の真骨頂というべきかだろう。

遠藤実、吉田正という名伯楽に師事したことで〝幸来笠《さちくるかさ》〟をかぶる幸運をつかんだのだった。

両氏と親しかった私に、両師匠が絶えず口にしたのは、九人兄弟の末っ子に生まれた幸夫への、親のしつけのよさだった。

（2007/06/25）

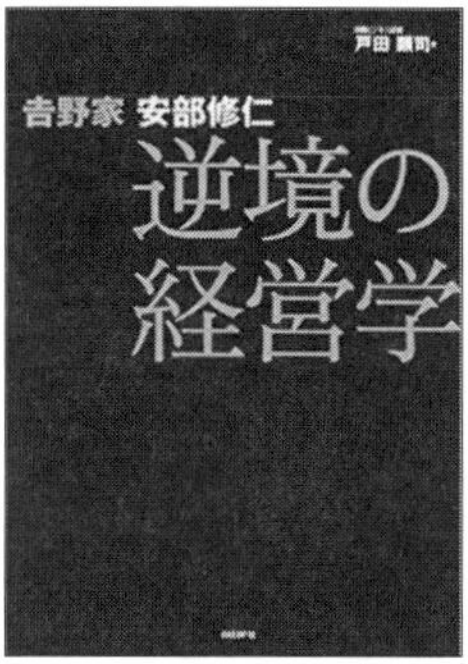

日経ＢＰ社
1500円＋税

絶体絶命のピンチを乗り越えた経営のノウハウ

「吉野家 安部修仁 逆境の経営学」

戸田顗司

「うまい　やすい　はやい」は、牛丼の吉野家経営のコンセプトである。吉野家はタレと牛肉、タマネギの量に調理時間の塩梅で、飽きさせない味を完成させた。

その「うまい　やすい　はやい」商法で、1日に80万人以上を満足させる外食チェーンに発展してきたが、この間二度にわたって、地獄をのぞく危機も体験してきていた。

ＢＳＥ（牛海綿状脳症）による米国産牛肉の輸入停止で、吉野家二度目のの地獄の渕に立たされた時、社長の安部修仁は「勝つまでやる。だから勝つ！」と、あくまで牛丼に取り組む決意を表明していた。

安部は、吉野家がわずか5店舗の牛丼チェーンだった昭和四十七年に、高い時給にひかれてアルバイトを始めたＲ＆Ｂ（リズム・アンド・ブルース）バンドのリーダーだった。

その安部は、吉野家が昭和五十五年に倒産した後、社長に推され、牛丼を２８０円という超安値で販売を開始して、デフレ経済下の勝ち組へと導き、東京証券取引所第1部上場へと漕ぎつけたのだった。

ところが、ＢＳＥによる米国産牛肉が輸入ストップとなるに及んで、主力商品消滅という絶体絶命のピンチに追い込まれたのである。

この著書は、吉野家の牛丼の販売中止から再開までの3年間を、人事、商品政策、財務までを含めて、著者・戸田顗司氏の徹底取材でまとめた、文字通りの逆境に負けない経営のノウハウである。

「うまい　やすい　はやい」という一膳の牛丼に、普遍的な経営のヒントが盛り込まれているわけで、簡単に腹を満たすと共に、頭を充実させることもできるようである。

（2007/07/23）

“用心棒”が側でみた
眩しいトップスターの回想録

「裕次郎時代」

百瀬博教

ワック出版
1600円＋税

石原裕次郎は、昭和がいちばん輝いていた時代のトップスターであった。『太陽の季節』で彗星のように登場した石原慎太郎（東京都知事）の弟で、この小説のモデルとして知られていた。兄の後ろ楯で銀幕の人となるや、「長い手足、不良性、贅沢さ、愛嬌ある笑顔と知性……」で、たちまち時代の寵児となった。

　この裕次郎のボディガードを担ったのが、侠客の血を引く三十二歳の百瀬博教だった。東京租界の伝説のナイトクラブ「ニュー・ラテン・クォーター」の用心棒から、屈強の腕と度胸を買われて、裕次郎のガード役となったのだ。

　そのボディーガードは、時代の寵児の第一印象を、

「目の前に立った裕次郎の姿は、目のくらむほど清潔だった。それは育ちの良い青年という樹木が発する新鮮な光彩でもあった」

と、オマージュを捧げている。

ところが、用心棒は、心から畏敬する大スターを命がけで守るために、ひそかに拳銃を所持していた科で、六年間の刑務所生活を余儀なくされた。しかし、拳銃の不法所持で六年間の刑期はいかにも長い。その裏には余罪もあったのであろうか。

　獄を出た日、懐かしい　兄貴の顔を
テレビで見た
時は透明に流れて　人の心も姿も変
える
石原組の行動隊長だった俺は
石原軍団のボスにおさまっている兄
貴を
　遠くから眺めようと思った

　百瀬の渾身の思いを込めたナイス・ガイの回想録。風間完の淡いカラー挿絵が品位を添えている。

（2007/08/27）

中公新書ラクレ
720円＋税

1300件以上の苦情処理から導くクレーム対応法

「となりのクレーマー」

関根眞一

理屈と膏薬はどこへでも付く、ということわざがある。

クレーマー（苦情を言う人）はその膏薬的存在で、空気にさえ爪をたて、イチャモンを付けることを生き甲斐にしている偏屈人間と、言えないこともない。

百貨店は何でも売っているが、ここはまさにクレーマーの百花繚乱の場だ。その処理のためのお客様相談室がおかれている。

そのデパートのお客様相談室長が、体験から学んだ「苦情を言う人」との戦いぶりを、リアルに公開したのがこの本である。

一三〇〇件以上の苦情処理を体験してきた人だけに、人間のナマの姿がむき出しになる真剣勝負の場を「クレームは宝の山」と表現している。

厳しいクレームの対応から、幅の広い人間学を織り上げるまでになったわけだが、苦情処理のポイントは、相手の「人間」を知ること。そして迅速さと誠意ある対応だとか。

人の意表を突くクレーマーの百態を紹介した後に、クレーム対応の技法を列記しているが、いまからでも容易に実践できる見事なテクニックをこっそり学んでおくのも、巷で生きる得策だろう。

「非があれば、真摯な態度で謝罪／お客様の申し出は、感情を抑え素直に聞く／正確にメモを取る／説明は、慌てず冷静に／現場を確認／対応は迅速に／一般の苦情客を、クレーマーに仕立てない／苦情対応は平等に」などなどである。

最も、この苦情処理法は、一般の苦情客にこそ役立つもので、総会屋風情のクレーマーにはこっそり現金を渡すという奥の手も必要だが、それは各社の秘密事項らしい。

(2007/10/01)

講談社
1800円＋税

日本軍の失敗に学んだ ダイエー創業者の成功から転落

「流通王 中内㓛とは何者だったのか」

大塚英樹

ダイエーの創業者中内㓛の流通革命に狂奔した八十三歳の生涯を、赤裸々に描いた一代記である。

中内は、昭和三十二年に〝主婦の店ダイエー〟を創業して以来、全国的に店舗をおしひろげ、流通日本一の売り上げを誇るダイエー帝国を築き上げた。

常に陣頭指揮に立つ中内の胸中には、「幸せに暮らすためには、物質的に飢えない豊かな生活を実現しなければならない。そのためには、モノを大量に安く、消費者大衆に提供しなければならない」との厳とした販売哲学があった。

テコでも動かないこの人生観の底には、太平洋戦争末期、フィリピンのジャングルで飢餓に陥り、極限状態から生還した奇跡的な体験が下敷きになっている。

太平洋戦争下、日本軍は、この地に五十万人の戦士を送り込みながら、食糧や弾薬を用意する兵站――ロジスティックスの戦略に決定的に欠けていたのである。ロジスティックスには「流通」の意味もあるが、中内㓛は日本軍に欠けていたこの流通に、戦後の人生を賭けることになった。

そして、流通革命に大成功し、巨星の存在をほしいままにしたが、大量に安く、の販売商法は、豊かな生活が到来すればいい商品を高くても購入する消費志向になる。中内はその消費者心理を読めなかったのと、バブルの崩壊で、土地と店舗を自前で拡大してきた付けが一気に噴出し、転落する結果となった。

著者の大塚英樹氏は、カリスマ中内㓛を二十年にわたって肉薄取材をしたジャーナリストである。中内をして死後の出版を切願させた問題の著書になった。

（2007/11/05）

幻冬舎新書
740円＋税

政財界、文学界など華麗な一族の光と闇を炙り出す

「日本の有名一族」

小谷野敦

『もてない男』『恋愛の昭和史』『谷崎潤一郎伝』など、精力的な仕事をつづける小谷野敦氏は、自称、系図作りが趣味のライターという。その一例に、『谷崎潤一郎伝』でも、系図を巧みに入れていた。

『日本の有名一族――近代エスタブリッシュメントの系図集』は、小谷野敦のその趣味が生んだ面白い一冊である。

政財界の華麗なる一族から、近代文学で名を成した血脈の光と闇。昭和の文学を彩った家系の激動図から、知られざる学界の血縁の妙。門閥制で成り立つ歌舞伎、能、落語、映画界まで、興のおもむくままに〝もてない男〟の家系図さがしは、丹念さをきわめている。

整然とした芸術家一族から、妻と愛人に生ませた子が十七人もいたとされる牛肉屋いろはの木村荘平家のすさまじい系図も紹介されていて、荘平の年表には想像を絶した男の生き様が炙り出されている。

木村荘平は、男子の誕生順に、八・十・十二と数字を連ねた豪傑で、画家で名を挙げた八児目には木村荘八、直木賞作家木村荘十、十二児目は映画監督木村荘十二と名付けているが、彼らにはすぐれた遺伝子が確実に継承されていたことを知る。

やや不足に感じるのは、人によって系図に濃淡があり、いま一息の調査がほしいという点。一例として、漱石家は孫のマンガ評論家・夏目房之介まで調べ、彼が文豪の才能をいちばん継いでいることを明らかにしている。

だが、彼には母方の祖父に、ユニークな生涯を辿った三田平凡寺が存在し、房之介自身は、漫画の発想に漱石より平凡寺の血が濃いことを、私に語っている。

(2007/12/03)

先人の知恵、メッセージが込められた「しつけ言葉」

「なぜ夜に爪を切ってはいけないのか」

北山哲

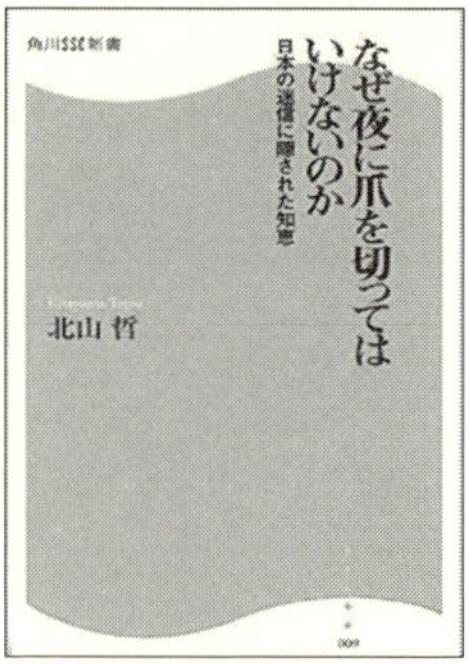

角川SSC新書
720円+税

「夜に爪を切ると親の死に目に会えない」「ほうきを逆さまに立てると客が早く帰る」「貧乏ゆすりをすると出世できない」「ミョウガを食べると物忘れする」などといった言葉をお聞きになったことがあるだろう。

また、地方により、その土地特有の俗信、誤った信仰があるようだ。私が育った信州の伊那谷では、赤石山脈の雪解けの形で農事のタイミングを決めていた。

日々の生活を通じて生まれた「しつけ言葉」のたぐいで、科学万能の現代では迷信・俗信と一笑に付されるかも知れない。

けれども、これらの言葉の中には、経験から導かれた先人の知恵やメッセージが込められている。

北山哲著『なぜ夜に爪を切ってはいけないのか』は、科学的根拠の薄いそういった俗信に、正面から向きあって、生まれた時代背景や理由を、一篇八〇〇字で簡潔に解き明かしてくれてる。

行いを戒める言葉から説き起こし、賢く生き抜くための知恵。運を引き寄せ、健康に役立つ食べものに至る知恵まで、八十五篇の言い伝えに分析をこころみているのである。

一読、日本文化をひもとく鍵が秘められていることを知る。そして勝負の世界に生きる、チョンマゲを結った力士が、現代でも験担《げんかつ》ぎ、俗信濃厚の世界にどっぷりつかっていることが理解できる。

異邦人横綱・朝青龍が巻き起こした一連の騒動も、親方からみっちり相撲社会のしつけを受けていなかったことから派生したとも考えられる。

チョンマゲを結わない一般人にも、この著書の中には、服膺《ふくよう》すべき教訓が含まれているようだ。

（2008/01/21）

小学館
1400円＋税

誠実で優しく、本当は“日本一の責任男”だった
「植木等伝『わかっちゃいるけど、やめられない！』」
戸井十月

植木等は、日本の高度成長期を象徴する大スターだった。

主演映画「日本一の無責任男」のタイトルそのままに、スイスイスーダララッタと、スラップスティック・コメディの主人公を演じて、昭和三十年代を元気づけた。

しかし、彼のたどった道を検証すると、日本一の無責任男のイメージは、彼の得意とするギャグ「お呼びでない？」そのままに、もっとも実像に乖離《かいり》した姿であったことを知るのである。

戸井十月氏の植木等とのインタビューをもとに書き下ろされた、この伝記を読むと、植木は誠実で優しく、まっとうに生きた〝日本一の責任男〟を志していたことを知る。

そんな彼は淡々と次のように語っている。

「生きている内はね、やらなきゃならないことは精一杯やるってこと。たとえ年に一日のことでもいいから、そういう生き方をしたいと思うね。（中略）ごく自然にね、ウン、俺は俺の一生を、やるだけのことはやって生きたと思って死ねればいいな」と。

私も一度ならず植木等に会っているが、誠実な人柄の彼は、別れ際にこんなことを言い添えた。

「私は眼が悪いので、次にお会いした時に、ご挨拶が遅れることがあるかもしれません。お許し下さい」と。

植木等のこの生活信条はどこで芽生えたのか。キリスト教の洗礼を受けながら、僧となり、労働運動、部落解放に奔走したヒューマニストの父の影響や、数年間、寺に預けられた修業時代など、あの明るさと裏腹な体験からだったようだ。

戸井十月の質問に、植木は正面から腹蔵なく、語り尽くして快い。

（2008/02/11）

低金利時代を背景に説く金融資産運用のすすめ

「お金は銀行に預けるな」

勝間和代

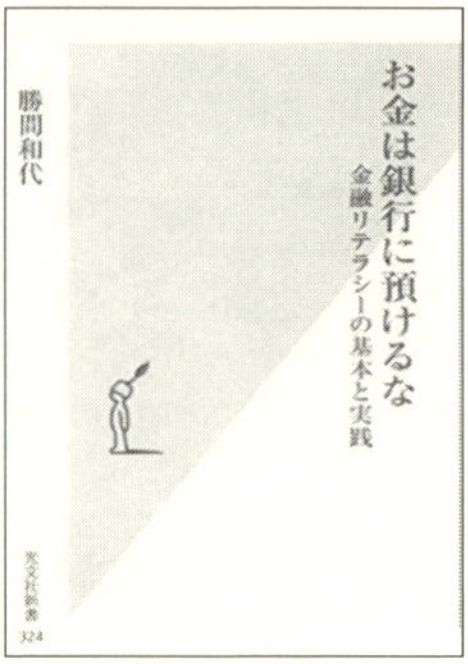

光文社新書
700円＋税

本書は副題にあるように「金融リテラシーの基本と実践」について論じている。金融リテラシーとは、一口で言うと、日本人が日本語の読み書き能力があるのが当たり前であるように、現代人は金融について十分な知識を持つ必要があるということだ。

本書は主タイトルとは違って、あくまでも基本的かつ正統的な金融資産の運用についての書物である。

どこの国でも、ひとは資産の保有が増えるほど預金など安全資産のウエートを減らし、株式、債券などリスク資産の保有比率を高くする傾向がある。

しかし、最近になっても、日本では現金、預金などの保有比率が高く、株式、債券などのリスク資産のウエートがまだまだ低いのが現実の姿。

本書は理論と現実を踏まえて、資産を大きく増やすには預金などの安全資産ではなく、株式、債券などのリスク資産に投資することが望ましいと強調している。昔から資産運用の基本はリスク回避のために「いくつもの卵をひとつの篭に入れるな」という分散投資だ。著者が盛んに推奨する投資信託への投資は基本的にはこれと同じものであり、資産運用の理屈にあっている。

しかし、世の中にはリスクを極端に回避しようとする人、リスクを好む人などさまざまだ。金融リテラシーを十分身につけていれば、そこからさまざまな応用が可能になろう。

本書は出版以来ベストセラーになっているが、これは長期にわたる低金利によって銀行預金の利子がすずめの涙ほどにすぎない、という現実を反映しているのだろう。

だが、株式、債券などリスク資産の運営に暗い素人が、銀行に金を預けず、他に資産運用を求めたら、大怪我を負うことも心して置くべきだろう

（2008/03/31）

世界一の映画館と日本一のフランス料理店を山形県酒田につくった男はなぜ忘れ去られたのか

岡田芳郎

講談社

講談社
1700円＋税

どこまでも一流にこだわった夢追い人の生涯
「世界一の映画館と日本一のフランス料理店を山形県酒田につくった男はなぜ忘れ去られたのか」
岡田芳郎

一息では言えない表紙一面を占めた、この長いタイトルの主・佐藤久一氏は、日本海に面した港町・酒田で世界一の映画館と日本一のフランス料理店をつくった男である。

酒田市の旧家・造り酒屋に生まれて、のびのびと育ち、二十歳で父親から映画館グリーン・ハウスを任せられたことから、夢追い人生のスタートをきっている。敗戦直後、殺伐とした東北の田舎町に、粒よりの洋画と瀟洒な館内設備、ゆきとどいたサービスで、世界一デラックスを志向した映画館をつくり上げたのである。

しかし、ある日突然、自ら築き上げた最愛の王国を捨てて、不倫相手と東京へ駆け落ちし、日生劇場に勤めていて、フランス料理と運命的な出逢いをしたのである。そして、グルメに目覚めた彼は、酒田へ帰って、名だたる食通を驚嘆させる日本一のフランス料理店を開いた。

これは幼い頃からの夢〝何かひとつ世の中の大勢の人に喜んでもらえる仕事をしたい〟の果敢な実践だった。

しかし、食は文化である。開店した町、地域の文化のレベル、習慣を計算に入れず、闇雲に日本一のフランス料理店を開いても、食べる客の舌が従ってくれる保証はなく、久一の金銭感覚のなさと一流へのこだわりは、自慢のフランス料理店の経営を追い詰めていった。

失意のまま一九九七年冬、久一は六七歳で死去するが、希有な美意識の持ち主が遺したものは二〇〇万円の簡易保険だけだった。

しかし、この夢追い人の生涯は、著者の丹念な取材とビビッドな文章で、見事に忘却の彼方から甦って、活字の上で世界一の映画とフランス料理の味を賞味させてくれる。

（2008/05/05）

清流出版
1800円＋税

芸界で50年生きてきた
裏方が語る有名人の逸話集

「人と会うは幸せ！」

嶋田親一

　昭和を彩る芸能人・作家・脚本家など五十人の知られざる秘話を、淡彩に描いた人物スケッチである。

　美空ひばり、石原裕次郎、森繁久彌、岸恵子、高峰三枝子、島田正吾、森光子、井上ひさし、菊田一夫、倉本聰、古賀政男、水上勉、王貞治……といった有名人の心あたたまるエピソードが満載されている。

　この顔ぶれから見て、彼らの一挙手一投足、片言隻句が話題にならないはずはない。たとえば井上ひさしは、意識して伝説を作った人物であった。

　裕次郎に「おい、フジテレビをやめないか。俺も会社を解散する。一緒に新しくやらないか！」と、口説かれたり、美空ひばりの母親から、「シマちゃん！　十二時過ぎて仕事するのは泥棒だけよ！」とたしなめられる。

　が、当のひばりからは「あとワンシーンだけやろうよ。大丈夫」と、VTR録画の協力を得た話など。

　演劇、ラジオ、テレビ、映画と、似て非なるジャンルにまたがって、五十年生きてきた裏方にして、はじめて明らかにできる逸話集だ。

　制作現場や打ち合わせ中のスナップショットが、口当たりのいい文体を引きたてている。

　著者は、フランス文学者で社会運動家の『種蒔く人』の同人・小牧近江を伯父に、文筆家から代議士になった嶋田吾作を父にもち、その境遇から芸術家の血をひいている。

　それに加えて、半世紀に及ぶ芸界の裏舞台を支えた経験が、『人と会うは幸せ！』に彩りを添えたといえよう。

　私は菊田一夫に会っているが、吃音癖の彼は、親友の古関裕而の名を「コ・コ・古関・ユ・ユウ・ジ・クン」と苦しげに発声していた。有名人に会うのは、確かに面白い……。

（2008/06/02）

朝日新書
940円＋税

庶民の側から社会を風刺した「演歌」を現代に

「流行り唄五十年」

添田知道

明治から大正にかけての流行り唄は、多くが路傍から生まれている。

自由民権運動のうた声から始まり、壮士節、書生節を経て、瓢箪の化物のようなヴァイオリンを奏でながら、演歌師は街頭で唄い、歌本を売った。

唄は庶民の側からの政治批判。時の権力者や金持ち、社会の風潮が風刺のターゲットだった。

明治・大正時代を通じて、圧倒的な人気演歌師だったのが、著者の父・添田唖蝉坊だった。

「金だ金々　金々金だ　金だ金々　この世は金だ　金だ金だよ　誰が何と言おうと　金だ金だよ　黄金万能」の二十一番まで続く『金金節』。

「おれはいつでも金がない　同じお前も金がない　どうせ二人はこの世では　金のもてない貧乏人」といった『船頭小唄』の替歌の『貧乏小唄』や、『ラッパ節』、『ああ金の世』等々のシンガーソングライターとして知られていた。

唖蝉坊はあふれる風刺精神で、不平等社会をからかい通した。

後継者でもあった添田知道氏は、演歌師の生活と、当時の唄を正確に再現して、演歌の神髄を見事に浮かびあがらせている。

その知道から〝現代の演歌師〟の折紙をつけられ、舞い上がった小沢昭一が、『金金節』から『のんき節〜ああわからない』、『ラッパ節〜どんどん節』をメドレーで唄い、そのCDを本書に添付することで、耳からセピア色の明治・大正時代を現代に蘇らせているが、昭和の〝演歌師〟だった小沢昭一の演歌は、明治・大正の彼らと比較して、唄と詞にアクが少なかった。

往年の演歌師は西洋音階に馴染んでいなく、メロディーではなく節で唄っていた。当然稚拙で野暮ったく俗悪であった。それが時代相の反映だった。

（2008/07/07）

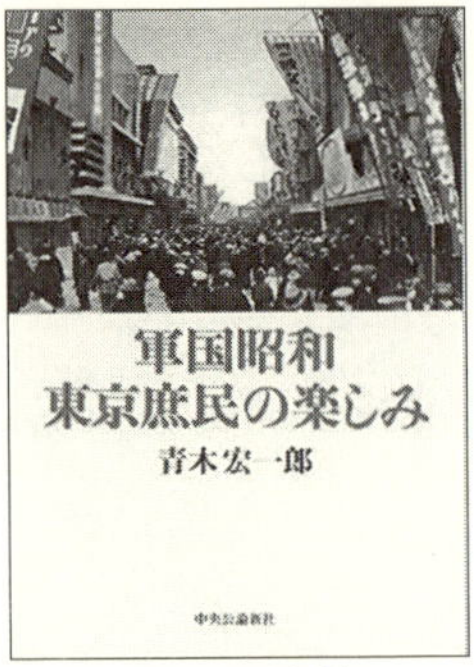

中央公論新社
2900円＋税

したたかに楽しみを求めた庶民の姿明らかに

「軍国昭和東京庶民の楽しみ」青木宏一郎

昭和の戦前は、戦いにつぐ戦いの日々で、軍国主義下の十五年間、庶民は気ままに笑ったり泣いたりすることすら、制限されていた。

しかし、庶民の生活を見ると、したたかな彼らは花見・花火、映画・観劇、大相撲見物・早慶戦、そして旅行・海水浴と、その時々にレジャーを求め楽しんでいた。

本書は、政治・文化の中心東京をサンプリングに軍国昭和庶民の楽しみを、朝日・読売・毎日・東京新聞の二十年間にさぐり、時系列にピックアップして、簡潔に各年度の動きを月ごとに詳解。さらに岡本綺堂、永井荷風、古川ロッパ、高見順などの日記から、その日その時のディテールを浮かびあがらせている。

例えば、衝撃の二・二六事件が勃発し、市内の劇場や映画館が一斉に閉場された翌日、永井荷風は「溜池より虎の門のあたり弥次馬続々として歩行す。（中略）堀端は見物人堵（注・人垣）をなす。銀座尾張町四辻にも兵士立ちたり……」と辛辣な傍観記を『断腸亭日乗』に書いている。

広島に原爆が投下され、ソ連対日宣戦布告の敗戦前夜――高見順は銀座のヱビスビアホールで「久し振りのビール」を飲んだ。また「新米のような顔をして」三杯飲んで酩酊する庶民の姿も活写している。

荷風の日乗、ロッパ、高見順の日記で明らかのように、戦争下の非日常を喧伝されている時代でも、庶民は日々の生活の中に余暇・ゆとりを見出し、その中に楽しみを求めていたのである。

庶民の生活は、いまから見ると苦労の連続だったが、それでもしたたかに楽しみを求め、遊んでいたことが明らかになるだろう。

（2008/08/18）

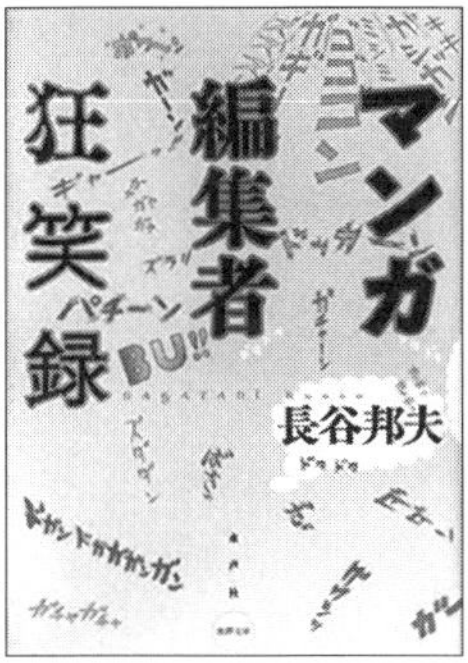

水声社
2800円＋税

傑作が産み出されてきた裏舞台を痛快に描く

「マンガ編集者狂笑録」

長谷邦夫

異端のウラ文化視されていたマンガが、時代の花形になったのは戦後である。さらにマンガからアニメが派生し、世界へ雄飛していくが、その状況を創出したのは、すぐれた多くのマンガ家を発掘し、磨きをかけて世に送り出したマンガ編集者たちであった。

一騎当千の面々で、その名を挙げると、『ガロ』編集長・長井勝一、『漫画少年』の加藤謙一、赤本マンガ編集者・松坂邦義、講談社の丸山昭、内田勝・宮原照夫コンビ、秋田書店の壁村耐三、実業之日本社・峯島正行、集英社・長野規、小学館出身のマンガプロデューサー長崎尚志等々である。

マンガ家でパロディスト長谷邦夫氏は、これらの名編集者たちを実名で小説化。その仕事ぶりを自由存分に再現していく。

フィクションと断わっているが、伝説のマンガ家たちの梁山泊・トキワ荘に出入りし、希代のスラプスティック・マンガ家赤塚不二夫のブレーンだった著者の描くそれらのツワモノは、一人一人が躍動していて面白い。

手塚治虫、白土三平、赤塚不二夫、石ノ森章太郎、秋竜山、川崎のぼる、梶原一騎ら鬼才の出現の蔭に、彼らが如何にかかわったか。

また、マンガ史に残る傑作『カムイ伝』『巨人の星』『ブラック・ジャック』『がきデカ』などが産み出された裏舞台が明るみに出ている。

コミック誌の先駆けで、清水文人が編集長の『漫画アクション』を創刊した双葉社に三十年在籍し、週刊誌の編集長も務めた私は、マンガには全くノータッチだった。

しかし、内田勝、宮原照夫、壁村耐三、峯島正行、長野規とは取材などで交流があり、彼らは私とは異質の編集才覚の持ち主だった。

（2008/09/15）

夜討ち朝がけの日々

「記者魂 キミは社会部記者を見たか」

佐藤史朗

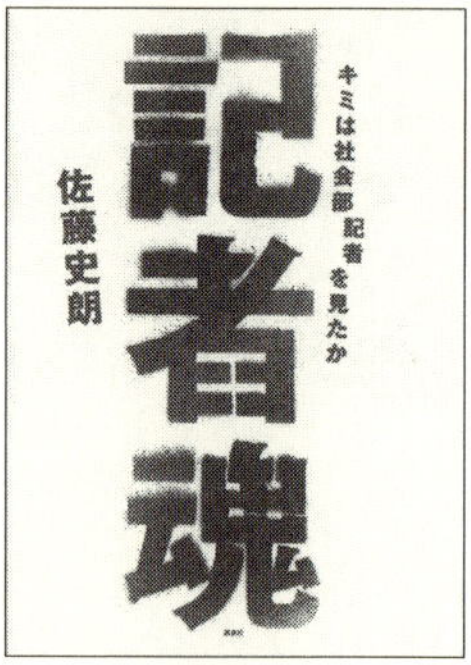

講談社
1600円＋税

新聞記者は〝足で書く〟過酷な職業だ。わけても社会部記者は、事件を追って夜討ち朝駆けの日々である。

ところが、夜討ち朝駆けの日々を実際に体験した者には、心身をフルに酷使する過労働の日々であるし、映画やテレビドラマに見る事件記者など格好のいい姿ではない。

佐藤史朗氏は、テレビドラマ『事件記者』に憧れ、新聞社に入社する。

プロ野球担当をふり出しに念願の社会部に配属されて、十四年余を事件記者で過ごすが、一億円拾得事件、ホテル・ニュージャパン火災、日航ジャンボ機御巣鷹山墜落の大惨事。わずか十カ月間に、埼玉と東京で幼女四人を殺害、犯行声明を被害者宅に送りつけた、宮崎勤の猟奇事件を担当取材している。

さらに、複数の女性と偽装結婚を仕組み、多額の保険金を男性たちにかけて殺害。保険金をだまし取ったあげく、マスコミを集めて連日有料会見を開いた疑惑の人物取材で特ダネをものにするなど、事件史に残る大きなニュースに、巡り合ってきた。

佐藤記者は、このハードな体験を、先輩、同僚の活動を交えて、『記者魂』にストレートに描いている。

「毎日が、『抜いた抜かれた』の勝負で、そのストレスは想像を絶する。だが『逆境』に立たされたときにこそ、人間の真価が問われる。抜かれたら抜き返す。それこそが事件記者の真骨頂である」

記者魂は、このあたりに宿るのだろうか。

だが、ハードな取材合戦の心労、過労で或る日突然にたおれる戦士が少なくないのもこの世界——。

武勇伝の裏の社会部記者のリアルな姿は、表舞台と大きな落差のあることも、見ておきたい。

（2008/10/13）

新人物往来社
2800円＋税

「面白い」が尺度だった――
体験的大衆作家論

「ぼくらの時代には貸本屋があった」
菊池仁

貸本屋が繁盛したのは、一九五〇年代から六〇年代にかけてだった。

その時代、学校の勉強をそっちのけに貸本屋へ日参して、むさぼるように漫画や大衆小説を耽読した菊池仁氏の膨大な読書量をベースにした体験的大衆作家論である。

『眠狂四郎無頼控』の柴田錬三郎、『柳生武芸帳』の五味康祐、『佐々木小次郎』の村上元三、『姿三四郎』の富田常雄、さらに伝奇ロマンの角田喜久雄、組織と人間のドラマの松本清張、恋愛小説の井上靖、学園ものの白川渥へと筆はすすみ、彼らの造形したヒーロー、ヒロインを軸に、貸本屋の世界を表出している。

彼らは、伝統ある文芸出版社の鬼編集者に手塩にかけて育てられた、一騎当千のストーリーテラーだった。新潮社のレジェンド編集者・斎藤十一など、面白い小説を書かせるために絶対に妥協はしなかった。

貸本屋にノーベル賞作家や、いわゆる純文学作家はお呼びではない。

「面白い」「面白くない」が選択する尺度と基準だ。借りる側は、股旅・お家騒動・伝奇・探偵・剣豪・人物ものと出だしの一頁で心をつかみ、結末までを一気に読ませてくれる、エンターテインメントだけを読むことにしているのだ。

著者は、椎名誠、北上次郎らが創刊した書評誌「本の雑誌」の同人で、時代小説・風俗小説の書評中心に執筆活動をしている。

読書の出発点が貸本屋であったという地の利が、充分に生かされた労作で、読み棄てられて顧みられない類の作品やその書き手が丹念な記述でビビッドによみがえってくる。

文芸評論的なもってまわった論考のないことがいいただける。

(2008/11/24)

ハンディを背負いながら夢を叶えた教師の手記

「足でつかむ夢」

小島裕治

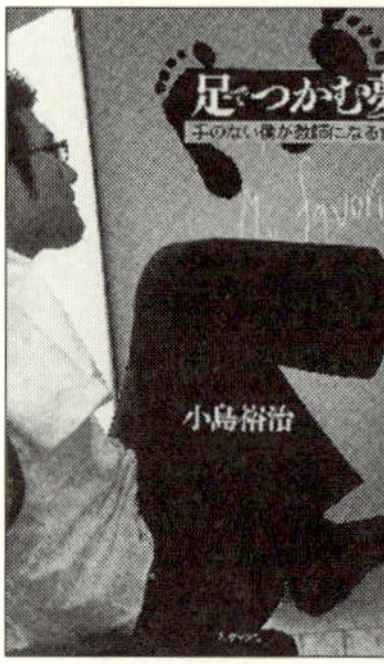

ブックマン社
1238円+税

妊娠中の外因で、短肢症で生まれてくる子供がいるそうだ。なんとも痛ましいかぎりだが、事故で後天的に両手を失ったとしたら、どんな状態になるだろうか。食事、トイレと生きる最低の条件から、服を着る、本を読む、字を書くことを、足や口で代行せざるをえなくなるはずである。

その困難を越えて生業に就くとき、障がいのハンディは計り知れない。書類に向き合う事務職、黒板に文字を書いて生徒を教える教師は、まず無理ではなかろうか。

ところが、『足でつかむ夢』の著者・小島裕治氏は、四歳の時に交通事故で両腕を失くしてしまった。生まれもっての短肢と異なり、途中からの両手の喪失という、想像を超えたハンディを背負うことになったのである。

彼はそれ故、幼稚園から小・中・高校時代に理不尽な差別に苦しむことになったが、その裕治を支えたのは母のやさしい手と、父の力強い手であった。

彼は足で、字を書き、スプーンを使って食事をし、服も着るといった習練を積みながら大学へ進学。英語の勉強をして、アメリカ、カナダへ留学まで果たしたのである。この間、自動車の免許をとり、ホノルルマラソンに挑んで六時間五〇分かけて完走。中学校の英語教師を目指すようになった。

教師の採用試験には、三度目に成功。平成二十年から自宅近くの愛知県西尾市立西尾中学校で教壇に立った。教師になれば黒板に足を使って文字を書かねばならないが、彼はなんと、足の指でチョークを握り書いていた。文字通り夢をつかんだわけで、志あるかぎり道は拓けることを実証したのである。

足で黒板に字を書き、足で夢をつかんだ、手のない教師の感動的な手記である。

(2009/01/05)

晶文社
2200円+税

規格はずれの人々との息もつけない交流の追想

「東京モンスターランド」

榎本了壱

『東京モンスターランド』のタイトルが、四百頁の大部な本のモンスターな内容を示唆している。

サブカルチャー雑誌「ビックリハウス」を企てたマルチ人間・榎本了壱氏の20世紀追想の形となっているが、少年時代からの絢爛多彩のその足どりを見ると、類は友を呼ぶの言葉どおりの内容である。

榎本が、現代詩、舞踊、デザイン、アングラ演劇、実験映画、出版、文化イベントのプロデュースなどを手がける中で、めぐり合った顔ぶれで、粟津潔を筆頭に、寺山修司、団鬼六、萩原朔美、糸井重里、日比野克彦、黒川紀章、椎名誠、島田雅彦、中沢新一、杉浦日向子、荻野アンナ、コシノアヤコ、伊奈かっぺい、荒木経惟、鈴木その子等々、奇才異才、逸材秀才ぞろいのモンスターランドを形成できた。

「今日の異端は明日の正統」の予言どおりに、1970〜80年代に台頭した彼らは、当初はサブカルチャー視されたが、年月を経てメインカルチャーになった。

圧倒的に面白さに充ちていたのは、実験アングラ・サブカルチャーの時代で、息もつけないその面白さを、榎本は詳細に語っている。

彼を怪物たちのテーマパークへけしかけたのは、武蔵野美術大学教授のデザイナー粟津潔だった。

榎本はこの師に貴重な薫陶とチャンスを与えられたことで、規格はずれの人間たちとの交流が可能になった。

因みに、この変わり者の顔ぶれの中で、私が親しく交遊したのは団鬼六だった。二十代の後半、編集者生活を共にしたが、鬼才は異能人と好んで交遊する癖があり、寛大な人柄であった。酔っ払って、私の下宿に泊まったことが度々だった。

（2009/02/02）

日本人画家を支えた画商の波乱に満ちた人生

「銀座画廊物語」

吉井長三

角川書店
1800円+税

宗教画の巨匠ルオーに魅せられ、孫に瑠央（ルオー）と名づけた銀座画廊主・吉井長三氏の波乱に満ちた自伝。

絵が好きだったことから、中央大学法学部に学びながら東京藝術大学のモグリ学生になり、さらに一流企業に就職したのに、銀座の弥生画廊に転職し、親の勘当を受けての出発だった。

司法試験を諦め、画家への夢も挫折したとき、目利きの骨董蒐集家から「君は絵描きより画商に向いているんじゃないか」とアドバイスされて、画商になる決意をした。

日本に最初にルオーを持ち込んだ梅原龍三郎の知遇を得て、吉井の前途は大きく拓けた。

ルオー、ピカソ、ユトリロら世界の巨匠を、次々に日本に紹介。その一方で富岡鉄斎、梅原龍三郎、東山魁夷らの日本人画家を、世界に紹介する労もとっていた。

名画をめぐって昭和史を彩る文化人との交流は絢爛をきわめるが、寵愛された梅原画伯の北京作品展を画廊で開いた最終日に、「北京秋天」などの最高傑作四点の盗難に遭った。

狼狽する吉井に、画伯は、

「君は画商でしょう。商人は信用が第一なのだから、ここにある絵を全部持っていきなさい」

と、応接間にかかっていた作品を、盗難された絵の代償にと提供してくれた。

画商は画家の才能を発見し、信頼関係を結んで創造活動を支援する仕事だが、あの梅原を信頼させた吉井長三の画商人生が、躍動的に描かれている。

梅原龍三郎に関しては、モデルになった高峰秀子のすぐれたエッセイもある。彼女のこと人間観は、心の底までを見抜く峻烈さだった。その秀子も画伯の眼を認めていた。

（2009/03/09）

ゴマブックス
1300円＋税

料理の達人の生き方から学ぶ成功の極意

「『旨い』仕事論」

永田雅乙

「おいしくて魅力的な料理は、人の心を躍らせ、気持ちをあたためる」と飲食業コンサルタントの永田雅乙氏は言う。

では、そのような料理を作る人の料理法は、どのような修業を経て、どのような心がまえと手順を踏み、どんな材料を使ったら出来あがるのか。

永田はこの考えに従って、感銘を受けた有名なシェフの言葉をまとめてみることを思いたった。

何十年と包丁を握り、俎板の前に立った料理人は、間違いなく料理の哲学を持っているが、永田は和洋中のシェフから三人を選んでいる。

和食が料理の鉄人で知られた道場六三郎。中華が二十一歳でホテルの総料理長になった天才的な中華の達人・長坂松夫。洋食が三ツ星レストラン修業最長記録保持者というフランス料理・北岡飛鳥である。

永田は、和洋中三人の達人に対し料理の話ではなく、生き方そのものについて問い質し、成功の裏にある失敗談やものの考え方などを引っぱり出すべく努めている。

道場からは「『旨色』を出す」という言葉を聞き出し、その言葉からあらゆるビジネスに共通する「プロ」になる技術を敷衍《ふえん》して〝論旨〟を展開している。

三人から、「相手の気持ちを考える」「逆境に身を置く」「強い先輩を見る。弱い先輩は見ない」といった「成功を勝ち取る45の極意」を引き出している。

著者は、ラッパの異名で鳴りひびいた映画人・永田雅一の曾孫で、超ワンマンだった曾祖父にはワンマン故の片寄りがあった。

しかし『「旨い」仕事論』を書いた永田雅乙には、「成功を勝ち取る45の極意」があり妥当の料理論を導き出している。

（2009/04/06）

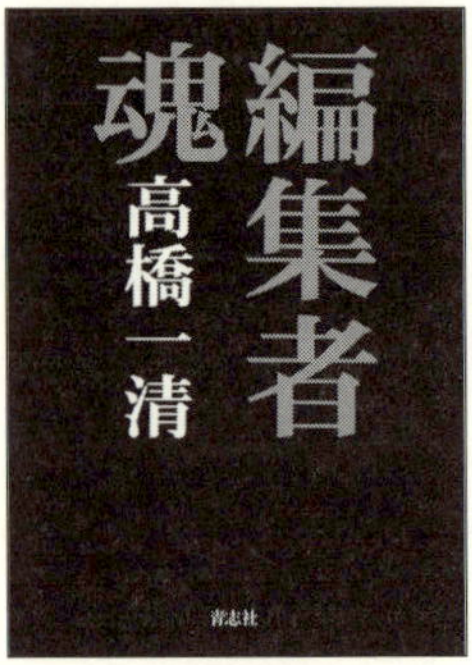

青志社
1600円+税

著名作家との交流秘話を綴った回顧録

「編集者魂」

高橋一清

文芸誌編集者の悲願は、自らが育てた作家から芥川賞・直木賞の受賞者を出すことと、担当誌に文学史へ残る名作、話題作をより多く掲載することに尽きるだろう。

高橋一清氏は、文藝春秋で働いた三十八年間に、芥川賞・直木賞作家を最も多く育て、幾多の名作、話題作を世に送った名伯楽だった。

出自のコンプレックスから、破壊衝動に走る中上健次に、九回の手直しの後、『岬』で芥川賞を受賞させたことをはじめ、文芸評論家の江藤淳に、辻邦生、加賀乙彦、小川国夫、丸谷才一の作品を、内に燃えさかる真の火を持たない見せかけだけと裁断させた勇気など、読ませどころが多い。

眼病に苦しむ大岡昇平を鼓舞し、昭和文学史の掉尾を飾る話題作となった『成城だより』を書き上げさせた執念などは、高橋の〝編集者魂〟の面目躍如といったところだ。

晩年の中野孝次に、愛犬『ハラスのいた日々』の執筆を乞い、その間に培った信頼関係から、「死に際しての処置」の遺言、「医師により死が確認せられる時は、近親者と別に指名せる編集者にのみこれを知らせ、それ以外の者に知らせる勿れ」の中で、唯一人指名を受けた編集者でもあった。

ややもすると、その種の回想録には著名作家にいかに信頼され、可愛がられたか。あるいは叱られたかを、自慢気に得々と述懐するケースが多いが、本書にはその匂いはない。

司馬遼太郎、松本清張、和田芳恵、立原正秋、阪田寛夫、有吉佐和子、中里恒子、芝木好子、辻邦生、遠藤周作など、親交の深かった作家の素顔と、さらに「芥川賞・直木賞」物語を添えた、読後感の実にさわやかな回顧録である。

（2009/05/11）

NTT出版
2800円＋税

テレビ草創期に飛び込んだ若者の熱いドラマ

「テレビの青春」

今野勉

大宅壮一に「電気紙芝居」と嘲笑され、「一億総白痴化」と揶揄されたテレビの草創期。

東京放送に夢を抱いて飛び込んだ若者、村木良彦、吉川正澄、実相寺昭雄、並木章、高橋一郎、中村寿雄、今野勉の疾風怒涛の12年間を、多くの人から寄せられた証言や資料で見事に集成している。

九章で構成されていて、眠る時間もなかったそれぞれの制作現場が活写されている。

まず「テレビ元年」を起点に「荒野のテレビは、いずこも同じ修羅場だった」「惨憺たる現場に耐えかねて、同人誌を創刊した」「同人誌は暗礁に乗り、それぞれの道を歩き始めた」と進み、テレビ俗悪論争から、黄金時代に至るまでの汗と涙と笑いでつかんだ青春物語が、実名で記述されている。

想像を絶する仕事に追われた制作現場の一人は、海外ロケの膨大な精算の煩わしさを一挙に解決しようと、象を1頭購入したことにしたなど、エピソードにもこと欠かない。

1970年、今野勉は萩元晴彦らとテレビマンユニオンを創立。『遠くへ行きたい』『海は甦る』などを演出、ドラマ『こころの王国・童謡詩人金子みすゞの世界』で、栄光の賞を数々受けた。

「あらゆる新しいこと、素晴らしいこと、美しいことは、一人の人間の〝熱狂から始まる〟」とは萩元晴彦の言葉だが、500頁を超える『テレビの青春』には、若いテレビマンの新しさに挑むその熱狂が、余すところない。

眠る時間もないほどの激しい現場にいて、これだけ熱い回想録をまとめられたのは、心からテレビという電波媒体を信じ、全力投球ができたからだろう。幸福な青春だったといえる。

（2009/06/08）

少年マンガ雑誌の追いつ追われつを生き生きと

「サンデーとマガジン」

大野茂

光文社新書
900円＋税

小学館の『少年サンデー』と、講談社の『少年マガジン』の二誌は、週刊少年マンガ雑誌の先駆けとして、一九五九年三月十七日、同時に創刊されている。

同時創刊が物語るように、両誌は先陣争いに始まって、表紙のイメージ、フォーマット、マンガ家の争奪、実売部数と、追いつ追われつのすさまじい死闘を繰り広げた。

一時期、社会現象となった「シェー」というナンセンスなギャグ。日本で初めてのハイジャック犯の犯行声明文に記された「われわれは『明日のジョー』である」は、「サンデー」と「マガジン」の人気マンガから生まれたセリフであった。

一瞬の気も抜けない戦いを通じて、「サンデー」は線の太く丸いメジャー作家を擁したギャグ漫画路線を拓く。「マガジン」は原作と作画の分業体制を確立して、劇画路線を敷く。

両誌は、棲み分けによって発行部数を伸ばしていったのである。

この間に生み出された人気マンガとその作者の顔ぶれは、誌面から飛び出し、テレビ、映画界をも席巻した。

本書は「サンデー」と「マガジン」の草創期から黄金時代までを、現場で寝食を忘れて支えた元編集者たちの証言をもとにして、生き生きと描いている。

あとがきによると、本書は一年前に亡くなった『少年マガジン』中興の熱血編集者・内田勝の霊前に捧げられているが、彼と知人だった私からみて、内田の人となりは余すところなく再現されていて面白い。

内田は熱中すると、時間などは眼中になくなり、夜を徹して話しまくることがあった。私も、彼の自宅に招かれ、徹夜取材をしたことがある。

（2009/07/13）

芸術新聞社
1400円＋税

「恥こそ我が人生」を謳った生き様を堂々と

「恥の美学」

秋山祐徳太子

秋山祐徳太子という名前に、一筋縄ではいかない人物を思い浮かべる。武蔵野美術大学の彫刻科を卒業して、アンデパンダン展に自分自身を出品。以後、常識をくつがえすパフォーマンスで話題の的になった。

彼の名前が広く知れ渡ったのは、二度にわたる東京都知事選への立候補だった。

1975年の都知事選は、革新の美濃部亮吉と保守の石原慎太郎の一騎打ち戦へ、14人の泡沫が立候補するという、あぶくの粒が出そろった選挙戦だった。

秋山は絶対に当選しないその一人の候補として、選挙ポスターをアートにするパフォーマンスを演じ、泡沫の面目を立てた。

彼の周りには、類は友を呼ぶまま、ユニークな集まりができあがっていくが、『恥の美学』を読んでみると、世間的に言ったらトンデモない、奇天烈な行動に走る彼らの「やむにやまれぬ恥なんだよ。だからって、恥はかきたくないと思うんだよ。だけど、恥をかきたくないこと自体が恥になっているわけだよ」という意外な心境が分かる。

しかし、「恥こそ我が人生」を宣言した秋山祐徳太子の「恥の十七条憲法」に従った〝泡沫絶倒〟の人生には、もう一つの生き方があることを示唆している。

「恥を以て貴しと為す」を第一条に、恥じるが勝ち／犬も歩けば恥に当たる／恥も方便／恥を喰わば皿まで／恥は友を呼ぶ等の条文に込められた生活である。

祐徳太子のパロディーを読むと、政界、芸能界には昨今「恥の十七条憲法」を真に受けたような、恥の美学的言動が、日常茶飯のようである。笑うべきか!?

(2009/08/24)

障がいを前向きに捉える母の子育て奮闘記

「ぼくはダウン症の俳優になりたい」

内海智子

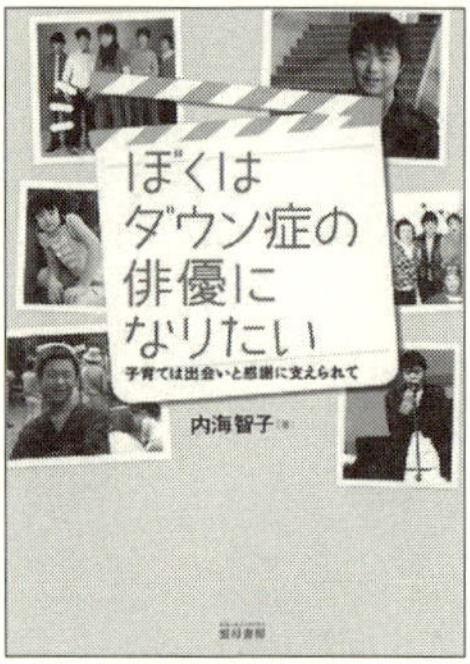

雲母書房
1600円+税

障がいをもって生まれた子をもつ親は、その事実を周囲に知られまいと涙ぐましい努力をする。

とくに知的障がいとみられる「ダウン症」の親の配慮は並ではない。

『ぼくはダウン症の俳優になりたい――子育ては出会いと感謝に支えられて』の著者・内海智子さんの長男は、そのダウン症だった。

人目から避けたいとされる障がいのある子を、俳優にしたい――そのギャップに驚かされるが、内海は病名の苛酷さを乗り越え、わが子をミュージカルに出演させ、映画デビューを果たし、さらに障がい児のプロダクションの設立を志したのである。

内海が「障がいはスペシャルなんです」と前向きに捉えたきっかけは、ダウン症者が出演したフランス映画『八日目』が、権威あるカンヌ映画祭で最優秀男優賞に輝いたというニュースだった。

障がい者劇団に所属するパスカル・デュケンヌがその男優と知り、内海は映画配給会社を通じ、パスカルの母親にどのような育て方をしたのかを手紙で尋ねた。

返事には「ダウン症の子どもは、知能より創造性に富んでいるから、創造性を教育の基盤にすべき」と記されていた。この一言は、「障がいがあっても社会とつながっていける」との啓示となった。

長男・隼吾の『筆子・その愛』初出演が叶ったほか、障がい児の芸能プロダクションも設立。感動の「ダウンの夜明け」を迎えた。

障害を持って生まれた身は、正常とされる社会ではマイナスを背負っている。それをプラスに切り替えた内海智子さんの〝肝っ玉母さん〟ぶりは見事である。

（2009/09/21）

ゆまに書房
3800円＋税

一世紀を生き、死の寸前まで
書き続けた作家の生き方を

「野上弥生子とその時代」

狩野美智子

百歳を寸前に亡くなった作家・野上弥生子の生涯を、同性の眼を通して丹念に描いた評伝である。

弥生子は十五歳で大分県から上京。明治女学校に学び、同郷の東大生・野上豊一郎と結婚するが、夫が夏目漱石門下生だったことから文豪に私淑。その推薦で文壇に登場した。

学者の妻、三児の母親の傍ら、多くの短編・翻訳を手がけ、『海神丸』『真知子』などを刊行。

昭和十年代から野心的な長編小説『迷路』を十年余かけて完成、昭和四十六年に文化勲章を八十六歳で受章している。

この間徹底した調査取材を経て、重厚な歴史小説『秀吉と利休』を書きあげたが、八十七歳から自らが学んだ明治女学校を舞台に、自伝的長編『森』を、死の寸前まで書き続けた。

著者の狩野美智子さんは、一世紀を生きたこの作家の処女作『縁』から、大きく変貌しつつ『森』にいたる大河の流れに沿って、四百数十点に及ぶ文献資料を読破。

さらに、大分県臼杵市に足を運んで、弥生子の血の源流まで遡る周到な取材を重ねている。

著者が、野上弥生子の評伝を手がけたそもそもは、六十二年間にもわたって克明に記された弥生子の日記にあった。

二百字詰原稿用紙三万八千枚を超える等身大の弥生子が躍動する実録を読んで「私は弥生子の生き方をたどってみたかった」と「まえがき」に告白している。

四百字原稿用紙にすると一万九千枚の生涯日記。仮に五百枚で三百数十頁の単行本ができるとみて、三十八冊の刊行が可能という計算になる。

野上弥生子の筆力おそるべし！

（2009/10/19）

遊びの精神あふれる講義から学ぶことの楽しさが

「学問の春」

山口昌男

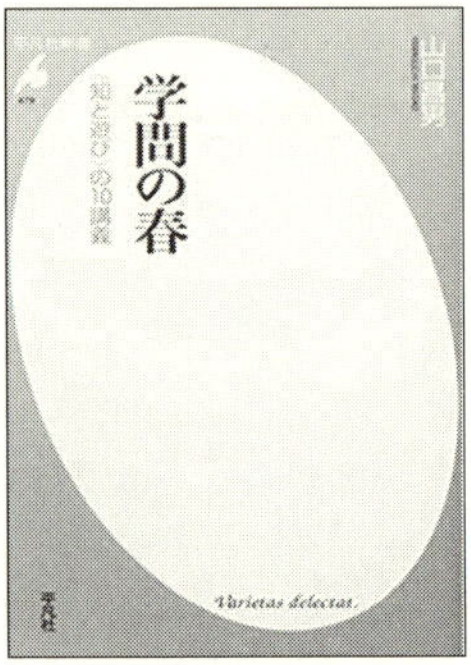

平凡社新書
760円＋税

　人間を遊びという視点から、文化を比較した名著に、ヨハン・ホイジンガの『ホモ・ルーデンス』がある。

　日本語に訳すと「遊ぶ人」となるが、本書は三十カ国語に通じたオランダの碩学のこの名著をテキストに、山口昌男氏が学ぶことの楽しみを、講義した一冊である。

　文化人類学者の山口は、〝放流する学者〟（ワンダリング・スカラー）を学問のスタイルに選び、ナイジェリアのイバダン大学を皮切りに、パリ、メキシコ、ペルー、札幌と各地の大学で教える一方、アフリカ、ヨーロッパ、東南アジア、南北アメリカ大陸と、未知の世界にあこがれて、現地調査や学会活動を重ねてきた。

　この行動から読めるように、山口自身が〝遊ぶ人〟であった。

　その山口が学長を務めた札幌大学の文化学部で、平成十一年春学期に行われた「文化学総論」をまとめたものが本書である。その講義のユニークさは次の通りだった。

「教室では、前の週に仕入れてきた情報を手帳から引っ張り出して話したり、本や新聞記事、観てきた演劇を紹介したり、黒板には東南アジアの島嶼部の地図やマンガがいっぱい描かれた。若者に学問の楽しさを伝えようという熱気が籠もっていた」

　この遊びの精神を横溢させた講義の録音を文字にし、山口の手で構成と修正を重ねて刊行されているが、知と遊びの楽しさは十分に伝わってくる。

　大学・学問などの文字には不勉強人間を畏縮させる響きが少なくない。が、山口昌男の『学問の春』には、遊びの精神が横溢していて講義に引き込まれる雰囲気がある。

　学ぶことの楽しさの醍醐味をいま一度味わうことをすすめたい。

（2009/11/23）

講談社
1800円＋税

歌謡曲史上最大のスタアの精神の深層にまで迫る

「ひばり伝」

齋藤愼爾

「たとえ遺書など書かなくても、ひばりについては何か書いておきたい」

齋藤愼爾氏のこの一言が生みだした該博な『ひばり伝』である。

ひばりの関連書は四百余冊も刊行されているというが、その膨大な、主だった本に目を通し、緻密な分析と、豊かな語彙を駆使し書き下ろしている。

著者は、俳人で深夜叢書社を主宰。吉本隆明、司馬遼太郎、埴谷雄高、武満徹など、突出した文化人の全人像を巧みにモンタージュ化している。

『ひばり伝』も得意とするその手法で、日本歌謡曲史上最大のスタアの生涯を浮びあがらせている。

まず、歌手としての美空ひばり。一卵性双生児といわれた母娘関係。崩壊した一家。山口組三代目組長・田岡一雄との関わり。小林旭との結婚と離婚。肉親のあいつぐ死による孤立感。生前タブー視されていたエピソードまでを丹念に拾い集め、彼女の精神の深層にまで迫っている。

サブタイトルに『蒼穹流謫』――青空の下の流浪の旅を意味する詩的表現を添えているが、美空ひばりの五十二年の短い生涯を数々の傍証から知ることで納得できよう。

著者・齋藤愼爾は、ひばりより二歳下の昭和十四年生まれ。戦前、日本の植民地・朝鮮半島から敗戦で北海道の僻地に引き揚げて来た。

過酷な敗戦体験を持った彼に、「私は街の子巷の子」と歌ったひばりは、感情の上で等身大に重なるところがあったと考えられる。

昭和歌謡の一端に橋頭堡をおく私も、ひばりの身辺は断片的に書いている。しかし「伝」となると、切り口、角度の仰俯角によって、様々な姿が映し出される。せめて歌手だけに限定して、彼女を捉えてみたい。

(2010/01/04)

医療者の言葉次第で天国にも地獄にも

「言葉で治療する」

鎌田實

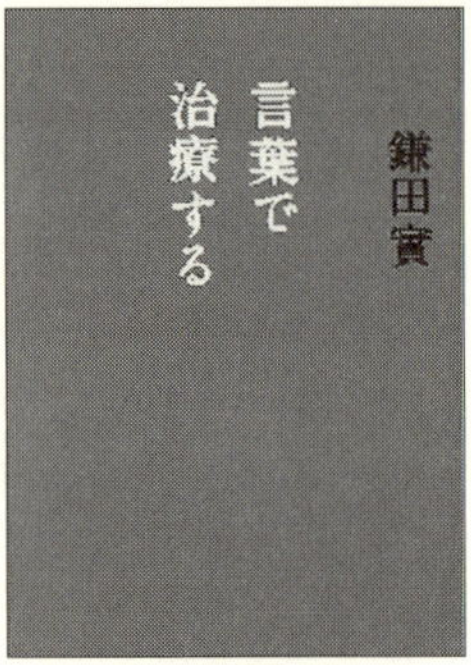

朝日新聞出版
1200円＋税

著しく進んでいる現代医療の問題点を、医療も単なる科学ではなく「人間を対象とした科学」という切り口で、言葉で治療するノウハウを説いた著書である。心ない医師の言葉に傷ついた患者と、その家族からの手紙やメールを使って、医療現場の問題点を拾いあげていく。

一例をあげてみると、高度医療をやっている病院で「もうやることはありません」と言われた末期がん患者の衝撃。「頑固だから、がんになるんだ」と言われた人。患者の都合で抗がん剤投与を一回、休みたいと言ったら「いずれ苦しくなって、鉄道に飛び込むよ」と、医師の言う通りにしなかっただけで、こんな心ない言葉を言われた人がいる。

検査をたくさんしたが、納得のいく説明も、訴えにも耳を傾けてもらえなかった患者の悲しみと怒りはどれほど大きいか。

鎌田實は「完治できないときでも、説明が十分だと、患者は納得する」と言って、医療者の言葉次第で「治療の日々が天国にも地獄にもなる」と衝撃の現場を紹介しながら、患者とその家族の心と体が立ち直っていく言葉を、やさしく思いやりをこめて、具体的に提案している。

二人に一人ががんで死亡する時代に、言葉を上手に使うことで、「がん難民」をもっと減らせる新しいコミュニケーション術の開陳！。

いまの医師は、画面でデータを見るだけで、目の前の患者との問診はほとんどないと言われている。藁にもすがりたい患者は、医師の言葉に最高の妙薬を求めているのだ。

鎌田實は名医である！

鎌田医師のような医療者が一人でも増えることを願ってやまない。

（2010/02/01）

河出書房新社
1800円＋税

幕末維新を駆け抜けた龍馬の生き様を描く

「坂本龍馬とその時代」

佐々木克

国民的作家の司馬遼太郎は、半世紀前に『竜馬がゆく』で、今日につづく坂本龍馬ブームの礎をつくっている。その彼は、「天がこの奇蹟的人物を恵まなかったならば、歴史はあるいは変っていたのではないか」と述べた。

龍馬は、慶応二（一八六六）年一月二十二日、京都で長州藩の木戸孝允、薩摩藩の西郷隆盛らとの間に〝薩長同盟〟の仲介をしたが、この盟約が王政復古と新政府を誕生させる原動力となった。

ところが、龍馬自身は翌年の十一月十五日、京都河原町四条上ル近江屋で、幕府の見廻り組に襲撃されて、盟友・中岡愼太郎と共に殺害された。

奇しくも三十三歳の誕生日だった。王政復古、新政府が誕生するのは、龍馬の死の二十四日後である。

佐々木克著『坂本龍馬とその時代』は、維新前夜、国家存亡の危機に瀕していたその時代に、卓絶した近代的国家構想を描きながら、不条理な死を遂げた坂本龍馬の生涯を、江戸へ出た十九歳から描いている。

京大名誉教授の肩書きから受けるアカデミックな論述に走らず、簡潔にしてわかりやすい文章で、一気に読ませるが、

「それにしても、もうすこし生きていて欲しかったというのが私の率直な気持ちだ」

と述べている龍馬哀惜の念が全編にみなぎり、あまたの類書と一味ちがった読後感を与えてくれる。が、一読、「それにしても、もう少し生きていてほしかった」と著者がいうのは、妥当な言葉だと思う。歴史に「もし」と言う言葉は許されないが、「もし、坂本龍馬が生きていたら、日本はどうなっていたか」と言わしめる人物だったのは間違いないだろう。

(2010/03/08)

“忘れること”が創造的思考を養う効用に

「忘却の整理学」

外山滋比古

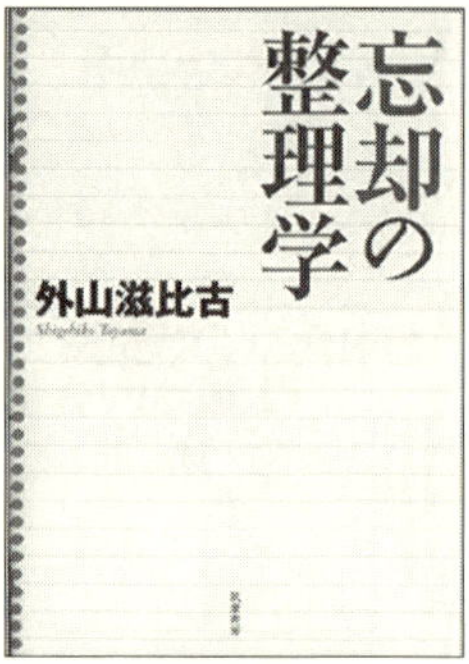

筑摩書房
1200円＋税

子どものころから、忘れることは罪悪視され、記憶力の良いのが、頭が良いとされていた。

半ば定説化されたこの「記憶力の良さ＝頭の良さ」に、忘却の重要性を様々な角度から考え、その効用を提唱するのが、外山滋比古氏である。

外山は、受験戦争に勝ち抜いてきた東大、京大生たちに自著『思考の整理学』で圧倒的な影響を与えているが、その第二弾が忘れることの効用説だ。

一見、矛盾した説に感じられるが、コンピューター時代に入り、人間の記憶力の価値が暴落した昨今、刮目に値する説である。

氏は次のように説く。「知識人ほどその衝撃を強く受けているはずである。コンピューターを念頭において人間の知的活動を考えたならば、創造的思考が最も人間らしい活動であることは明らかになるはずで、その独創の土壌になるのが忘却である」と。

つまり、創造的思考を身につけるためには、〝知的メタボリック症候群〟とも言うべき過剰な知識を忘却させ、頭の働きを活発化させることが必要で、「本物の知性はそこから生まれてくる」というのである。

自分の頭で、しっかりものを考えるという思考の前に、ただ忘れずに知識を蓄えている姿は、〝知的メタボリック〟に肥満した滑稽な人間でしかないのだろう。明快な論理の展開で、目からウロコが落ちるようだ。

確かに高学歴のペーパーテスト秀才があふれている。が、彼らは学歴・記憶力を誇示しても、現場の力になっていないケースがある。

役に立つ人間とは〝人間力〟にあふれた人物だ。記憶秀才時代に『忘却の整理学』とは、薬の毒の要素の活用のすすめであろう。

（2010/04/05）

青土社
1900円＋税

ネットワーク下の書籍、文学の将来を予測

「紙の本が亡びるとき？」

前田塁

グーテンベルクが活版印刷を発明してから六世紀――。書籍（紙の本）は一筋に発展してきた。

書籍が歓迎されたのは、複製性や持ち運びに便利で、情報の保管精度が口伝や写本に対して、はるかに高かったからであり、テレビやラジオあるいは新聞といった速報メディアに比べて、きわめて多様な情報を長期にわたり、保存しておけるその総覧性があったからだった。

ところが、ここに来て書籍が電子化されるようになって、紙の本が亡びる危機に直面している。

「電子化されたデータの最大の強みは、それが、物理的・空間的な質量を有しないことであり、情報から質量を奪い去ることは、その効率性を飛躍的に高める」と、この本の著者・前田塁氏は喝破し、様々な電子化の利点を予測する。

しかし、この著者が意図したのは、紙の本の存亡のみを危惧しているのではなく、ネットワークの環境下における〝書籍〟や文学の様態の予測。近代から現在に至る文学の環境や義務教育と文芸時評。そしてグーテンベルクによって発明された印刷技術がどのように発展してきたかも、言及している。

それに加えて、21世紀のはじめに書かれた平野啓一郎の前衛的な小説や水村美苗の『日本語が亡びるとき』、大江健三郎の『さようなら、私の本よ！』にも触れている。

多様な切り口からネットワーク下の書籍、文学の将来を示唆している一書であるが、タイトルは過激でも、著者は紙の本が亡びるとは夢々考えていない。

プリントメディアとネットメディアは共存、共栄、持ちつ持たれて行くことは自明の理であろう。

（2010/05/10）

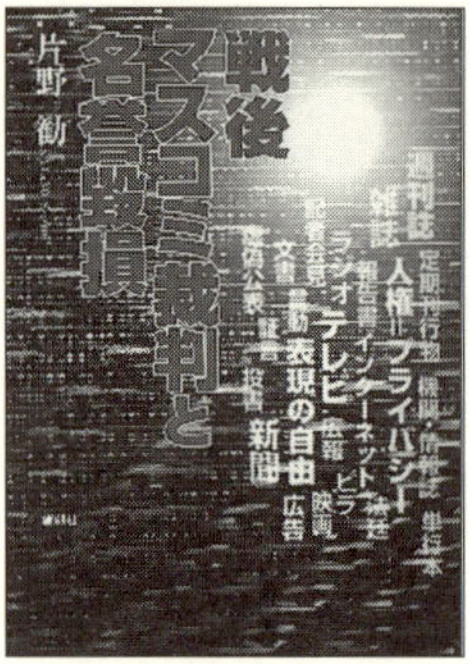

論創社
3000円＋税

“権力性”を知るためにも関係者の必読・必携の書

「戦後マスコミ裁判と名誉毀損」

片野勧

三十年にわたる膨大な新聞記事のファイル「人権被害」の中から名誉毀損事件に絞って、時系列に整理された戦後マスコミ・トラブル史だ。

八千枚の原稿の中からセレクトされ、八回にわたる校正を経て、正確・真実・公共性を期した一大労作である。

戦後の憲法で、表現の自由が保障されたことから、週刊誌、雑誌、新聞、テレビなど、メディアはスキャンダル情報を書きたてる繚乱時代になった。

ところが、センセーショナルな過剰報道の結果、書かれる側の人権とプライバシーを犯すケースが多発――名誉毀損をめぐる裁判が急増することとなった。

マスコミは強大な存在で、「それだけに弱い立場の人権は侵害され易い」として、弱者の立場に立つ著者は「強大な権利を濫用して、人を傷つけることは、いとも簡単であろう。マスコミの行き過ぎ、ペンの暴力によって、どれほど多くの人たちが泣かされてきたことか。こうしたマスコミの身勝手な“権力性”は糾弾されなければならない」と主張する。一方、「だからといって、安易に権力の取り締まりが許されていいというものではない」と、「表現の自由」と「人権」の衝突に、苦悩するところとなった。

三十年間の新聞記事のファイル「人権被害」を一見すると、知ることの権利を主張する反面には、数々の人権侵害があったことが明らかになる。

「君に忠ならんと欲すれば、親に孝ならず」といったところか。

この二律背反的な命題の答えは、この著書で紹介された三十年にわたるおびただしい数のマスコミ裁判に、自ずから炙り出されているようだ。

マスコミ関係者の必読・必携の著書だろう。

（2010/06/14）

角川書店
1800円＋税

渋川春海の改暦をめぐる奮闘を描いた力作

「天地明察」

冲方丁

時代小説の面白さは、剣客、合戦のロマンにある。武士の一命を賭けた言動を縦横に描いた物語が多いが、2010年本屋大賞に輝いた冲方丁の『天地明察』は、この分野に新しい時代を開いた作品であった。

徳川の天下となった江戸前期に活躍した暦学者・渋川春海を主人公に、貞享元（1614）年、「宣明暦」を廃止して「貞享暦」を作るまでの奮闘ぶりが、淀みのない精緻な文体で描かれている。

春海は碁所家元・安井算哲の子で、二世算哲を襲名。関孝和と並び称せられる算術の達人だった。

この春海の才能を買い誤差だらけの暦と化した「宣明暦」の改暦をひそかに命じたのは、四代将軍・徳川家綱の深い信頼を受けていた補佐役・保科正之だった。二代・秀忠の庶子で会津二十三万石に封ぜられた名君である。

春海は、命に従い元・明の授時暦を参酌して、「貞享暦」を編むが、〝時〟と〝方角〟を定める暦づくりの権限は、当時、朝廷に限られていた。

つまり、幕府が改暦を断行したとなると、朝廷から〝観象授時〟の権限を奪うことになる。

聖域冒涜とみなされる改暦の挙に「天地明察」の評価を得るためには、幕府と朝廷との間に如何なる手段があったのか……。

一読、〝時〟と〝方角〟を定める暦づくりの権限が江戸時代初期、朝廷にあったとは、いまにして知った次第だが、このあたりに着想して、地味な改暦をめぐる経緯をスリリングに描く力量はなかなかなもの。

冲方丁は緊迫した文体で、この空前のテーマを一大フィクションに描ききっている。

力作である。

（2010/07/12）

ジャンルを問わず芸能を楽しんだ評論家の集成

「芸能の秘蹟」

平岡正明

七つ森書館
2000円＋税

ジャズから演歌、浪曲、新内、落語、フラメンコと、芸能評論家・平岡正明氏のマルチぶりを示す最後の集成だ。「ジャズが戦闘的だったころ」を第一章に、「寄席に脈打つ市井の美学」「カンテ・フラメンコの旅路」の章立てで市井の芸術に鋭い審美の眼と耳を注いでいる。

その取り組む姿勢は、「一本一本が真剣勝負だった。演者の肉声を評者の肉体を濾過して聴きとり、彼の表現に自分の文章を競わせるためには場のなかに入りこまねばやれず、劇場にたどりつくまでの町の雰囲気になじまなければだめだった」と「まえがき」に記す全身全霊ぶりだった。

とは言うものの、平岡は町に出て、芸のジャンル、老若を問わず、ぶつかる芸術的精気のすばらしさを堪能している。

その心からの楽しみぶりは、該博な知識と見聞に裏打ちされた多彩な表現にほとばしっている。

一例をあげれば、フランク永井の死にふれて、彼のヒット曲「東京午前三時」からゲオルギウの『二十五時』に飛び、さらに作曲者・吉田正のシベリア抑留体験に基づく「異国の丘」に進んで「カルタと酒につぶれた帰還兵の胸の底を歌った傑作『赤と黒のブルース』をとおって、フランク永井の柔らかな低音と出会っている」と述べるマルチぶりだ。

芸能界の出来事を、このようなマルチブルな手法で書いたケースは、稀有であろう。該博な知識と好奇心の後押し、それを可能にする立位置があってこそ可能だが、一歩間違えると好事家の余技に陥る。

神の恩恵を信者に与えるという〝秘蹟〟を謳った平岡正明の心意気が感じられる労作である。

（2010/08/16）

法研
1300円＋税

その時に狼狽しないためのノウハウが満載
「男おひとりさま術」
中澤まゆみ

いつかは誰も「おひとりさま」になる。女性の多くは、その時の覚悟はできている。だが男性は、その瞬間、狼狽のきわみに陥るとか。

そうならないために、老後の経済的自立・精神的自立・身体的自立に役立つスキルを身につける必要性が叫ばれている。どうしたら、男一人生き抜く術が身につくのか。

この著書には、きわめて具体的な〝男のおひとりさま術〟が説かれている。「なにはともあれ、まず自立」を第一章に、「自分のからだは自分で守る」「どうなる老後のお金」「今の家は終の棲家か」「ありあまる時間をどう使う？」「介護は突然やってくる」の六章立てとなっている。

まず自立の章を覗くと、自立の基本は食生活にあって、どのように買いものをしたらいいのかから始まって、冷凍食品の使いこなし方、男の料理教室へのすすめ、ひとりごはんを楽しむ方法など、生活の基本を説く。

さらに、年配の男性がいちばん苦手な掃除の極意が「捨てる」「しまう」ことにあると述べている。

著者・中澤まゆみさんの友人・知人152人のアンケート協力を基に書き下ろしているだけに、男性が一人になったらすぐに役立つノウハウで一貫している。

「いつまでもあると思うな親と金」なるパロディ的箴言があったが、この言葉を「いつまでも居ると思うな女房どの」と置き変える時にきているのだろう。

この著書の帯に「あなた、わたしがいなくなっても、この本があれば、大丈夫ね」と書かれているが、〝わたし〟がいなくなったら、心にぽっかり空白が生まれる。いても喜ばれる生活能力を、いまから持つべきではないか。

（2010/09/20）

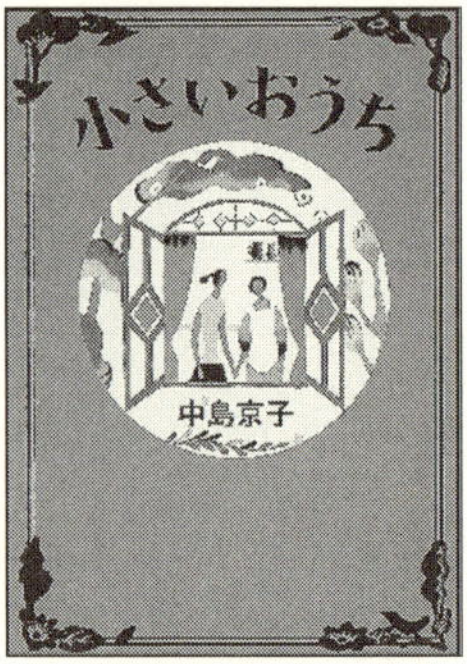

文藝春秋
1580円+税

女中奉公時代の秘め事を書き遺そうとしたが……

「小さいおうち」

中島京子

本作は第一四三回直木賞を受賞した中島京子の作品である。

東北の田舎から上京してきた一人の女性・タキの目に映った、昭和の戦前から戦中にかけて奉公した東京の中流家庭のたたずまい、そして家族との交流が、精緻な時代考証を背景に、丹念に描かれている。

当時、家に雇われて家事の手伝いをする女性を女中と呼んでいたが、タキが女中として奉公した家が、赤い三角屋根の〝小さいおうち〟平井家だった。そこでは、優しい旦那様と美しい時子奥様、一人息子の恭一ぼっちゃん、そしてタキの四人が暮らしていた。

平穏なこの家庭の暮らしに深く馴じんだタキは、「奥様、わたし、一生、この家を守ってまいります」と、告白するまでになっていった。

そのタキの唯一の気がかりが、若くて美しい時子奥様と、旦那様が常務をつとめる玩具会社の部下で独身の板倉さんとの秘められた関係――。

玩具会社の社長と旦那様は、板倉に結婚をすすめ、その縁談の説得役となった時子と板倉の出会う機会が増えていく。

戦火が激しくなり、板倉にも召集令状が届く。タキも十二年奉公した平井家を去り、故郷の山形に疎開するが、彼女の脳裡には、あの夢のような〝小さいおうち〟での日々が思い浮かんでいた。

時が流れ、米寿を越えたタキは、六十六年間胸に秘めてきたことを書き遺そうと決意するが……。

平成二十年代、『小さいおうち』に描かれたようなモチーフだったら、不倫を暴く作風が歓迎されている。それを中島京子は意表をついて……。

小説の深い味わいを甦らせた仕掛けに感服。

（2010/10/18）

角川学芸出版
1700円＋税

三菱財閥の基礎を築いた逸物の激烈な生涯

「岩崎弥太郎伝」

太田尚樹

ＮＨＫの大河ドラマ『龍馬伝』で一躍クローズ・アップされた、岩崎弥太郎の激烈な生涯を描いている。

一代で三菱財閥の基礎を築いた逸物だが、弥太郎自身は明治十八年に五十歳で死去している。

龍馬との交流は、司馬遼太郎が描いた小説と大きなへだたりがあった。

太田尚樹氏は、この著書で史実に従って、極貧の環境から大成する生涯を過不足なく述べている。

龍馬との応酬の件は、弥太郎の『瓊浦日歴』に記されているが、それを読むと酒好きの土佐人らしいほほえましさに満ちている。

「六月三日（注・慶応三年）午後坂本良（龍）馬来たりて酒を置く。従容として心事を談じ、かねて余、素心のあるところを談じ候ところ、坂本手をたたきて善しと賞賛す。」

弥太郎が、政商としての地位を確立するのは、明治に入ってからである。三菱商会を設立し、〝三菱は国家とともにあり〟を合言葉に、明治の動乱に乗じて肥大化していく。

弥太郎は、三菱商会発足からわずか三年足らずで、東洋一の海運王になっている。

動乱の時代下とはいえ、なぜこれほどの短期間で巨万の富を手に入れられたのか。そしてどのようにして、戦争という国の存亡を賭けたビッグ・イベントごとに躍進を続けて、昭和戦前には国と一心同体化するまでになったのだろうか。

類いまれなる商才を発揮して、莫大な財を築いた弥太郎の足跡を辿り、三菱財閥の功罪に迫っているが、明治時代とはいえ、三菱財閥が千日足らずで基礎を築いた裏には、戦争が支えになっていたと知り、複雑な思いに陥らざるをえない。

（2010/11/22）

占領下の日本を“ワクワク”させた歌手の初の評伝

「ブギの女王・笠置シヅ子」

砂古口早苗

現代書館
2000円＋税

戦後、戦勝国アメリカのジャズが猖獗をきわめた。そして、その流れの中心で歌い踊ったブギの女王が、笠置シヅ子である。

著者・砂古口早苗さんは、笠置シヅ子と出自の地が同じで、戦後生まれながら、彼女の遺児のエイ子さんをはじめ、シヅ子の生前を知る人々を探訪。参考資料を丹念に調べて〝おもろい女〟の初めての伝記を書きあげた。

芸魂の人、不世出のショーマンだったシヅ子の周辺には、おびただしい数の伝説があった。

後年、昭和を代表する歌手となる美空ひばりがシヅ子のモノマネからスタートした事実。自ら名乗り出て後援会長になった人が、時の東大総長・南原繁だったこと。

またラクチョウ（有楽町）の姐さんたちが熱狂的なファンで、彼女たちの更生に、シヅ子が一肌脱いだことなど、その周辺を彩った振幅の広いエピソードがもたらした伝説であった。

本書の著者は、それらの挿話一つひとつを検証し、可能なかぎり誤りをただして、笠置シヅ子の真っ当に生きた姿を明らかにしていくのである。

シヅ子が爆発的な人気歌手だったのは、占領下の数年に過ぎなかったが、笑顔と意地で通したその七十年の生涯を知って、その一途さにあらためて粛然となる。

一貫して笠置シヅ子という歌手を戦中・戦後にわたって独占し、育てた作曲家・服部良一との師弟愛が、通奏低音として流れていて、「心ズキズキワクワク」させてくれる。

私が、笠置シヅ子に会ったのは、歌手を引退したあとであった。アメリカの封切り映画を見せた後、座談会に出てもらった。気さくでストレートに自己表現をする姉御《あねご》だった。

（2011/01/10）

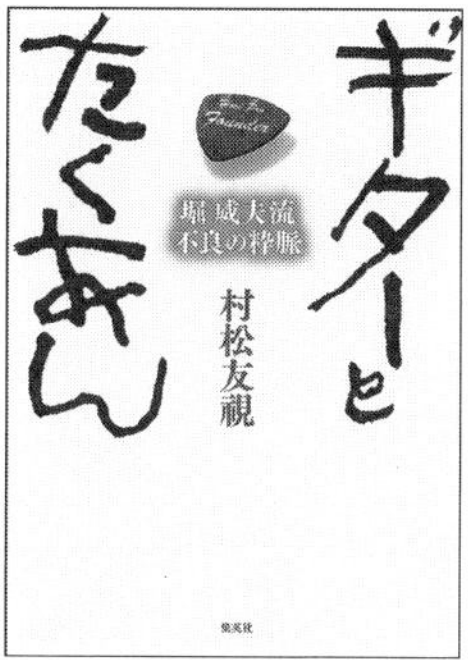

集英社
1428円＋税

スターを育んできた
ホリプロ創業者の素顔に迫る

「ギターとたくあん」

村松友視

ギターとたくあん――二つのイメージは、大きく乖離している。

ところが、大手芸能事務所「ホリプロ」創業者・堀威夫流不良の〈粋脈〉を辿ると、ギターとたくあんの観念連合は、見事に成り立つのである。

堀威夫は、学生バンドマンをふり出しに、マネージャー、プロデューサー、プロダクション社長、会長を経てファウンダー最高顧問の肩書きを持つに至った。

半世紀にわたるこの間に、守屋浩、舟木一夫、ザ・スパイダース、和田アキ子、井上陽水、森昌子、石川さゆり、山口百恵、榊原郁恵、藤原竜也……と、世に知られるスターを育て、一大プロダクションを築き上げている。

ナベプロの後塵を拝する形でスタートして、音楽（芸能）産業から、人間産業の領域に幅を広げるまでになったが、その堀威夫が始めたのが、〝たくあん漬け〟であった。

その量は半端ではなく、一年に漬ける量が三百kg。自宅に常温零度に保つたくあん専用の地下室をつくり、毎年十二月の第一日曜日にひとりで終日漬け込むという、玄人はだしであった。

これは文字通りの〝手塩にかけた〟重労働で、人間産業ホリプロを牽引する基本的精神が〝手塩にかける〟ことであるから、たくあん漬け作業とはオーバーラップしていた。

学生バンドのギター弾きとして、世に出た堀威夫は、経営サイドになってギターを捨てた。それが七十歳にして再びギターを弾き始めていた。

しかし、私は一夜、銀座で堀と飲み歩いたが、懇望しても絶対に楽器は手に取らなかったのである。

著者の作家・村松友視はこの一大プロダクションを築きあげた人物を克明に迫っている。

（2011/02/07）

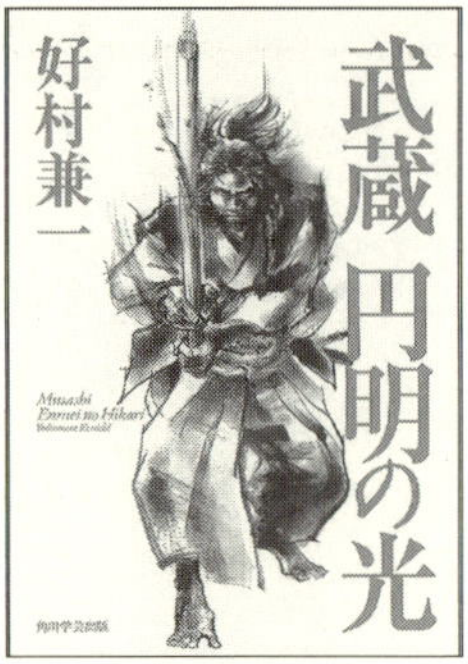

角川学芸出版
1900円＋税

新しい武蔵像を創出し
巌流島以後の足跡を描く

「武蔵　円明の光」

好村兼一

剣客・宮本武蔵は、生涯に六十三度の真剣勝負を行い、一度も不覚をとらなかったとの伝説の主である。

江戸初期、武者修行のために諸国を遍歴し、二刀流を案出したが、巌流島での佐々木小次郎との決闘では、手づくりの櫂の木刀で、一撃のもとに小次郎を斃したとされている。

この果たし合いを最後に、五十歳までの二十年間は消息が杳としていて、確かな史料は遺されていない。

時代小説の作家にとってこの空白は、創作意欲を大いにかきたててくれる部分だ。

フランスに渡って剣道を指南している最高段位の著者・好村兼一氏は、先に『行くのか武蔵』で、颯爽とした青年武蔵を誕生させた。

このほど、天下無双の剣客は決して冷徹孤高な剣の達人ではなく、親族を大事に他を慈しむ温かな心の持ち主だった、との視点で『武蔵　円明の光』を作品化した。

吉川英治は、ヒロイン「お通」を創作することで、大作『宮本武蔵』に見事な彩りを添えたが、著者も武蔵が養子とした中川志摩之助の三男・三木之助、四男・九郎太郎兄弟が、実は志摩之助の次女・八重と、武蔵の間にできた子であったとの虚構を設定している。

さらに、小次郎にも一女があり、父の復讐を誓って隆之介を名乗り、武蔵をつけ狙ったとの章も挿入している。

これらのフィクションによって、新しい武蔵像を創りあげていて、それなりの面白さを創った。

この種の小説は、作家のフィクションが自在に発揮できる分野であり、ストーリーに整合性があれば、どのような虚構も許される。いま一息の大胆な人物の創造があってもよかった……。

（2011/03/14）

現代書館
2000円＋税

玉砕を選ばず避難民を守って投降した男の物語

「玉と砕けず 大場大尉・サイパンの戦い」

秋元健治

太平洋戦争でサイパンは、最大の玉砕の島であった。

本土から二千二百キロ隔てたこの島を失えば、日本は四千数百キロ飛行が可能な、戦略爆撃機B29の空襲にさらされる運命にあった。

そのため東條英機内閣と大本営は、サイパンを絶対国防圏として、死守を厳命していた。

しかし、圧倒的な兵力差によりアメリカ軍上陸四日目にして、戦いの帰趨は決まってしまった。

日本軍は以降、肉弾攻撃を繰り返し、いたずらに死傷者を激増させるばかりだった。

大場栄大尉の率いる中隊規模の残存兵たちは、日本軍の組織的抵抗が終った後も、絶望の戦場下で避難民を保護しながら生き残りの道を選んだ。

当時、戦争指導者たちは、太平洋の島々で守備隊が全滅することを「玉砕」と表現して美化を謀った。

中国の歴史書『北斉書』に書かれた「立派な男子は潔く死ぬべきであり、瓦として無事に生き延びるより砕けても玉のほうがよい」から引用した言葉だった。

だが、大場大尉は「玉砕攻撃は作戦などとは呼べない。死は敗北である」と絶望的な万歳突撃を無視。

日本が無条件降伏をした百余日後の一九四五年十二月一日に、上官の停戦命令書に従い日章旗を掲げ軍刀を携えて、胸を張って投降したのである。

大場大尉たちの実話を映画化した「太平洋の奇跡―フォックスと呼ばれた男―」も全国で公開中で、タイムリーに出版された本だった。

「生きて捕囚の辱めを受けず」は、日本兵の美学とされたが、この美学のために、どれほど犬死を強いられたことか！

(2011/04/11)

“魑魅魍魎ランド”の趣がある
江戸物六編を収録

「ばんば憑き」

宮部みゆき

角川書店
1700円＋税

魑魅魍魎《ちみもうりょう》というおどろおどろした文字がある。それぞれに鬼偏がついた怖い文字だが、その意味はさまざまな化け物というものだ。

宮部みゆきの『ばんば憑き』は、江戸時代を題材にした〝魑魅魍魎ランド〟の趣がある。

「坊主の壺」「お文の影」「博打眼」「討債鬼」「ばんば憑き」「野槌の墓」と、怖くも哀しい江戸の怪奇譚六編が収録されている。

表題の『ばんば憑き』の「ばんば」というのは、強い恨みの念を抱いた亡者と説明されている。

「博打眼」は、人の血が濁ったような色合いの大きな蒲団になんと五十個の目玉を生やした化け物で、この妖怪と約定を結ぶと、おそろしく博打に強くなる。

だが、博打に勝って儲けた金は、派手に使ってしまわないと、博打眼の放つ悪気にやられて死んでしまうというもの。

「討債鬼」は、誰かに金を貸してそれを返してもらえず、恨みを抱いたまま死んでしまうと、その妄執のために亡者になって、借り主の子どもに生まれ変わった討債鬼が、その家の身上を蕩尽させて恨みを晴らすとか……。

意表を突いたこれらのタイトルが、巧まずして小説の伏線となっていて、江戸時代に物語の舞台をおいたところに、「ばんば」の趣向を成功させた要因になっている。

無類のストーリーテラー・宮部みゆきの見事な構想は、ここに成ったといえるだろう。

すべて物の怪が思うままにふるまう物語の展開となっているが、陰惨な恨めしさ、後口の悪さが残らないのは、宮部みゆきの明るい人柄と、語り口の故か。

（2011/05/09）

角川書店
1600円＋税

実在する高知県「おもてなし課」を舞台にした観光小説

「県庁おもてなし課」

有川浩

高知県は、大らかな自然以外は何もない、利便性には遠い地域である。

この県に「県庁おもてなし課」が新設され、外貨を稼ぐために、地元出身の有名人に観光特使になってもらうことから、物語はスタートする。

入庁三年目の若手職員・掛水史貴の発案だったが、早速、特使を承諾した人気作家・吉門喬介から、数々の企画が寄せられはじめた。

ところが、旧態依然のお役人体質は、特使の提案にほうほうの体。

腹を立てた吉門は電話口で「バカか、あんたらは！」の罵声を浴びせかけ、民間感覚を導入するために、若い女性アシスタントの登用と、かつて高知にパンダ誘致論を主張して、県庁を追われた清遠和政に会うことを勧めてくれた。

掛水史貴は、その助言を受けて民間から多紀ちゃんを採用。いまは民宿を営むパンダ誘致論者を捜し、訪ねたところ清遠の嫁・佐和から、バケツの水をぶちまけられる洗礼を受けた。

あわや、おもてなし課の企画は頓挫かの危機に見舞われる――が、偶然高知に帰郷していた吉門特使の出現で、意外な局面に発展していく。

高知出身の県粋主義者・有川浩氏が、実在する「おもてなし課」を舞台に、地域活性化に向けた、山あり谷ありのフィクション。

巻末には、有川浩と県庁おもてなし課の職員との座談会も収録されていて、楽しい。

「もてなす」とは、歓待する、御馳走する、待遇するとの意だが、県庁に「おもてなし課」が設けられたら、その県は話題の的になるだろう。

高知県といわず、他の県にも、本当におもてなし課の誕生することを望みたい。

(2011/06/06)

戦後日本のジャーナリズムを牽引した硬骨漢を描く

「大森実伝 アメリカと闘った男」

小倉孝保

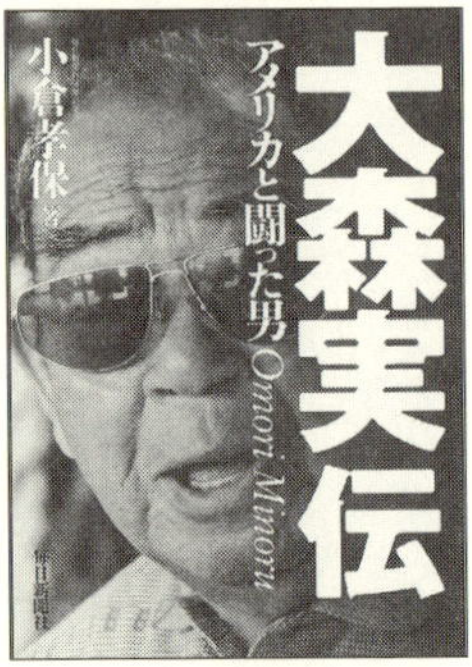

毎日新聞社
1600円+税

新聞記者は〝足で書く〟過酷な稼業。この著書はエネルギッシュで、ボルテージの高かった国際的ジャーナリストの足跡を、ベトナムから日本、アメリカへと追い、関係のあった人々を丹念に訪ね歩いて、他伝的な手法で描き上げた労作である。

評伝の主とは、一九六〇年代のベトナム報道を中心に、戦後日本のジャーナリズムを牽引した大森実氏——。

彼は、毎日新聞外信部長時代に、米軍空爆下にあった北ベトナムへ入国し、米軍機が病院を標的にした、衝撃的な事実を報道したため、知日派の駐日米大使ライシャワーの批判を浴びて、社から身を引いている。

以降、アメリカに真っ向から勝負を挑み、渡り合うスタンスで、属国になり下がった戦後の日本を、従属意識から脱去するべく訴えつづけた。

その一方、度量のあるアメリカを愛し、渡米して永住したものの、この国がベトナムの失敗に懲りず、イラク・フセイン政権の大量破壊兵器疑惑を旗印に、軍事行動を開始するや、

「民族の誇りを知らずに軍事介入すれば、必ず失敗することを、なぜアメリカは学ばないのか」

と、憤慨をかくそうとしない硬骨漢だった。

大森実の遙か後輩記者の著者は、振幅の大きかったこの国際ジャーナリストに、〝足で書く〟鉄則に従って肉迫している。

主人公の生前を知る私から見ても、本書で大森実像は鮮明にあぶり出されている。

また、彼は仕事となると真夜中でも電話をかけてくる、直情径行型人間だった。週刊誌の連載を持ってもらったが、夜半に電話で叩き起こされ、辟易した苦い思い出もある。

（2011/07/18）

光文社
1600円＋税

新宿署刑事が主人公の人気シリーズ、5年ぶりの最新刊

「新宿鮫X　絆回廊」

大沢在昌

孤高な辣腕刑事・鮫島が担当する新宿地区を、大沢は麻薬の密売・売春・縄張りをめぐる暴力沙汰と、反社会的事件が日常茶飯事の歓楽街として描き、新宿鮫を人気シリーズとした。『絆回廊』は5年ぶりの最新作だ。

今回は新宿の街へ、巨躯、凄味のある風貌、暴力性、群れない――。やくざも恐れる伝説的なアウトローが、「警察官を殺す」との怨念を胸に、22年の長期刑を終えて帰ってきた。

大男が狙う相手とは、鮫島と同僚の、いまはマンジュウ（死体）と渾名された無気力な桃井課長。

鮫島にとって桃井は命の恩人だった。赴任直後、罠にはまり殺される寸前、現場に乗りこんだ桃井が、犯人を射殺してくれたのだ。

〝新宿鮫〟の体面にかけて、命の恩人を守らなければと、正体不明の大男の捜査を開始するが、奇怪にも捜査に関わった者は、次々に殺されていく。

伝説的なアウトローの行方は一向につかめず、漠然と背後に、中国残留孤児たちの犯罪グループや、タイ国で麻薬・売春ビジネスに手を染める謎の人物。さらに大男を恋い慕い、出所を22年も待ちつづけたママの存在が浮かびあがってきた。

〝新宿鮫〟は、単身、ママの店へ乗りこもうとするが、それを知った桃井が、刑事の勘で危機を察知し、行動を共にしてくれた。

桃井のその友情は、鮫島を生涯償うことのできない結末へと招くことになる……。

大沢在昌の『新宿鮫』シリーズの成功は、小説の舞台を新宿に設定したことにあるだろう。この街は、魔都のたたずまいを最も備えたところであり、〝新宿鮫〟の縦横無尽に活躍できるところだ。

（2011/08/22）

剣技を以て和を導き出そうと志した面を強調して描く

「無敗の剣聖 塚原卜伝」

矢作幸雄

講談社
1800円＋税

塚原卜伝は、室町後期の剣客として知られている。八十三年の生涯で諸国を三回も回国し、その年月は三十三年に及んだ。

　戦乱の時代、戦いに参加すること三十七回、真剣試合十九回─打ち取った敵は二百十二人と伝えられるが、不覚は一度たりともとらなかったとか。

　〝無敗の剣聖〟と称えられる所以だが、卜伝の偉さは、人を斬る剣を以て世に和を導き出そうと志し、心身を賭して究極の剣技「一の太刀」を練り上げたことにあった。

　卜伝は、この剣の真髄を伝えひろめるために、諸国を訪れては究極の剣技の種を播いて、ほぼ二カ月で去っていった。

　この間、真剣勝負をいくたびか挑まれた。が、破邪の剣を振るうのは、世を害する者を消し去るためのみだったとか。

剣豪は、室町幕府第十三代将軍足利義輝に望まれて、剣の指南もしていた。数々の真剣勝負と、将軍の指南役とをミックスすれば、剣の魔力や殺戮シーンはいくらでも虚構化はできたはずである。

　ところが、著者は伝奇、剣豪小説的な場面はほとんど描いていない。「鹿島立ち」の語源となった鹿島神宮門前の吉川家に生まれた朝孝が、塚原家の養子となり、修業を重ねて卜伝を名のり、剣を和をもたらす武器に高める生涯を、つぶさに描いている。

　津本陽の『塚原卜伝』がBS映像化と同時期に、もう一人の卜伝が誕生したことになったが、作者によって同一人物に大きな差が生まれるところに、フィクションの醍醐味がある。無敗の剣聖の心の裡は、「剣技を以て和を導き出そうとした」の着想は、意表をついていて面白い。

(2011/09/26)

日本評論社
1500円+税

半世紀にわたり版を重ねる、日本語で文章を書く時の手引き書

「悪文 第三版」

岩淵悦太郎 編著

一見、本のタイトルには馴染まない岩淵悦太郎編著『悪文』が、半世紀の間に版を重ねて、ついに第3版22刷に達した。

日本人が、日本語で文章を書く場合に、どういう所に気をつけなければならないか、日本語で文章を書く場合の問題点はどこにあるのかを解明した手引き書である。

国立国語研究所長として令名を馳せた岩淵悦太郎氏が、一読してわからない文章を悪文に位置づけ、その陥穽に落ちないための手段――「構想と段落」「文の切りつなぎ」「文の途中での切り方」「文の筋を通す」「修飾の仕方」「言葉を選ぶ」「敬語の使い方」について、林四郎、宮地裕氏ら七人の国語学者が、懇切に指導している。

この種の指導書は、ほとんどが作家や、著名の新聞記者のケースが多かった。めずらしく国語学者が本書には登場しているが、学者の通弊として、原則論にこだわり、魅力に欠ける嫌いがある。

巻末に索引にかえ「悪文をさけるための五十ヶ条」が、きわめて具体的に付記されていて便利である。

ただし、「悪文のいろいろ」を指摘した編者の新聞・放送・広告・広報などからの引用例文が半世紀前とあっていかにも古い。

編者の令息匡氏も、それを認めているものの、「典型的な悪文の例であるので、今回の改訂にあたり、これを差しかえることをしなかった」と断っているのが残念だ。

一国の総理が未曽有を「みぞゆう」、踏襲を「ふしゅう」と読んだり、携帯メールで日本語が乱れに乱れている今日、典型的な〝悪文〟にはコト欠かないだろう。

第4版『悪文』に期待したい。

(2011/10/24)

峻烈な体験から抽出された臓腑をえぐる35の寸言

「憂鬱でなければ、仕事じゃない」

見城徹／藤田晋

講談社
1300円＋税

まず表題の『憂鬱でなければ、仕事じゃない』が熾烈で人目を引く。

目次を開くと、さらにラジカルな言葉が目白押しだ。曰く「小さなことにくよくよしろよ」「『極端』こそわが命」「パーティには出るな」「苦境こそ覚悟を決める一番のチャンス」「他者への想像力をはぐくむには、恋愛しかない」「無償の行為こそが最大の利益を生み出す」「顰蹙は金を出してでも買え」「良薬になるな。劇薬になれ」「『この世にあらざるもの』を作れ」「男子たるもの、最後の血の一滴が流れるまで、戦い抜け」など。

現役の出版社の経営者で、これだけ過激な言葉を吐けるのは驚きである。

見城社長には、一度ならず会っているが、角川春樹膝下に耐え抜いただけの強靭さを持った人物と私は理解できた。

すべてが、幻冬舎・見城徹社長の峻烈な体験から抽出された警句・箴言・寸言のたぐいだろう。

彼はこの言葉一つひとつに、ビビッドな体験から得たざっくばらんな解説をつけ、それに史上最年少でサイバーエージェントを、東証マザーズに上場した藤田晋代表が実体験を交えた彼なりの注釈を、若者にわかりやすく書き添えている。

見城社長は、角川書店で若くして存在感を示した後、ゼロから幻冬舎を立ち上げ、出版史上に残る数々の実績を築いた。身体を張り七転八倒、憂鬱な日々を闘った後の報賞だった。

一方、23歳年下の藤田代表は、その先達の胸を借りて、サイバー事業を虚心にぶちまけていく。

二人の体験は常に切実だったが、言葉は軽快にスイングして、明日をめざすビジネスマンの、斬新な手引き書になっている。

（2011/11/28）

暮しの手帖社
1400円＋税

生誕100年迎え、「暮しの手帖」編集長の情熱人生が復刻

「花森安治の仕事」

酒井寛

戦後、叢生したおびただしい雑誌の中で、もっともユニークな編集で成功した一誌が、『暮しの手帖』である。

花森安治が企画、執筆、レイアウト、表紙画やカットまでを手がけ、大企業ではなく読者をスポンサーとして、彼らの暮らしに役立つ誌面づくりに徹した雑誌だった。

雑誌の最大の利点である広告を載せず、その自在さの強さを生かして、暮らしにあったほうがいいか、あってもなくてもいいか、あっては困るものかの基準で、「商品テスト」を断行。その結果をメーカーの名前と一緒に発表したのである。

情実を排して、人間による愚直なまでのくりかえしで得たテストは、読者の絶大な信頼をつかみ、雑誌は飛躍的にのびた。

もの言わぬ庶民に対し、花森のこのひたむきの献身は、戦時下、大政翼賛会宣伝部で、国民の戦意をかきたてたデマゴーグへの深い反省があったからだといわれる。

酒井寛氏の『花森安治の仕事』は、今年が花森生誕１００年である年に復刻された。

名編集長の分身的存在だった社主の大橋鎮子をはじめ、きびしい薫陶を受けた生前を知る多くの社員に入念な取材を重ねて、まとめた評伝になっている。

私は大橋鎮子社主には何回も会っていて、見事な筆跡の手紙もいただいているが、彼女は花森安治の仕事ぶりを、「松下村塾」の吉田松陰に位置づけていた。

この著書を書いた酒井は、わかり易い言葉で、そしてやさしい文章を書いた花森安治ばりの文体で、生涯現役だった情熱の編集者人生をあぶり出している。

(2012/01/16)

フィリピンに逃避した
困窮邦人の心の闇を映し出す

「日本を捨てた男たち」

水谷竹秀

集英社
1500円＋税

日本で知り合ったフィリピン女性を追って、故国を捨てた男たちが辿る困窮ぶりを追跡したノンフィクションの労作。

日本より3000キロ。空路で4時間のフィリピンが、彼らの人生の果ての舞台となっている。

著者の水谷竹秀氏は、フィリピンの「日刊マニラ新聞社」記者として、邦人の殺人事件をはじめ、同胞が起こした社会部ネタの取材をしていた。

その水谷記者に、所持金を使い果たして路上生活を余儀なくされた邦人が目にとまった。

彼らはさまざまな理由で、生まれ育った国に居場所を失い、フィリピンに逃避を企て、生活に行き詰まって在外公館に援護を求めていた。

調べてみると、困窮邦人の総数はフィリピンが10年連続最多を記録していた。数だけで言えばフィリピンだけで全体の約43％と半数近く、海外で困窮状態に陥る日本人の2・5人に1人がこの国に滞在していることになる。

水谷記者は、それらの困り果てた日本人に、何故国を捨てたのか、帰国する手段はないものかを丹念に問い、家族をさがして帰国費用を頼んでみたが、すげない断わりを受けた。

日本には、「衣食足りて礼節を知る」という箴言があるが、いまや飽食状態の日本人は、日本を捨てた男たちを見捨てて顧みない心情になってしまったらしい。

少ない食べ物を無一文の異邦人に分かち与えるフィリピン人の情と、現代日本社会の家族たちの非情さに、故国を捨てざるを得なかった男たちの心の闇が、鮮やかに映し出されていた。

２０１１年開高健ノンフィクション賞受賞作である。

（2012/02/20）

河出書房新社
1900円＋税

短い詩句を遺し自裁した超売れっ子の心の闇に追い縋る

「伝説のCM作家 杉山登志」

川村蘭太

わずか三〇秒の世界にすべてをかけて燃えつきたという、伝説のCM作家・杉山登志の一代記である。

昭和四八年の師走、三十七歳の超売れっ子CM演出家は次のような短い詩句を遺して自裁した。

リッチでないのに／リッチな世界などわかりません／ハッピーでないのに／ハッピーな世界などえがけません／「夢」がないのに／「夢」をうることなどは……とても／嘘をついてもばれるものです。

自裁した当時の年収二〇〇〇万円（現在の七〇〇〇万円相当）。豪華マンションに住み、外車を乗り回す、離婚歴のある独身だった。

化粧品のセンスのいいCMなどで、内外の夥しい数のCM賞を受賞していた。

その杉山登志の身上に何があったのか……。

彼と同じくCM制作に従事した経歴をもつ著者は、仕事で安全主義をつらぬく一方、私生活では破綻の道を辿った登志を知る人々と、彼の遺した詩句を手がかりに、執拗なまでにその心の闇に追い縋る。

冒頭の詩句は、九回にわたって反復されているが、繰返しが重なる都度、「リッチ」で「ハッピー」そして「夢」という三つのキーワードを追求するCM中心主義のプロデューサーの燃えつきざるをえなかった現実が、明らかにされてゆく。

一読、人の幸福など、収入や外見などでは全く読めないことを、この著者は教えてくれる。

だが、笛を吹き大衆を踊らせた張本人が踊る術を知らなかった……悲劇と言えようか。

緻密な帰納的手法が見事な成果をあげた労作である。

(2012/03/19)

日本初の情報誌を作った若者たちの軌跡

「『ぴあ』の時代」

掛尾良夫

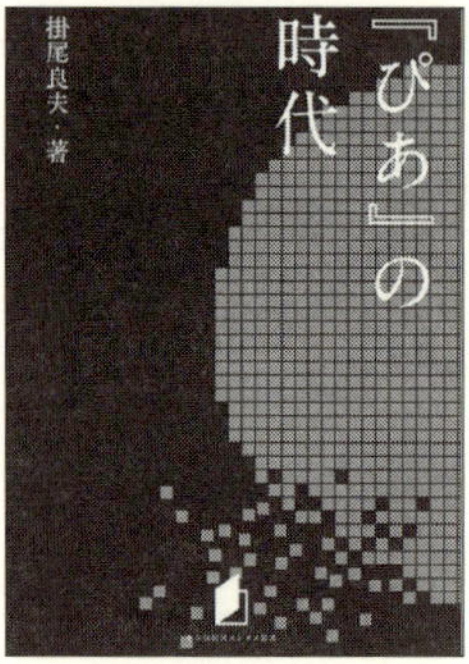

キネマ旬報社
1300円＋税

戦後、おびただしい数の雑誌が創刊されたが、『ぴあ』は誌名からしてユニークな雑誌だった。

その〝物言わぬ饒舌誌〟『ぴあ』の創刊から休刊までの歩みを、キャリアがぴったりと重なった著者が緻密に辿った記録である。

日本初の情報誌として、映画、音楽、演劇、美術などの情報を、主観を交えず漏れなく平等に集め、機能的に掲載。取捨選択は読者にまかせる〝対等誌〟だった。

雑誌編集の知識や、販売のノウハウを全く知らない矢内廣が、中央大の映画研究会の仲間たちと創刊していた。当初は取次会社にも相手にされないパンフレット扱いだった。

1万部発行、8割返品という過酷な出発だったが、若者たちのエンタテインメントを嚮導するこの雑誌は、絶頂期は53万部発行するまでになった。

著者の掛尾良夫氏は、『ぴあ』の対抗誌的な『キネマ旬報』編集長を務めた経歴を持ち、矢内廣の仲間や編集メンバーと同世代であった。

『キネ旬』と『ぴあ』の間には、越えられない溝もあったが、同世代の誼で親しい交わりが生れた。その経緯があって、矢内廣という若者に魅せられた仲間たちが、70年代、80年代という昭和最後の20年間を駆け抜けた軌跡を、丹念に辿ることを思いたったのである。

私も雑誌の編集者生活を知るだけに映画雑誌編集のベテランが、〝物言わぬ饒舌誌〟の全貌に迫った勇気をたたえたい。

『ぴあ』の時代と並走してきた掛尾の蓄積と、矢内廣をはじめ関係者への綿密な取材と協力。貴重な資料や写真が渾然一体化した、見事な時代史となっている。

（2012/04/30）

中央公論新社
1300円＋税

コンピュータに敗北した永世棋聖がつづった衝撃の一冊

「われ敗れたり」

米長邦雄

永世棋聖・米長邦雄VSコンピュータ・ボンクラーズとの激戦のすべてを語った衝撃の一冊である。

九年前に現役を退いているとはいえ、元名人で日本将棋連盟会長のプロ棋士が、一秒間に1800万手を読むコンピュータ将棋ソフトと対局し、第一回将棋電王戦の敗者になったのである。

元名人は、ボンクラーズの機能を知るため、わざわざ一手30秒で100局指してみるなど、元名人の言葉では「脳みそに汗をかく」地道なトレーニングを、自らに課した。

さらに、コンピュータ将棋の開発者にも会いソフトの弱点を調べ、独自の研究を積み重ねた上で、後手番初手に、6二玉という秘策を編み出して一戦に臨んだのである。

「この一手は、今回の戦いにおけるいわば『秘策中の秘策』でした。この手は人間相手にはおそらく通用しません」

と、胸を張る最善手だった。事実68手あたりまでは、ほぼ完ぺきな指し回しで、元名人の思惑通りの展開となった。

ところが、79手目にボンクラーズが6六歩と指したとき、元名人は同歩を取ってしまったことで、角交換を迫られる局面となり、形勢は逆転したのである。

あろうことか、元名人がコンピュータに負けてしまったのだ。

人間のプロの棋士が、圧倒的な棋譜データ量のボンクラーズ（博打用語で盆の中が見通せぬボンクラ）に敗れた経緯が、ありのままに語られていて、一読、ネットの底知れない力をあらためて知る。いまや、想像力においてのみ、人間はコンピュータに勝っているらしい。

（2012/06/18）

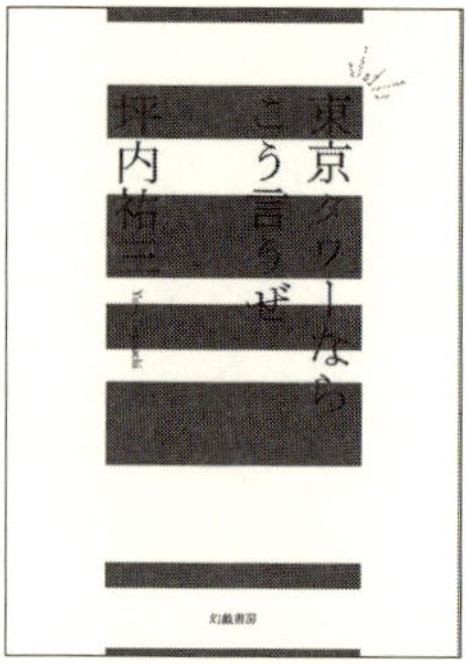

幻戯書房
2500円＋税

同年代生まれの代弁エッセー

「東京タワーならこう言うぜ」

坪内祐三

六三四メートルの東京スカイツリーが完成する前は、一九五八年生まれの東京タワーが、首都圏に威容を誇っていた。

本書の著者坪内祐三氏も東京タワーと同年生まれ。当時、五十四歳の働きざかりであった。

早稲田大学在学中から、出版文化に関心を持ち、編集者を経て著述家になっているが、その時代観察、人との交遊の幅は広く、本、雑誌、書店、出版社、相撲、酒と自らの興味に及ぶ範囲の著書は、木目がこまかく資料性に富んでいる。

本書は、『朝日新聞』『文藝春秋』『エンタクシー』『彷書月刊』など著名紙誌に寄稿したヴァラエティ・エッセイの十年余の集成である。

「これからの雑誌の時代がはじまる」を第一章に、「本が変わると言うけれど」「十年ひと昔」「平成というスピード」「いつも文学は転換期」「ラスト・ワルツ」の六章立てになっている。

子どもの頃から、豊かな文化基地と定義する本屋に入り浸っていただけに、活字の周辺の話題は面白く、自らの類書『古くさいぞ私は』の流れである。

一例を挙げれば「今こそ『ぴあ』が必要だ」は平成十一年に休刊した情報誌『ぴあ』を愛惜して、『ぴあ』創刊当時の平均読者が、還暦に達していることに着目し、

「彼ら『ぴあ』第一世代読者たちに向けて、改めて創刊すればいい」

と提言する。

いまや、六十歳など鼻垂れ小僧にみられる時代。『ぴあ』第一世代も、いま一度、還暦で人生に再チャレンジすべきではないか。

東京タワーなら言いそうな発案、提議、問責、糾問、応答が並んでいる。

（2012/07/23）

朝日新聞出版
1500円＋税

激辛コラムニストが遺した温み

「評伝 ナンシー関」

横田増生

ほのぼのとした人肌の温みを持った消しゴム版画に対比した、激辛コラムニスト・ナンシー関の評伝である。

平成十四年、三十九歳の若さで急逝した女性だが、著者横田増生氏はそのナンシーを知る人たちに、誠実なインタビューを重ね、遺された文章を紐解いて、その要所々々に消しゴム版画を添えて、ゆきとどいた伝記に仕上げている。

冒頭に、いまを時めく作家宮部みゆき、犀利なイラストレーター山藤章二らのコメントを入れているが、宮部はナンシーの著作に人生の座標軸を教えられたと語っている。

また、辛辣な似顔絵と一行コメントで世界的に知られた山藤章二は、コラムニストとしてのナンシーに一〇〇点、消しゴム版画に二〇点、絵に添える一言に一〇点と、三点まとめて一三〇点の評価を与えた。

東北の青森出身の関直美が、十九歳で上京し十年そこそこで、世に知られた存在になり、焦点深度の深い人間観察と、消しゴム版画のスキルをどのようにして体得したのか。

著者は、ビートたけしの「オールナイトニッポン」における奔放不羈のトークと、早くから反権力や非主流という考えを内包する、サブカルチャーの洗礼を受けたことからと分析をしているが、この指摘はまさに正鵠を射ている。

一読、それにしても、消しゴムという人肌の温かみを持ったソフトな素材に、版画を刻み、それに添えて激辛な短評を書くという、一見、自家撞着した方便で、一家を成したのが、ナンシー関であった。

消しゴムに刻まれた豊かな体の、ナンシー自画像にただよう温みが伝わる好著である。

（2012/08/20）

味わい深い“開高ワールド”を再現

「ポ・ト・フをもう一度」

開高健／山野博史 編

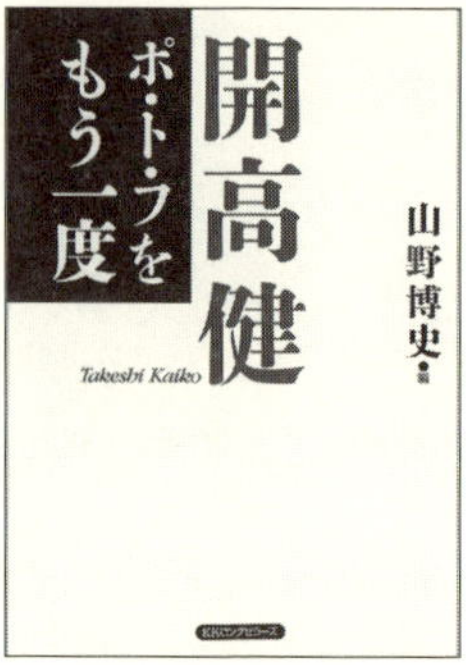

ＫＫロングセラーズ
1700円＋税

フランスの家庭料理、牛・豚・鶏などの筋やバラ肉に、ありあわせの野菜類を投げ込んで煮つめた「ポ・ト・フ」。

開高健の単行本初収録の逸文を集めた『ポ・ト・フをもう一度』は、文学のマエストロ、希代のグルメだった作家の、正に掉尾を飾る滋味深い〝ごった煮〟といったらいいか！

開高健は23年前に世を去っているが、『輝ける闇』『夏の闇』『耳の物語』など著名な文学賞に輝く名作。『声の狩人』『過去と未来の国々』といったルポルタージュの傑作。食にかかわる『最後の晩餐』『新しい天体』、そして『白いページ』『開口一番』などと豊饒なエッセイを遺している。

ところが、ここに来て山野博史氏の片言隻句に至る博捜精査によって、残り福満載の味わい深い開高健ワールドが再現された。

収録されたのは、エッセイ20篇、インタビュー9篇、座談会3篇など49篇で、発表順に配列されているが、高橋昇《のぼる》撮影の開高健の風姿を伝えるスナップも、巻頭グラビアと本文中にあしらわれている。

どの章を読んでも面白いが、圧巻は「データバンク　にっぽん人　開高健」だろう。

生い立ち、就職、美味求真、浮気、仕事など39の質問に、簡潔にして要を得た応答をしていて、文字通りに〝開口一番〟人を酔わせる諧謔、豊かな語彙、該博な知識で読む者を圧倒する。

開高健ファンは逝去後30年経っても減ることはない。彼の小説、エッセイは、他の作家にはない豊饒さに充ちている。

『ポ・ト・フをもう一度』の味わいは、開高健を心から畏敬する山野博史の献身な参画があって可能になったものであろう。

（2012/10/08）

プレジデント社
1600円＋税

シャイな“健さん”への肉迫に脱帽

「高倉健インタヴューズ」

高倉健 述
野地秩嘉 文・構成

寡黙。不器用。私生活を見せない大スター高倉健。

一九五五年から今日までに、二〇五本の映画に出演しているが、著者は、その九〇％に上る一八〇本を看破する一方で、十八年間追い続けて成った伝説の主のインタビューである。

健さんの仕事観、人生観、気働き、人の心を射止める〝名言〟から、日常の片言隻語に至る集大成で、日本最後の映画俳優の全人像が、期せずして炙り出されている。

健さんは端役から出発して、名優の域に達した俳優だが、そのためにどれだけの努力、忍耐、準備をしているのかを、著者の野地秩嘉氏は、一例をあげて次の通りに説明する。

「たとえば調髪である。高倉健は毎日のように品川にあるホテルの理髪店『バーバーショップ佐藤』に通っている。その店には彼のための個室があり、髪の毛を切ることもあればヒゲを剃るだけの日もある。爪の手入れもする。理髪店の主人、佐藤英明は斯界では知らぬ人のいない名人で、その名人が精魂をこめて調髪する。(中略)なぜ、そこまで彼が髪の毛、衣装に神経を使うかといえば、それは主役にアップのシーンがあるからだ。」

九牛の一毛に近いこのエピソードに、映画俳優高倉健の人柄が写し出されているようだ。

一年間に初対面の人に会うのは三、四人程度。そのシャイな健さんの信頼を受けて、これだけ肉迫した著者の準備と努力に脱帽する。

因みに私も高倉健に会っている。編集長を務めた週刊誌に、藤原審爾の連載小説『総長への道』が掲載され、映画化された際、高倉健が主演をしたことからだった。寡黙できわめてシャイな人物だった。

(2012/11/26)

老舗書店内に書店を開いた記録

「松丸本舗主義」

松岡正剛

青幻舎
1800円+税

「本」の持つ属性を、本屋に具現化させたら、一体どのような空間になるだろうか。

この案出の下に、日本一のビジネス街・丸の内の丸善本店四階で、〝書店内書店〟として、三年間に限り営業したのが、松丸本舗であった。

本屋の老舗・丸善と、企画を担ったイメージの天才・松岡正剛の頭文字を結んだ65坪の本の小宇宙である。

歪んだエスカルゴ形の店舗は、あるキーワードやイメージの連鎖で選んだ10万種の本が並べられていた。

中核を担う「本殿」には東西古今の名著2万冊のアーカイブを置き、以下「本集」「本家」「造本」「懐本」「橋本」「本相」「本人」「本座」「本架」「本具」と本に因んだコーナーが設けられ、そのイメージに沿って本が並べられたのである。

「本家」を例にあげると、愛書家として知られる著名人の書棚を再現した書籍群だった。「本人」には、本好きが読書モデルになって、メッセージを発信する書籍。「本座」には「本は三冊で読む」という既に全国展開の「三冊屋」もあった。

大部な著書『松丸本舗主義』には、この知と情報を集成したマーケットすべてが詳細に記録されている。編集工学の提唱者とそのスタッフが、知力を尽して開店した書店だけに、本のある空間の読者に訴える力は圧倒的だった。

併せて閉店を惜しむ各界43篇のメッセージの乱反射が、松丸本舗の奥行きと広大さを物語り、実に面白かったことを記憶にとどめている。

六万冊の蔵書を持つ松岡正剛は、ユニークな編集工学の提唱者だけに、「本」の持つ属性への見解は深くして広い。

（2013/01/21）

大修館書店
1800円＋税

伝統的な“相声”の魅力を解き明かす

「中国のお笑い」

戸張東夫

相声（シアンション）とは中国の伝統的な笑いの話芸である。清朝末期に盛んになったもので、かれこれ150年の歴史を持つ。

日本の落語や漫才、コントに似た笑いの話芸であるが、この〝相声〟の魅力を文献と入手可能な『中国相声精粋』や、台湾に生き残っていた伝統相声59作品を収録したテープを基に、解き明かしている。

日本の落語は、一人の演者が滑稽な話を登場人物の会話のやりとりで進め、その末尾でオチをつけて聴衆を笑わせるものだが、中国の相声は一人だと単口相声、二人なら対口相声、三人以上となると群口相声となり、ストーリー性が高い。

ところが、一九四九年に共産党政権発足後は当局の圧力や、相声界の自己規制などで、伝統相声は姿を消してしまった。

対口相声の「洞房絮話」（新婚夜話ノ意）を、一例に紹介すると次の通りである。

フランスの新婦は「あなた、私きれい？」と新郎に声をかける。ドイツは「ダーリン、おやすみになりましたの？」に変わる。

日本だと女性は温良恭善（温厚）だし、男性も彬彬有礼（礼儀正しい）から新婦がまず〝請多関照〟（よろしくお願いいたします）と挨拶。二人はその挨拶を延々と繰り返すため、なかなかベッドインできない。

それが、中国東北地方の新郎新婦は、「ご祝儀を貰っただろうが？　紅包（祝儀袋）を開けて中にいくら入ってるか数えなよ」が初夜の第一声だとか。

いま一つ、溺れて助けを求めている人に向かい、救命条件に全額を要求し、その高額さに腹を立て死を選んだとの笑い話も……。

（2013/02/18）

ブックディレクターの仕事に迫る「本の声を聴け」

高瀬毅

文藝春秋
1850円＋税

大型書店進出の一方で、街の書店は一日一店のペースで閉店に追い込まれている。

おびただしい本が刊行されるものの、売れないからだが、ブックディレクターという耳慣れない肩書きの幅允孝氏が本を並べると、本棚が一気に輝き始めるのである。

彼の下には、書店はもとより、病院、美容院、レストラン、ブティック。さまざまな業種から選書の依頼が殺到している。

何故か？

幅允孝が本の声を聴く力を持つからだ。

ホコリをかぶって倉庫にある限り、いかなる名著もただの紙の束であるにすぎない。

また、書店の棚にただ配列されただけの本には、人に訴える力は微量でしかない。

ところが、本の声を聴くことができるディレクターが、それらの本にかかわると、本は生き生きと甦り、そして読者の心を覚醒させ、情熱に点火する底知れぬエネルギーを発揮するのである。

この本の著者・高瀬毅氏は、ブックディレクター幅允孝が手がけた「本棚の編集」に立ち会い、そこで本というものが、どうすれば読者と「幸福な出会い」ができるのか、読者を本に振り向かせることができるのかを、つぶさに取材し、その一部をここに報告している。

「人が本屋に来ないなら人がいる場所に本が出ていくしかない」

目からウロコの落ちるような幅允の一言である。

日本で唯一のブックディレクターのアクチュアリティーの原点が埋もれているようだ。

（2013/03/25）

論創社
1600円+税

貸本屋は貧乏人に愛情があった

「貸本屋、古本屋、高野書店」

高野肇

古本屋は当り前で、街中の新刊書店も櫛の歯をひくように閉店している昨今である。

出版人に聞くシリーズの『貸本屋、古本屋、高野書店』――「貸本屋が3万店をこす時代もあったのだ」は、内容の濃い対談だ。

貸本文化が興隆していたのは、ほぼ半世紀前だったが、流れは古本文化に移行していった。古書専門のブックオフも誕生した。

高野書店の高野肇氏は、その渦中に生きて、つぶさに貸本業界の営為、読者層の動き、どんな雑誌や本が読まれてきたかを身をもって体験した。

貸本業が衰退すると、彼らは古本屋にころもがえをしているが、それさえ疲弊の危機に追い込まれてしまったのだ。

しかし、本を愛惜する高野は、郷土史資料の発掘と収集に努める一方、『神奈川古書組合三十五年史』の編集に取り組みながら、本をとりまく世界を冷静に分析して、その結論を次の言葉に収斂したのである。

「私が昭和三十年代の貸本屋をずっと調べていくうちにわかったのは、どうして当時の貸本屋が読者に迎えられたかといえば、ひとつの愛情があったということに尽きるのではないかということでした。

（中略）

私は貸本屋の息子として育ったので、確信を持っていえますが、貸本屋と読者は同じような貧しい境遇にあったから、相身互いな感じを共有していた。だから、貸本と一緒に愛情も貸し出していたという感じがします」

本に対する愛情の欠如が、業界の不振を招いたのか定かではないが、聞き手の小田光雄氏の該博な知識には敬服する。

（2013/06/17）

俳句を支えに、いじめと闘う「ランドセル俳人の五・七・五」小林凜

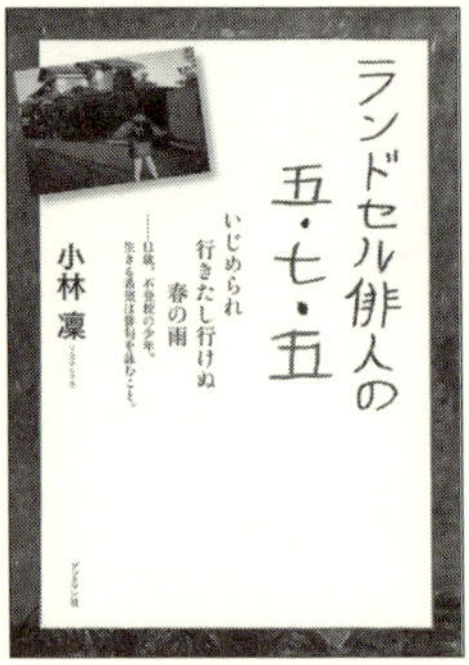

ブックマン社
1200円＋税

「生まれしを
幸かと聞かれ
春の宵」

小学六年生俳人の一句である。

この少年は、予定日よりも三カ月早く生まれた超未熟児として育ち、小学校へ入ると絶好のいじめの標的にされた。突き飛ばされ、からかわれ、「消えろ、クズ！」とののしられる。

そんな彼の心を支えたのが、五・七・五の十七音からなる俳句だった。

「いじめられ
行きたし行けぬ
春の雨」

「冬蜘蛛が
糸にからまる
受難かな」

八歳にして、このような句を詠んで、俳号を小林一茶の名字と、自分の名から一字とり「小林凜」と名乗る。

九歳にして、朝日俳壇に初投稿し、

「紅葉で
神が染めたる
天地かな」

が入選する。

教職に就く母と、祖母は、少年俳人のどんな一句にも「よし！」「秀作！」という褒め言葉と、拙いダンスで励ました。少年はその力づけに応えて、句作とは、

「苦しみの苦や
外は雪」

の心境に陥っても、奮いたった。

「自主休学」を決断して、学校に行きたいけれど行けず、いじめから自分を遠ざけていた時期に、凜少年の発句は三百を超え、一冊に実ったのである。

すさまじいいじめに会って、自殺する子どもが出る昨今、俳句を支えにいじめと闘った壮絶な句集は、教育現場の一端を摘出する警句ともいえるかも知れない。

（2013/07/22）

河出書房新社
3000円＋税

若者文化を先導した清水達夫

「雑誌の王様」

塩澤幸登

衝撃的なタイトルが、この評伝の主人公・清水達夫のすべてを物語っているといっていい。

戦後の若者文化（ユースカルチャー）を、一時期、先導したマス・マガジン『平凡』『週刊平凡』『平凡パンチ』『アンアン』『ポパイ』『ダカーポ』『Ｈａｎａｋｏ』など、独創誌の生みの親である。

「編集者とは、自分の好きなものだけを活字にする。それを好きな読者だけが読む」

の編集哲学を遵守し、

「新しい雑誌の死命を制するものは表紙である」

と、生涯、愚直なまでに表紙のトレンドを追いつづけた。

著者・塩澤幸登は、この〝編集の匠〟が経営する平凡出版＝マガジンハウスに一九七〇年に入社し、三十二年在社。清水の遺伝子を継承する木滑良久、石川次郎らの薫陶を受け、一廉の編集者に育っている。

同社は、創業者である岩掘喜之助の方針通り、勤務時間は本人の自由裁量。規制や規則はほとんどなく、取材費は使い放題、独創を尊び自分の作りたいものを作って、五〇～六〇年代には〝雑誌王国〟を実現させた奇跡的な会社だった。

そのポリシーと手段はなんであったか。

著者は在社体験と、関係者へのインタビューを重ね、資料を博捜して浩瀚な評伝にまとめるが、それでもなお茫洋とした王様の全貌に迫れなかったと述懐する。

しかし、『平凡パンチの時代』『「平凡」物語』につぐ『雑誌の王様』を書き下ろした著者は、本書で戦後出版史に大きな形跡を遺した清水達夫の天衣無縫な生涯を赤裸々に活写している。

（2013/09/02）

全国の本屋を イラスト入りで解説 「本屋図鑑」

得地直美 本屋図鑑編集部

夏葉社
1700円＋税

全国で本屋さんの閉店が続く中、四十七都道府県、すべての地域のさまざまなタイプの本屋さんを、温みのあるイラスト入りで解説したユニークな『本屋図鑑』である。

北は稚内から南は石垣島まで、日本列島の本屋さんを、半年かけて訪ね歩いた、〝足で描いた図鑑〟と言ったらいいのか。

駅前、学校前、商店街、道路沿い、スーパー内と立地条件からみた本屋さんをふり出しに、文芸、人文、美術、郷土出版等に分類された〝棚〟から覗いた本屋さんの佇ずまい。

さらに、空港内で商う本屋さん、大学構内、美術館、病院、島嶼や川辺、観光地、最北端、最南端で営む本屋さんなどを、得地直美さんのほのぼのとしたイラスト入りで、一店六百字程度で紹介している。

「本屋さんは友人であり、家族である」をモットーとする執筆者の島田潤一郎氏、空犬太郎氏だけに、本屋さんの規模、ディスプレーの如何にこだわりなく、本屋さんに寄せる心情は平等である。

いま一つの特色は、本屋さんの戦後の歩みを、十年刻みで解説し、「本の流通の仕組み」「知っておきたい本屋さん用語集」「本屋さんの一日」「本屋さんをもっと知る本三〇冊」などなど雑誌と書籍販売のモロモロの知識を、巻末に添えていることだ。

本をとりまく世界の歴史と仕組みがよく分かる。

また「本屋さん」と、すべてに敬称をつけている点に、図鑑編纂にかかわった諸氏の、書店への並々ならぬ愛情が感じられる。

きわめて薄利で万引きの多い本屋さんも、このようなシンパが居ることで救われるだろう。

（2013/10/21）

ナナロク社
1400円＋税

寝たきりの体で詠った五行歌

「点滴ポール　生き抜くという旗印」

岩崎航／齋藤陽道 写真

著者、岩崎航氏はいま37歳。3歳で筋ジストロフィーを発症し、常に人工呼吸器を使い、胃ろうから経管栄養で食事をし、生活のすべてに介助が必要な体を、ベッドの上で過ごしている。

　完治は望めず、寝たきりの体で何ができるかと懸命に模索するなかで、航は詩との出会いによって、はじめて自分の道、生きがいを見つけることができたのだった。

　放浪の俳人・種田山頭火の自由律俳句に啓発されて五行歌という詩型を編み出し、詠うことによって、生き抜く力をつかんだのだ。

嗚呼　僕も
生きているんだ
青空の
真っただ中に
融け込んでいる

弱い自分を
奮い立たし
奮い立たし
格闘の
人生歌

残すこと
生きた証を
残すこと
このように
生きたと

……といった五行詩であった。

　簡潔ななかに、凛乎としたその五行詩を読むと、著者が筋ジストロフィーにおかされ、人工呼吸器を使っている人物とは思えない。母親の無限の愛と、強固な信仰の裏づけがあって、はじめて可能になった詩だ。

　聾者である写真家・齋藤陽道氏の写真も秀逸。心からの讃歌を贈りたい。

（2013/12/16）

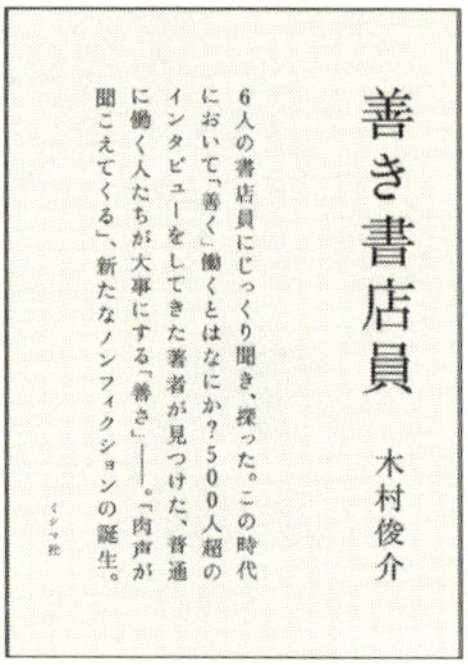

6人の書店員にじっくり聞き、探った。この時代において「善く」働くとはなにか？500人超のインタビューをしてきた著者が見つけた、普通に働く人たちが大事にする「善さ」――。「肉声が聞こえてくる」、新たなノンフィクションの誕生。

ミシマ社
1800円＋税

“肉声”でまとめた6人の実像

「善き書店員」

木村俊介

「インタビュアー」を肩書にする木村俊介氏が、書店で働く六人の店員にロングインタビューを試み、その〝肉声〟でまとめた『善き書店員』の実像である。

　有名・無名を問わず、五〇〇人超のインタビューをしてきた著者が、書店員を取材対象者にしたのは、いまの時点で日本人らしい声を聞ける分野の一つと考えたからだった。

　しかし、本を売るコツや腕前などといった成功譚を聞くわけでもなく、活字離れ、本離れがはげしい出版業界全体を取り巻く深刻な話、また、品揃え、棚づくりにまつわる洗練された笑話を聞き出すことでもなかった。

「ただ、自分を等身大以上に見せようともせずに、こうとしか生きてこられなかった一回限りの道について」善く働いている書店員の肉声を、丹念に聞きだしている。

　一読、「流れ作業ではできない手作り感の本」の著者の考えが、ストレートに伝わって来る。

　それは木村に乞われた寄藤文平氏のこの本へのブックデザインに、見事に表象されているようだ。

　白地のカバーの右手に「善き書店員」のタイトルを刷り、その下に著者名がある。

　左脇に、五行にわたって、素気ないほどに簡潔な内容紹介が施された、およそマス社会の運動法則には馴染まない本の感触にあらわれている。

内容に即した今どきには希有なこの装丁が、『善き書店員』を謙譲に主張している。

　昨今、本は売れず、出版社は不況業績の最右翼？になっている。にもかかわらず、このような「善き書店員」に支えられている現実を知ると、天は「本」を見放してはいないのだ。

（2014/01/27）

朝日出版社
940円＋税

本と人との出会いを作り出す

「本の逆襲」

内沼晋太郎

本をとりまく現況は、前途を閉ざされた感が深い。

出版社―取次―書店というオーソドックスの流れを見るかぎり、十数年つづきの前年比マイナスで、全国の書店は一日一店の割で閉店に追い込まれている。

この厳冬下「本の未来は、明るい」と、『本の逆襲』なる著書を世に問うたのが、ブック・コーディネイターの内沼晋太郎氏である。

〈本×イベント×ビール×家具〉という発想で、世田谷の下北沢に新刊書店「B＆B」を立ち上げ、利益の薄い本に加え、家具販売などの複数の収入源を確保する相乗効果により、黒字化している。

内沼氏の考えの原点は本の定義を拡張し、読者の都合を優先するアイデアだ。

「BOOK＆BEER」の略の店名が物語るように、

「ビールを飲みながら本を物色できる本屋があったら最高だ」

を起点に、

「ビールを飲めば、イベント出演者も饒舌になり、来場客同士のコミュニケーションも円滑になり、本もついたくさん買いたくなってしまうだろう」

と、本と人との出会いの場を作り出す型破りなプロジェクトを、発足させたのである。

本の定義を拡張することから生まれたこの発想に立つとき、八方ふさがりに考えられがちの本の未来に、燭光が差してきたのだった。

「これからのアイデア」を提供する意欲的なブックシリーズの一冊として刊行されているが、同シリーズには他に『情報の呼吸法』など意表をついた本もある。

本よがんばれ！

(2014/05/19)

江戸時代の太平楽が見えてくる

「いろは判じ絵」

岩崎均史

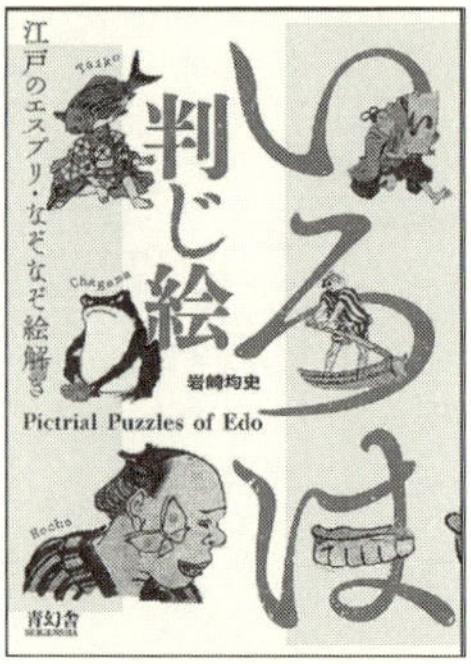

青幻舎
1500円+税

江戸時代の末期、大人から子どもまでの庶民の間で、広く流行した「判じ絵」という遊びがあった。

絵師が趣向を凝らして様々な図像になぞなぞを描き込み、わずかなヒントをいとぐちに、その謎を解く楽しみだった。

絵解きの範囲は、江戸の名所、東海道の宿場名、勝手道具、草花の名、食べもの、動物から昆虫、魚に至るまで、庶民の暮しにかかわりのあるものばかり。江戸時代を彩ったその「判じ絵」を、クイズばやりの現代に甦らせたらどうなるか。

本書は、この設問に応える面白いビジュアル文庫である。

当時の「判じ絵」を五百問集め、いろは四十七字順に分類したもので、絵に仕掛けられた珍問、難問の洒落、滑稽、エスプリ、ナンセンスぶりに、江戸時代の太平楽ぶりが透けて見えてくる。

一例をあげると、妙齢な妻君が、裾もみださず逆立ちしている判じ絵に「ま」の一字がヒントに示されている。答えは「妻」を逆さにすれば、まつ——「松」が正解。

「ち」の項には、ガマガエルが茶を点てている判じ絵。その答えは、茶を点てるガマだから「茶釜」だと。

地名となると、「よ」の項に四本の矢を受けるサムライの判じ絵。その答えは、四本の矢だから「四谷」。

台所道具では「は」の項に、頬に蝶がとまった判じ絵で、答えは「包丁」である。

やはり、頬に「六」の数字が描かれた絵の答えが「焙烙」。現代人に焙烙は難問だろう。

このように今は死語になったり、消え去った道具もあるが、江戸時代の判じ絵に挑むのも一興である。

（2014/07/21）

早川書房
1500円＋税

奇跡の製紙工場復興の記録

「紙つなげ！ 彼らが本の紙を造っている」

佐々涼子

二〇一一年三月一一日、東日本を襲った烈震と巨大大津波は、太平洋沿岸に甚大な被害を与えた。

宮城県石巻市にある世界屈指の日本製紙工場も、約四メートルの津波に巻き込まれ、瓦礫と泥濘に埋まって、機能は完全に止った。

ここは、洋紙国内販売量の四分の一、出版用紙の約四割を担っていて、工場の機能停止は、不況下にある出版界をさらに死の渕に立たせることを意味した。

だが、製紙工場には、「何があっても、絶対に紙を供給し続ける」出版社との暗黙の約束があった。

絶望的な状況下、工場長は半年で復興を宣言。ほとんど手作業で、復旧の闘いを始める。

まず、一日三〇〇トンを生産する8号抄紙機の立ち上げを最優先する。単行本や、各出版社の文庫の本文用紙、コミック用紙など二〇種類を製紙する全長一一一メートルのマシンだった。塩水と泥濘につかった8号抄紙機を動かすには、ボイラー、タービンなど周辺の様々な設備の立ち上げが先決である。

電気・ガス・水道も潰滅している中で、何から手をつければいいのか……。

このとき、各部署は一丸となって、不可能に近い困難な手作業に挑んでいった。

「駅伝と同じで、自分がギブアップしたら終り。意地でも、タスキを次につないでいかなければ！」

その各部署の奮闘によって、半年で奇跡に近い「紙つなげ！」は見事に果たされた。

現場職人たちの感動的な闘いの記録を、開高健ノンフィクション賞受賞作家が体当り取材で明かす。

(2014/10/27)

無償でも採算が合うキャラバン「つながるカレー」

加藤文俊　木村健世／木村亜維子

フィルムアート社
1800円＋税

まず、日本人なら誰でも好きなカレーづくりを介して、人と出会い、話をすることに魅せられ、カレーキャラバンを立ち上げた三人組がいる。

慶應義塾大学教授と、美大出身の男女だが、彼らは月に一回ペースで、どこかの町に赴き、その土地の食材で鍋を炊き、カレーをつくって、町の人と一緒に食べてきた。

ところが、そのカレーは売り物ではなく、三人が自腹を切ってつくり、タダで振舞っている。

なぜ？

それは、人とのつながり方、関わり方を知る手がかりになり、これからの暮らし方、生き方のヒントを得る切っ掛けになるからだ。

ところが、この無償の行為は、食べる人にはわからない。三人もまた、説明に困っていたが、ある町でカレーを賞味してくれた女性のひと言に、救われる。

「いい歳の大人になって、誰かと食事やカラオケにでも行けば、ひと晩に五千円ぐらいはまず使うでしょう。景気は悪くても、趣味やつき合いで、ひと月に五千円ぐらいは、目的や意味をあまり深く考えずに使っているはず……。だから赤字だっていいんじゃない」

彼女のこの言葉をおしひろげてみると、三人が毎回ひとり五千円づつ出し合い、出先で食材を買って、数十人のカレーをつくり、楽しいとあればいいのではないかの道理。

本の後半に、各地で提供したカレーの食材と、食べている人々の表情、皿に盛ったカレーのカラー写真が添えられ「つながるカレー」が実感できてほほえましい。

その後の経緯を知りたいものだが……。

（2014/12/08）

かんき出版
1400円＋税

珠玉の名言の舞台裏を描く

「手塚治虫 壁を超える言葉」

手塚治虫／松谷孝征

60年の生涯で、漫画家・手塚治虫が描いた原稿はなんと約15万ページにのぼる。

デビューしてからの年月で換算すると、1日あたり約10枚書いたことになる。それに加えてアニメも60タイトルと、超人的だった。

手塚は、無限の情熱を胸に、自分の才能を信じ、寸暇を惜しんで作品に没頭したが、彼がその生涯で証明したものは次の一言だった。

「人生で、超えられない壁などない」

本書は、手塚治虫が亡くなるまでの16年間、超人のマネージャーとして、次々に生み出される作品にかかわり、その合間に聞いた厖大な言葉から、松谷孝征氏が選んだ珠玉のような「人生の壁を超えるため」の名言を集めている。

テーマを「努力」「仲間」「情熱」「信念」の四つに分け、各項に数語ずつ、ごく平易な言葉が掲げられ、その言葉がつぶやかれた舞台裏をあたたかな眼差しで描いている。

冒頭の「僕は描きたいんです。描くことなら、いくらでもある。」の説明には、手塚に「今までの作品で一番のおすすめは？」の問いに「次の作品を見てください」とチャップリンと同じ答えをしたと述べ、めいっぱいの連載を抱えながら、すでに次の作品を描きたいという衝動を持った理由を、松谷はフォローする言葉で明らかにしてくれる。

「子どもは未来を見ているから、子どものための漫画を描かなきゃいけない」と。

胃ガンで死の床にありながら、悦子夫人に訴えた手塚治虫の最後の一言は、

「頼むから仕事をさせてくれ」

だった。

（2015/01/19）

藤原書店
2800円＋税

人物そのものが、不巧の作品

「不滅の遠藤実」

橋本五郎／いではく／長田暁二 編

　遠藤実は、わが国の戦後歌謡界を代表する作曲家である。

　七十六年の生涯で五千曲余を作曲。「星影のワルツ」「北国の春」「くちなしの花」「高校三年生」など、後世に歌い継がれる名曲を遺した。

　極貧家庭に育ち、中学卒、作男、門付けを経て流しを十年。その間に民衆の琴線に触れる音色を探り当てた。数々の名曲を生む傍ら、千昌夫、舟木一夫ら、戦後日本で活躍する歌手を育てた。

　橋本五郎・いではく・長田暁二編『不滅の遠藤実』には、この歌づくりの匠を、元秘書、音楽記者、評論家、門下生らが、その眼と耳で感得した全人間像、歌への愛、作曲の秘密等、オマージュを込めて証言している。

　七回忌を記念して編まれた回想録で、心あたたまるエピソードが、ふんだんに盛り込まれている。

　生前の遠藤実に全幅な信頼を受けた音楽文化研究家・長田暁二は、このヒット・メーカーの特徴を次の通り分析している。

「遠藤メロディーの特徴の一つに、長調の曲であれば要でラの音を使って哀調が表現され、短調の曲であればソの音を効果的に使って明日への希望のような情感を醸し出している点がある。自分の生活体験の中から得た自由自在の作曲法で『ギター仁義』のような演歌から『せんせい』のような学園青春ソング、『こまっちゃうナ』のようなポップスから『アキラのズンドコ節』のようなリズム歌謡まで、幅広いジャンルに及んで大ヒットがあることは、他の作曲家には数少ない特色であろう」

　遠藤実という人物そのものが、不巧の作品であるとの総括は、読む者を納得させる。

（2015/02/23）

ＰＨＰ研究所
1500円＋税

書店の再生へ 思いの丈は熾烈

「本の力」

高井昌史

いま、日本の出版業界の総売上げは一兆六千億円台。この数字は、一九九六年の二兆六五六四億円をピークに、一転下降線を辿った知的水準のバロメーターである〝本〟業界の現実である。

日本には、約三千七百社の出版社と、十社余りの取次。そして約一万四千店の書店が、本によって生業をたてている。

基本的に出版界は、この三者の連携のもと、長年にわたり委託販売・再販価格維持制度を通じて、膨大な書籍や雑誌を購読者に届けてきているわけである。

ところが、インターネットの普及、スマートフォンなどを通じ、無料で手軽に最新情報が得られるようになって、出版物の売上げは急落したのである。

この未曾有の危殆に対して、紀伊國屋書店の高井昌史社長は、

「われら、いま何をなすべきか」

と、直截的な言葉をかかげて、グローバルな視点から、敢然と解決策を提言したのである。

「ゴホンといえば龍角散」

という薬のキャッチフレーズをもじって、

「ゴホン（ご本）といえば紀伊國屋」

と、洒落のめした粋人・田辺茂一創業の紀伊國屋書店に入店。大学教授に洋書を売る外商を振り出しに、日本最大手書店のトップにたつに至った著者だけに、

「ゴホン！　と言えばアマゾン」

が立ちふさがる時代に街の文化の担い手である書店の再生――ひいては『本の力』を復活させるための思いの丈は熾烈である。

明日はわが身。一読に価いする提言である。

（2015/04/27）

リズムから大衆音楽を分析
「踊る昭和歌謡」

輪島裕介

ＮＨＫ出版新書
820円＋税

クラシックやモダンジャズは、おとなしく座って聴く「鑑賞する音楽」。それに対してダンサブルな流行音楽は「大衆音楽」と定義した上で、著者はリズムから昭和歌謡の斬新な分析をこころみる。

昭和の大衆音楽は、リズムを切り口に聴くと、ジャズに始まり、マンボ、ドドンパ、チャチャチャ、ツイスト、ボサノヴァ、タムレなど、海外から次々に流入するニューリズムに攪拌され、はやりすたりした音楽だった。

『踊る昭和歌謡』の著者輪島裕介氏は、昭和末期に生まれ、大学時代に浅草サンバカーニバル出場のための練習を毎週行っていたという〝ホコ天出身〟を自称。

旺盛な探求心から、アカデミックな音楽観や、英米中心のポップス史観に捕われるところがない。

その立位置から、昭和時代の踊る大衆音楽の系譜を、まずダンスホールとジャズに象徴して戦前と戦後に分けた上で、占領期から80年代までを、七章に分け、各年代の現象を、ビビッドに綴る。

例を上げれば次の通り。

「『踊る歌謡』の系譜を引き継ぐのは、『アイドル』だ。アイドルは踊る。必然性なく踊る。少くともほとんどのアイドルの歌唱には振り付けが伴う。これは『アイドル』というカテゴリーが、テレビと不可分に成立したことと関わっているだろう」

第33回サントリー学芸賞に輝いた『創られた「日本の心」神話――「演歌」をめぐる戦後大衆音楽史』の承前史で、前著は孤独な作業だったが、今回は対面及びSNS上での様々な人たちとの日常的な情報交換や無駄話が反映されていると語るだけあって、行間にサウンドが溢れている。

（2015/06/01）

世界思想社
2500円＋税

「貧しいがゆえに」の定説を覆す
「人びとはなぜ満州へ渡ったのか」
小林信介

戦前、満州と呼ばれた傀儡国家があった。

現在の中国東北部で、日本帝国主義を守る生命線に位置付けられ、一〇〇万人を超える日本人がいた。

このうち関東軍を除いた人々が、日本本国から生活の基盤を同地に移した開拓団員と、満蒙開拓青少年義勇軍の農業移民だった。

満州にいた日本人の約三分の一が、この農業移民で、出自の地を調べてみると、開拓団、義勇軍共にダン突、長野県だった。

世界的恐慌下、絹糸の大暴落で養蚕農家の多かった長野県は、壊滅的打撃を受け、

「その打開策として新天地を求め、自ら満州へ渡った」

が半ば定説になっていた。

ところが、本書では、「貧しいがゆえに……」の所説を、当時の生産価額の推移、経済指標といったデータを、精査検討し、根拠のなかったことを明らかにしている。

「満州農業移民の展開と長野県」を第一章に、「一般開拓団の送出における経済要因の再検討」「青少年義勇軍送出と信濃教育会」「社会運動の軌跡と移民の送出」の四章立てで、〝定説〟を論破している。

その論述から見えてくるのは、進歩的教育と社会運動の激しさで際立っていたこの県から、大陸侵略の尖兵を全国一送り出さざるを得なかったのは、社会運動弾圧の影響や、地域社会の桎梏。

さらに移民を積極的に推進した中心人物、とりわけ、県下の行政当局や教員赤化事件で知られた信濃教育会などが、急速に右旋回していった哀しい現実を知る。

透徹した論証である。

（2015/07/06）

誕生の背景から語り起こす

「童謡はどこへ消えた」

服部公一

平凡社新書
820円＋税

童心を表現した、子どものための歌を童謡というが、その童謡が歌われなくなって久しい。

かつて誰もが歌っていた「夕焼小焼」「揺籃のうた」「かなりや」「赤とんぼ」など詩情豊かなこれらの歌はどこへ消えたのか。

著者・服部公一氏は、童謡が歌われなくなった理由を、日本固有の子どもの歌が生まれた時代的背景から語り起し、素晴しいメロディーが、耳の底に残っているうちに、歌い継いでいかなければと説く。

まず、童謡の誕生から現在までの流れを俯瞰した上で、童謡にかかわった山田耕筰、サトウハチロー、中田喜直、團伊玖磨、さらにうたのおじさん友竹正則等の功績をあげる。

つぎに、子どもの音楽の成り立ちから、名曲童謡「ぞうさん」「ひょっこりひょうたん島」「おもちゃのチャチャチャ」「手のひらを太陽に」「鞠と殿さま」「北風小僧の寒太郎」「犬のおまわりさん」「アイスクリームのうた」と、戦前・戦後の名曲の舞台裏を素描している。

つづけて、童謡と影形の関係にある懐かしい唱歌の数々、たとえば「故郷」「早春賦」「花」「冬の星座」「野ばら」「児島高徳」「兵隊さんよありがとう」「進め少国民」と、自らの体験をまじえて、これらの歌への思いの丈を語っている。

そして、いまや詩壇の最長老となった谷川俊太郎氏と、詩と曲からみての童謡の魅力を語っている。

二人は、童謡、合唱曲、独唱曲を含めて、数十曲は作っていて、童謡を愛でる阿吽《あうん》の呼吸が伝わってくる。

服部も「アイスクリームのうた」「マーチング・マーチ」などを作曲している。

（2015/09/21）

全音楽譜出版社
9500円＋税

不条理時代下の歌の背景に迫る

「戦争が遺した歌」

長田暁二

戦争や戦時が歌のテーマになっているという理由で、「誰か故郷を想わざる」の次に、数年跳んで戦後の「リンゴの唄」になる流れに不満を抱く、音楽文化研究家の著者が放つ戦争裁断の著書である。

　戦時下に作られたおびただしい歌の中から二百五十三曲を抜粋し、それらの歌が作られた背景を、エピソードを交えて描いている。

　維新より日清戦争を第一章に兵科の歌、兵隊ソング、軍国歌謡、国民歌謡、戦後の歌へと、不条理時代下の歌の背景に迫る。

　目からウロコが落ちるような秘話、裏話が明らかにされていて、一例をあげれば、戦後初の大ヒット曲「リンゴの唄」は、敗戦前夜、

「世の中が余りにも深刻だから、明るい唄があって良かろう」

　と考え作られた「戦時歌謡」だったことを定かにする。

　作詞家サトウ・ハチローは、著者に次の通りに話していたという。

「日本の軍歌は暗過ぎていけない。欧米の軍歌は行進しても明るく弾む作品が多い。『日本の軍歌も、もっと明るくしなければ戦争に勝てない。それも意味が極めて漠然と象徴的に書かないと軍部ににらまれる。こんな歌で兵隊さん達が歌いながら、足音を弾ませて行進して欲しい』との願いを込めて書いた……」

　昭和二十年までつづく15年戦争の突端に生まれた著者は、軍国少年の純粋培養を受けて育った。

　それだけに権力者側のまやかし、戦争の空しさ愚かしさを身にしみて知っていて、現代社会が触れようとしない戦争が遺した歌への論述に、おのずと力がこもる。

　労作である。

(2015/10/19)

十社十通りの成り立ちを示唆

「〝ひとり出版社〟という働きかた」 西山雅子

河出書房新社
1700円＋税

「これだけ本が売れないと言われる今、それでも、ひとりで本を出版しようと立ち上がった人たちが、人々に伝えたいことはなにか。それは、どのような過程で見つかり、また、出版という仕事を通して、なにを実現しようとしているのでしょうか」

の設問を立て、現実に〝ひとり出版社〟を立ち上げた人々の個性豊かな発想と、懸崖を匍匐《ほふく》前進しているようなその道のりを、実に精緻に綴った本である。

取り上げた〝ひとり出版社〟は、小さい書房／土曜社／里山社／港の人／ミシマ社／赤々舎／サウダージ・ブックス／ゆめある舎／ミルブックス／タバブックス社の十社。

社名からして個性的で、そこから見えてくるものは、ひとりだからできたこと、地方での可能性の拓き方、自らの信じる〝おもしろさ〟を貫く法などが、丹念な下調べに裏付けられた業績紹介の間を弥縫《びほう》する形で明らかにされていく。

その十社十通りの〝ひとり出版社〟の成り立ちには、一般性や汎用性はない。

が、それだけに、やれば出来る〝ひとり出版社〟立ち上げ方への示唆、啓発、ヒントが秘められている。

各章の中継ぎに、詩人谷川俊太郎、ブックコーディネーター内沼晋太郎らの寄稿がある。

さらに、独自の本づくりのノウハウ、書店への働きかけや、イベント、企画の立ち上げ、売り方などがわかりやすく公開されている。

著者のゆきとどいて真摯な執筆姿勢から、やればできそうな小さな出版社への意欲が持てる。

本好きの人々へ、一読をすすめたい一冊である。

（2015/11/23）

集英社インターナショナル
1700円+税

表現し、活動し、挑戦する人たち

「中国残留孤児70年の孤独」

平井美帆

二〇一二年のゴールデンウィークに、関越自動車道で七名が死亡、運転手を含む三十九名が重軽傷を負う惨事が起きた。

長距離夜行バスの運転手が、中国残留孤児の息子だったことから、著者・平井美帆さんは、帰国者たちのコミュニティに分け入り、取材に入った。

残留孤児たちの父母は昭和の戦時下、傀儡国家となった満州に入植した貧しい者たちの係累で、敗戦後、現地に置き去りにされて、中国人として育てられていた。

ところが、中国人には〝日本鬼子〟と嘲罵され、「我是谁」（私は誰ですか）の深い傷を負った。

日本がようやく中国残留孤児の公開調査を開始するのは、その二十年後だった。

当然、肉親が判明したのは少なく、中国人の養父母に育てられた彼らには、日本人のアイデンティティーは失われていた。

「かわいそうな人たち」という印象が強く、著者もその先入観で取材に入るが、いつしか中国帰国者の魅力にとりつかれ、

「中国残留孤児はもはや『助けられる人』などではなく、表現し、活動し、挑戦する人たち」

であることを発見していく。

同時に、彼らの心の裡には、志半ばで亡くなった仲間への想い、虐げられた過去。子どもとの確執、言葉では表現しきれない苦難が秘められていることも知るのである。

「70年の孤独」というタイトルになったのは、彼らの心の孤独を知り「自分は誰なのか?」「親に会いたい」と、死ぬまで苦悶しなければならない現実と、ただただ、そこに戦争のむごさを見た故だった。

（2015/12/28）

掟破りの経営学の公開

「作家の収支」

森博嗣

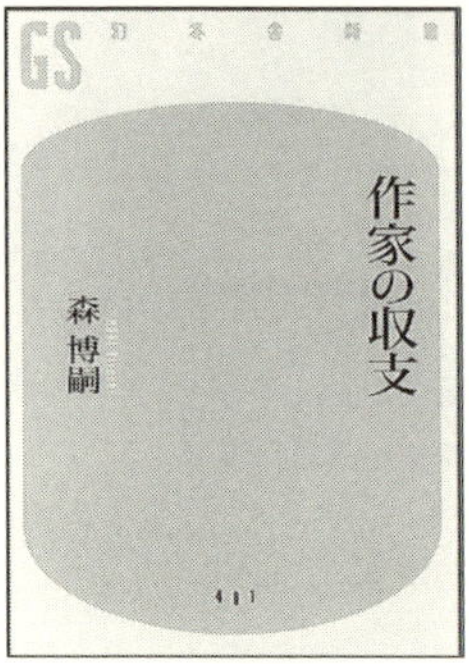

幻冬舎新書
760円＋税

作家という、幾重にも屈折した心情の持ち主は、胸裏にひそむ自らのエゴイズムを峻烈に摘出することはあっても、収支については、明かさないものである。

それを、「金儲けのために小説家になった」と公言する森博嗣氏は、驚いたことに19年間で15億円も稼いだ収入の秘密と謎を、あっけらかんと開陳している。

国立大学工学部助教授から、38歳で小説家に転じ、デビュー作の『すべてがFになる』で第一回メフィスト賞を受賞している。

以降、今日までに２８０冊を刊行し、その総発行部数は１４００万冊。総収入額なんと15億円に達しているという。

年平均15冊、７８００万円の収入を得ている計算だが、当人は、

「これといった大ヒット作もないから、本来ひじょうにマイナーな作家である」

と、聞き捨てならぬ韜晦交じりの軽口を洩らす。

その一方で、

「原稿用紙にして、１時間に約20枚程度、キーボードで叩き出せるから、『１枚５０００円の原稿料』だと、執筆労働は、時給10万円になる」

と、臆面もなく述べるのである。

この帯の謳い文句で煽る〝前代未聞〟の著書には、「文章はいくらで売れるか？」をとば口に、作家の営業の手口、講演料の稼ぎ方、インタビュー料、作家の経費にいたるまで、克明に書いている。

いつの間にか「『Ａｍａｚｏｎ』殿堂入り作家20人」入りした森博嗣の掟破りの経営学の公開は、文字通りの〝話題の本〟であることは間違いないだろう。

（2016/01/25）

幻戯書房
2600円＋税

元芸能記者が歌まみれ人生を綴る

「昭和の歌100」

小西良太郎

昭和の歌謡史を語るとき、美空ひばりに触れずして、この世界を語ることはできない。

ひばりには、″一卵性双生児″を自称する母親が目を光らせていて、容易に近づけない存在だった。

その難敵に晩年の15年、独占取材を許されたのが、スポーツ新聞の芸能記者・小西良太郎氏だった。

小西は、ヒット・メーカー吉田正を心の師と仰ぎ、船村徹、星野哲郎の信頼も得て、歌謡界の人脈を俯瞰できるようになった。さらになかにし礼、阿久悠、三木たかしらと親交を結ぶことで、昭和40年代には「歌の社会で、もはや怖いものなし」と確言するまでになった。

その立位置から、スクープを連発。所属する新聞を業界一に推し上げた。

部数を伸ばす秘訣は、いい楽曲があり、それに賭けた男たちさえいれば、その芽を育てて話題性をふくらませ、さらに体験したエピソードを織りまぜてヒューマンドキュメントに仕上げる手法だった。

″密着型記者″を標榜し、いつしかヒット曲のプロデュース、歌手の売り出しの相談、媒酌人から、名付親、葬儀委員長を乞われるまでになる。日本レコード大賞の審査委員長も務めている。

その小西良太郎が、戦後70年を期して、「歌まみれ生き方まみれ」の人生を、昭和のヒット１００曲に託して綴った。

美空ひばりとの15年を書き出しに、歌謡少年時代、新聞社の雑用係のボウヤから芸能記者になり、ヒットメーカーにめぐり会って、名物記者に成長する足どりが、達意な文章で描かれている。書かれるべくして書かれた労作だ。

（2016/02/29）

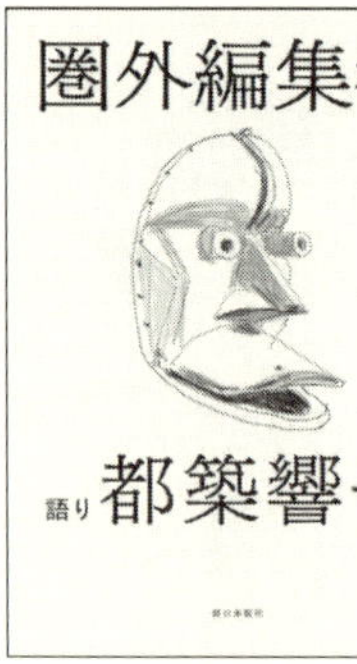

朝日出版社
1650円＋税

今日の異端は明日の正統

「圏外編集者」

語り 都築響一

世界のどこに居ても、画像や動画や音源が同時に共有でき、参加も可能になったインターネット時代――。

この時代を決定づけるのは、「トレンドがないことだ」と、都築響一氏は言う。

当然に、「東京」と「地方」、「専門家」と「一般人」の時間差はなくなっているから、編集者の特権も失われたことになる。

ところが、この大変な時期を「編集という仕事のおもしろさから言えば、いちばんスリリングな時代だ」と言い、次々に刮目に価する仕事を発表している。

まず、世紀末の世界の現代アートを、全１０２巻の現代美術全集『アート・ランダム』に集成したのを手はじめに、自らカメラを手に、独創的な若者たちの生活空間を撮影、写真集『ＴＯＫＹＯ ＳＴＹＬＥ』に、内外各地の奇妙な名所を探し出し『ＲＯＡＤＳＩＤＥ ＪＡＰＡＮ』『珍世界紀行』にまとめたりしている。

さらに、ラブホテル、地方のラッパー、エロ雑誌の投稿画といった、既存のメディアが不文律化視している分野を、斬新な視点から切り取って写真集にまとめ、97年には木村伊兵衛賞を受賞している。

21世紀に入ると、アマチュアの優れたデザインの写真集『ＳＴＲＥＥＴ ＤＥＳＩＧＮ ＦＩＬＥ』全20巻。秘宝館やスナック、無名の長老たちに光りを当て、ロードサイドを巡る取材を意欲的に続けている。

一見、アウトサイダーに見られる圏外編集者の歩みだが、八方塞がりの出版界に、風穴を開ける手掛かりになることは、間違いない。

今日の異端は明日の正統――の箴言的な歩幅だ。

（2016/03/28）

DU BOOKS
2300円＋税

レコードの陰に献身的な爪跡
「ニッポンの編曲家」
川瀬泰雄／吉田格 梶田昌史／田渕浩久

ヒットした曲の作詞・作曲家、歌手の名前はひろく知られている。

だが、その曲でレコーディングされる、すべての楽器パート譜を書き、メロディーを引き立たせ、歌手の持ち味を導きださせる〝音の職人〟といっていい編曲家の名は、ほとんど知られることがなかった。

本書は、その存在が曖昧だった編曲家にスポットを当て、縁の下の力持ちだった彼らの全貌を明らかにしている。

音楽制作、仕掛、楽曲研究、編集面で活躍するベテラン、川瀬泰雄、吉田格、梶田昌史、田渕浩久の四氏が、70年代から80年代にかけ歌謡曲・ニューミュージック時代を支えた制作ディレクター、スタジオ・ミュージシャン、エンジニアなどにインタビューを行い、書き下している。

第一章は編曲家の川口真、萩田光雄らにインタビュー。二章は編曲家が愛したミュージシャンを、スタジオ・プレイヤーに聞き込み、三章で、ストリングス、ブラス、コーラス～ガイド・ボーカルと、セクションで働いたミュージシャンにスポット・ライトを当てる。終章はレコーディングの要であるエンジニアの話を聞いている。

ここに登場した音楽現場に働く人々は、過去にレコード盤のパッケージには、その名前すら記載されたことはなかった。

彼らが、単なる裏方としてしか見られていない証左だが、本書を読むと、一枚のレコードの陰に、プロフェッショナルとしての編曲家、制作ディレクター、エンジニアなどが、いかに献身的に爪跡を残しているかがよく見えてくる。

出るべくして出版された貴重な資料である。

（2016/05/02）

調律師を目指し成長していく姿

「羊と鋼の森」

宮下奈都

文藝春秋
1500円＋税

全国の書店員が、いちばん売りたい本として選ぶ「本屋大賞」の２０１６年に輝いた小説である。

ストーリーは、ピアノに魅せられた山家育ちの青年が、調律師を目指して、人と出会い成長していく姿を、調律の技術の向上と重ねて、清麗な筆致で、温かく描いている。

黒くて艶々した大きな楽器のピアノは、鍵盤を指先でたたくと、羊毛のフェルトのついたハンマーが、連動して鋼の弦をたたいて音を出す。

フェルトが硬すぎても、やわらかすぎても、美しいひびきのある音は出ない。

整音の腕前は、いつに88の鍵盤に連動した、ハンマーの一弦ずつの状態をととのえる巧技にあった。

青年は、調律の専門学校に学び、念願の楽器店に就職して、先輩に従い〝羊と鋼の森〟をさ迷いはじめる。

だが、調律は一筋縄ではいかない。畏敬する先輩は目指す音について、小説家・原民喜の「明るく静かに澄んで懐しい文体、少し甘えているようでありながら、きびしく深いものを湛えている文体、夢のように美しいが、現実のようにたしかな文体」と、説明してくれる。

青年は、この難解な比喩にまぶされた音色を暗中模索する中で、最初に手がけた調律のピアノの持ち主、双生児姉妹の妹・由仁の結婚披露パーティーで、姉・和音が弾くピアノの調律を一任される。

ピアノは、会場の広さ、天井の高さ、出席人数によっても、音はさ迷い、攪乱されるもの。

青年の渾身の調律は、はたしてこの黒くて艶やかな楽器から、夢のように美しいが、現実のようにたしかな音色を導き出せるか……。

（2016/06/27）

東洋出版
1200円＋税

地域でつながる書き手と読み手
「『本の寺子屋』が地方を創る」
信州しおじり 本の寺子屋研究会

「寺子屋」という名称には、一見、時代錯誤のひびきがある。

長野県の中央に位置する小都市・塩尻市は、その名称を掲げた「信州しおじり　本の寺子屋」を開いて、地域文化活性化に刮目すべき動きを見せはじめている。

日本国内には、公共図書館が約三千二百六十館あるというが、目下、効率性と収益性に追われて、ベストセラー本の収蔵に傾いている。

その流れの中で、塩尻市の「本の寺子屋」は、中央から名の知られた小説家、評論家、詩人、歌人たちを招き、講演、イベントを通じて、市民に本との新たな関係を創り出し、図書館本来の〝知の砦〟の役割をよみがえらせている。

ユニークな着想の契機になったのは、ベテラン文芸編集者だった長田洋一氏をコーディネーターに起用したことだった。

現役時代に培った氏のコネクションから、著名講師を招くことが可能になって、書き手と読み手が地域でつながったのである。

もともと、信州は江戸時代、全国一の寺子屋のあった地方であり、また塩尻市からは、見込んだ作家には打算なく心を尽し、創業した筑摩書房を十年にして一流出版社に押しあげた古田晁が出ている。

その〝知熱〟の高さがあったにしても、図書館を通じ、市民の生活に読書を習慣化させえたのは、本の寺子屋の見事な仕掛けがあったからにほかならない。

スマホに読書時間を奪われた時勢に、一石を投じたことは間違いないだろう。

出版・図書館関係者にとって時宜を得た好著である。

（2016/08/01）

中日新聞社
1300円＋税

大相撲への畏るべき愛と蘊蓄

「土俵一途に」

杉山邦博

大相撲は、日本の豊沃な伝承文化である。

勝って驕らず、負けて未練を残さずの「抑制の美」が息づく土俵の世界だが、NHKのスポーツアナウンサーとして、この土俵を63年見続けてきた杉山邦博氏が、タイミングよく『土俵一途に――心に残る名力士たち』を上梓した。

名古屋が初めての赴任地で、実況中継がこの地であったことから、名古屋場所の思い出を序章に、「大相撲とは」「相撲史名勝負三番」「歴代最強横綱はだれ」「心に残る名大関」「心に残る名力士」「土俵を視る目」「期待の力士」「伝統文化の継承」と、相撲ファンには垂涎の的のテーマを設け、実況で体得したテンポのよい表現でルポルタージュしている。

「あらゆる情報は現場にある」をモットーとする現場一筋の職業びとは、立ち上がるや一瞬の速攻で勝負をつけた47代横綱・柏戸の中継で、

「立ち上がりました！
柏戸走ったァ！
柏戸の勝ちィ！」

と放送した。

二秒以内で勝負をつけてしまう〝瞬間相撲〟を中継する苦肉の策が生んだ手法だった。むろん、取り口解説は、この後につけ加えていた。

この一例が示すようにこの著書には、誰よりも相撲を見続け、誰よりも相撲を愛する男の、後世に伝え、遺したい名勝負、名力士の思い出が、文字通り臨場感あふれる語り口で述べられている。

昭和一ケタ時代、大日本相撲協会会長・尾野実信陸軍大将に名前をあやかり、相撲に並々ならぬ関心を持ち続けた私にして、杉山の相撲に寄せる愛と蘊蓄には、脱帽せざるを得ない――。

(2016/08/29)

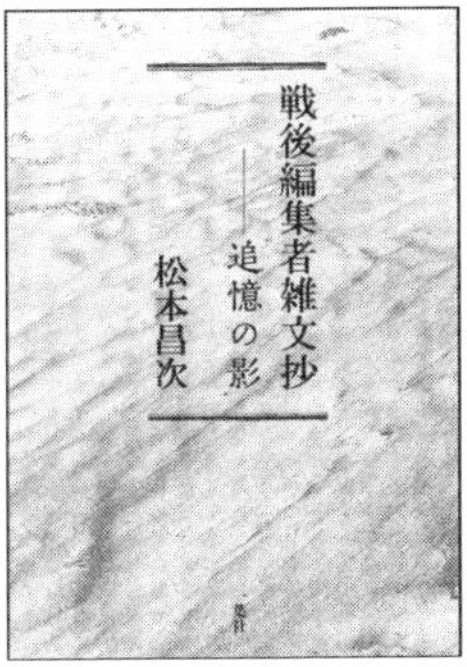

一葉社
2100円+税

同時代を駆け抜けた人々への追憶

「戦後編集者雑文抄」

松本昌次

「生きながらえた編集者が負わねばならない宿命」と、自らが定める出版の仕事をつづけたなかで、かかわりがあった同時代の著者や、同業者たちへの追悼と思い出の雑文抄である。

著者は「残すに値する本を出版すれば、結果において売れていく」の信念を抱き、演劇関係から学術書までを果敢に刊行した西谷能雄氏の未來社で三十年の編集生活後、〝光〟を浴びている人々より、〝影〟で困難に直面している人々の真摯な本の出版を志して、影書房を創業。三十二年間、その経営に当った。

六十年に余るその厳しい出版生活で、交流して来た人々については、すでに『戦後文学と編集者』『戦後出版と編集者』に集成していて、『戦後編集者雑文抄』は、しんがりに当る。

雑文抄への登場人物は、秋元松代、石川逸子、井上光晴、上野英信、小尾俊人、木下順二、久保栄、小島清孝、小林昇、米谷ふみ子、西郷信綱、島尾敏雄、武井昭夫、竹内好、中野重治、長谷川四郎、花田清輝、埴谷雄高、藤田省三、松本清張、丸山眞男、溝上泰子、宮岸泰治、宮本常一、吉本隆明に加えて、チャップリン、ワイルダーなど、同時代を駆け抜けた人々。

「いいものを書いているいい人の本を作りたい」を悲願とする一方、「嫌いな人の本を作らない」をモットーとしていた出版人だっただけに、収録された人々への追憶は、ひとえに尊敬と愛情の念にあふれている。

これだけ高名な登場人物との交流を描きながら雑文抄とは、まことに控えめなタイトルだ。「影」ならぬ「光」ある編集人生だったことが読みとれる。

類書にありがちの自己顕示の匂いがないのが爽快である。

(2016/10/03)

昭和戦後の女・子どもの生活史「サザエさんからいじわるばあさんへ」樋口恵子

朝日文庫
660円＋税

長谷川町子の『サザエさん』全68巻は、女・子どもの戦後昭和史の一端を、瞥見させるマンガだ。

昭和21年4月22日、九州の『夕刊フクニチ』紙上で誕生。途中で全国紙『朝日新聞』に発表の舞台を移し、28年間・六四七七回連載された、国民的人気マンガであった。

登場人物の名前を、ヒロインのサザエを筆頭に、夫・マスオ、弟・カツオ、妹・ワカメと、海に関わる事物で統一。時の社会的話題にからめ、サザエさん一家の笑いを巻き起す身辺雑事を、たくみに四コマに描いて多くのファンをつかんだ。

長谷川町子は、次いで『サザエさん』では扱いきれなかった高齢化社会の到来を先取りして、したたかに自己主張し、行動する『いじわるばあさん』の暮しぶりも描いた。

両作品を通読すれば、とりもなおさず昭和戦後の女・子どもの生き方、庶民の生活文化の周辺が読める趣向であった。

犀利な女性問題評論家・樋口恵子さんは、ここに着目。サザエさん一家と、いじわるばあさんの暮しぶりから、女・子どもの生活史を編み上げたのである。

その文庫版が、いま刊行されたのは、サザエさん生誕70年に因んだことと、ＮＨＫテレビの人気朝ドラ「とと姉ちゃん」のモデル、雑誌『暮しの手帖』創刊者・大橋鎭子と、『サザエさん』の作者・長谷川町子が「同年生まれ・母子家庭育ち・女きょうだい」という共通性に、追い風を得て「戦後のくらしは、家父長的家制度と無縁のところから出発した」の仮説を立てたのである。

巻末の労作「サザエさん年表」が、生活史の深味を添えている。

（2016/10/31）

アルテスパブリッシング
2000円＋税

ジャズ評論の大家が語りおろす「相倉久人にきく昭和歌謡史」相倉久人／松村洋 編

ジャズ評論の先達、野川香文、油井正一、福田一郎らが、歯牙にもかけなかった昭和歌謡の周辺を俎上に、従横に語りおろした日本ポップス文化論である。

ジャズ〜ロックの第一人者・相倉久人氏が、気鋭の音楽評論家・松村洋氏を相方に、展開している。

昭和期のヒット曲、軍歌、アイドル、ニューミュージックに至るポップス系列のオリジナル音源を聴き直しながら、ジャズを抜群のリズム感で日本化したのが喜劇王のエノケンだったを第一回に、日本のジャズ・アレンジメントの基礎を作った人は服部良一。

つづいて、欧米の楽曲が弾圧された戦時下に話題をすすめ、詞藻はともあれ、曲と旋律にポップスのイディオムの在ったことを実証する。

百花繚乱の戦後に移って、演歌の女王と謳われた美空ひばりの唄ったジャズ唱法を認め、アメリカで大ヒットの「上を向いて歩こう」を唄った坂本九の才能、ユーモア楽団クレージーキャッツの面白さ。そして、山口百恵、松田聖子、中森明菜、ユーミン、大瀧詠一、ちあきなおみ、シャ乱Q等々と話題をひろげていく。

語り手の相倉久人が、ジャズの現場に深いかかわりを持つ一方、日本レコード大賞の審査員を四半世紀も務め、その間に作曲、編曲、歌手たちと親交を深めていただけに、逸話は豊富で幅は広い。

「昭和の流行歌をふり返りながら、日本人と音楽について見よう」が原点だったという企ては、相方・松村洋の入念な準備と共振、対立、飛躍、アレンジメントでユニークな昭和歌謡史に仕上った。

相倉久人は、この刊行前に惜くも長逝した。

(2017/01/09)

どうしても書けぬ。
あやまりに文芸春秋社へ
行く。
〆切本
拝啓
〆切に
遅れそうです
左右社

左右社
2300円＋税

作家の計り難い頭脳を覗く

「〆切本」

夏目漱石ほか

執筆活動で生計をたてている著名人の、〆切にまつわる泣けて笑えるエピソードは、山ほどある。

〆切に遅れた口実に、急病、家庭の不幸、忘却、謝り、泣き落し、果ては遁走に至るまで、その手練手管を調べたら、浩瀚な一冊の本になると言われていた。

その待望久しい『〆切本』が、出版不況期のいま、左右社から三百数十頁の本にまとめられ、刊行された。

収録作家は、夏目漱石、谷崎潤一郎、江戸川乱歩、菊池寛、吉川英治、横光利一、林芙美子、太宰治、松本清張、遠藤周作、野坂昭如、梶山季之、井上ひさし、手塚治虫、星新一、柴田錬三郎、長谷川町子、吉本ばなな等々、九十人余。

虚構を徘徊して、名作から迷作を仕上げる小説家、漫画家、エッセイストたちだけに、〆切に遅れた口実、言い分、弁解、謝りぶりは多岐多彩！ ベテラン編集者を同情、納得させる方便の一方、時には相手を怒らせ、絶交に追い込まれるなど、デッドラインをめぐる攻防の技は深い。

一例をあげれば、遅筆を逆手に取ってわざわざ自家製原稿に「遅筆堂文庫」と刷り込んでいた資料魔で凝り性の井上ひさし。

また、月刊誌八誌、週刊誌三誌に小説、週刊誌二誌に雑文を連載し、さらに月刊誌五誌で対談座談会、三誌のグラビア。この間ステージ四つ、TV番組六つで歌を唄うなど当時の野坂昭如の〆切日との戦いぶりは、狂気の沙汰だ。

キャパシティーを越える仕事を引き受けたから、〝〆切魔〟に追われることになるわけだが……。作家という人種の計り難い頭脳を覗く面白本である。

（2017/02/20）

岩波新書
840円＋税

痛快極まりない「解説」の解説

「文庫解説ワンダーランド」

斎藤美奈子

文庫の解説は、新潮文庫の川端康成『雪国』に、文芸評論家・伊藤整の解説を付けたのが始まりで、それ以降、各社の文庫は、これに習うようになった。

各文庫に収録された小説、外国文学、自然科学、社会科学の各分野、その著者について読みどころを解説した「オマケ」である。

その解説者は斯界の第一人者から、師弟、友人、時には血縁者に至るまでさまざまだった。

そして既刊文庫の解説を読むと、快説から怪説に至る、読者を興奮と混乱と発見にいざなうワンダーランドの趣きがあった。

この不思議な〝事象〟に着眼したのが、少壮気鋭の文芸評論家・斎藤美奈子さん。

彼女は、ターゲットとする領域にズバズバと踏みこみ、容赦なく、やさしい蹴りと、別れ際に微妙な言い残しをするエスプリ論者である。

『文庫解説ワンダーランド』では、夏目漱石の名作『坊っちゃん』を嚆矢に、太宰治の『走れメロス』、海外文学のシェイクスピア『ハムレット』、小林秀雄『モオツァルト・無常という事』、松本清張『点と線』、渡辺淳一『ひとひらの雪』等々、古典、名作、ベストセラー、話題の本を俎上に「斬捨御免あそばせ」とばかり、斎藤美奈子独自の、痛快極まりない解説の解説をこころみる。

小林秀雄、丸山眞男、江藤淳、福田恆存であろうと、論述に瑕瑾があれば、やんわりと噛みつき、からかい、翻弄する。

逆に快説には惜げない賛辞を贈り、笑いの中に解説のこつをみごとに説いている。

一読、目からウロコの快著だ。

（2017/03/27）

清爽の気みなぎる書評集成

「言葉はこうして生き残った」

河野通和

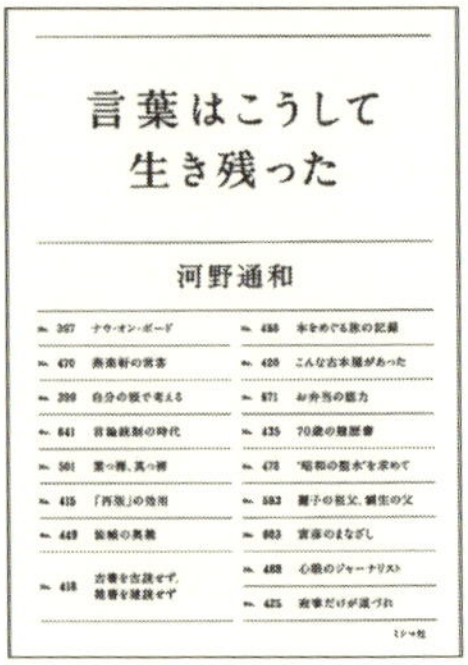

ミシマ社
2400円＋税

編集長を務める「考える人」のメール・マガジンに、六年半にわたり毎週配信した三〇〇余冊から、三七回分を厳選した清爽の気みなぎる書評集成である。

「言葉はこうして生き残った」を第一章に、「あらためて、書物とは何か」「出版草創期の人びと」「作家の死、一時代の終わり」「先達の『生』を生きる」などの六項目をたて、各章に数篇の類書を収録。

一例をあげれば「作家の死」の章は、「四半世紀を経て書かれた歴史」として、一九七〇年一一月二五日、クーデターに失敗、割腹自殺をとげた『五衰の人　三島由紀夫私記』（徳岡孝夫著）をとりあげる。

徳岡氏は、事件当日の朝、三島に「檄文」と私信を託された信頼厚い記者だった。

その著書を、「仔細に記憶をたどり、その文章、発言の紙背に目を凝らし、執拗に問いかけたレポートです」と総括した上で、光る文章、生き残る言葉を引用。

その文章を敷衍して鬼才・三島由紀夫が、「健全な常識を備えた人」「死に方が死に方だったから、よほどへんな人のように思われがちだが、そうではない。私の知る三島さんは……なお元大蔵事務官の素性を失わない、素面な常識人だった」の妥当的言葉を導き出している。

加えて評者の言葉、「この程の良さが本書の魅力であり、そうであろうとする誠実さが全体の説得力を支えています」の見解を添えるが、この抑制しバランスのとれた見解は、全篇に通底している。

デザイナー寄藤文平氏のシンプルな装丁も見事で、書評集成を面白い読み物にしている。

（2017/05/29）

ブックマン社
1600円＋税

版権めぐる出版業界の狂騒を描く
「断裁処分」
藤脇邦夫

断裁処分とは、書店で売れ残り、出版社に返品された出版物を、再び流通しないように、出版社側が廃棄することである。

表紙カバーに、この旨を表示した同題の小説が、刊行された。

ストーリーは、未曽有の出版不況下、経営破綻寸前に陥った老舗新英社の最後の財産――売れ筋作家の版権をめぐって、業界に巣くう俗物どもが跳《ちょう》梁《りょう》跋《ばっ》扈《こ》する狂騒ぶりを、リアルタッチで描き出したショッキングな物語である。

登場する出版社名が、集談社、講学社、学習館、新英社、文壇冬夏などと書かれていて、ほとんどが一字違いで実在する社であり、各社の特長も「漫画の売上げが突出した集談社、講学社、学習館」とか「新英社、文壇冬夏は文芸出版社の傾向が強く、総合出版社と言えるのは、唯一、集談社だけ」と書かれている。

そして、「新英社、文壇冬夏には漫画と雑誌がなく、文芸書籍が中心だったことが、現在の業績不振を招いた」と敷衍されていくと、どうみてもこれはもうフィクションではないようにも読める。

さらに、1963年、中央公論社から刊行された日本文学全集に、ベストセラー作家の松本清張が入るのを、三島由紀夫が頑強に拒み、収録させなかったことなど、出版史を賑わした事件も、盛り込まれている。

著者・藤脇邦夫氏は、定年まで出版社に勤め、『出版幻想論』『出版現実論』『出版アナザーサイド』などの著書を持つ。

この経歴から推して、素材にはこと欠かないものの、フィクションの酵母不足で、醗酵に至っていない描写が散見し、惜しまれる。

（2017/07/03）

文藝春秋
2200円＋税

戦後を彩る
鬼才偉才との出会い
「美輪明宏と『ヨイトマケの唄』」
佐藤剛

黄色に染め上げたロングヘアーに、あでやかな衣裳をまとう艶麗な美輪明宏には、シャンソン歌手、シンガー・ソングライター、〝女優〟、役者、演出家。そして、今は懐かしい言葉となったシスターボーイなど、多彩なプロフィールがある。

長崎に生まれ原爆に遭遇。16歳で歌手デビューするが、いち早く彼の天性の美と才能を発見したのが、三島由紀夫だった。

「メケメケ」や「愛の讃歌」を大ヒットさせ、自らの作詞・作曲した「ヨイトマケの唄」で知られる一方、異才・寺山修司に口説かれ、彼の作品『青森県のせむし男』『毛皮のマリー』に主演。

その圧倒的な演技力で『仮面の告白』の作家・三島を唸らせ、さらに江戸川乱歩原作、三島由紀夫戯曲の『黒蜥蜴』に主演――妖艶な演技で海外に知られた。

シスターボーイと軽蔑の視線にさらされた異端児が、この高見に立った裏には、三島由紀夫、中村八大、寺山修司をはじめ、戦後を彩った作家、音楽家、舞台人ら、鬼才偉才との出会いがあり、彼らと相乗することで表現者としての自らを磨きあげたことにほかならない。

佐藤剛氏は、ゴブラン織りに仕上げられた彼の人生絵巻を、外見とは乖離した感のある「ヨイトマケの唄」に秘められた創作の謎を紐解く手法で迫っていく。

八十歳を超え、現役で活躍する人物像を描くのは至難なことだが、著者は中村八大の長男、力丸氏の全面協力と、遺された資料、美輪に関わりのあった人々の証言の断簡隻句を克明に集め、調べ上げて、美輪明宏自身を賞嘆させる評伝に仕上げたのでる。

（2017/08/07）

岩波書店
2200円＋税

国策の立案から終局までを明らかに

「満蒙開拓団」

加藤聖文

満州国は、昭和六（一九三一）年に勃発した満州事変により、中国の東北三省と内蒙古の熱河省を加え、日本がつくりあげた傀儡国家である。

この地を、対ソ防衛の軍事拠点に位置づけた日本は、折からの農村不況打開策の一助に、屯田兵構想の開拓団を企てた。

「王道楽土」「民族協和」の美名のもと、二〇年間に一〇〇万戸、五〇〇〇万人を送り込む国策をたてたものの、日中戦争につづく太平洋戦争で、肝心な農村成人の召集などにより、敗戦の昭和二〇年までに、三〇万人余の移民にとどまった。

満蒙開拓団の動向が、一躍クローズアップされるのは敗戦後——。

ソ連軍の参戦に乗じた現地民の襲撃などで、開拓団は壊滅。悲劇的な惨事が続出した。

今日に至るも、負のイメージで語られ、ほとんどが長野県をはじめ、特定の送出地域や入植地を対象とした事例研究、個別テーマに傾いていて、全体像を明らかにした通史のたぐいは皆無であった。

この盲点に着眼したのが、『満鉄全史「国策会社」の全貌』『史料　満鉄と満洲事変』などの労作を持つ加藤聖文氏だった。

少壮学者は、満蒙開拓団の通史がないのは、研究者の恥だと提言。自ら買って出て、国策であった開拓団の本質と、立案した時点から終局までの変遷を、截然と明らかにしたのである。

改めて満州開拓政策の失敗は、日本の社会と組織が持つ構造的な欠陥であったことを知る。

同時に、開拓政策に決定的な役割を担いながら、結果責任を逃れて恥じない先達へ、自戒を込め告発姿勢をとる氏に敬服する。

（2017/08/28）

一書店が仕掛けた謎の販売戦略

「書店員Ｘ」

長江貴士

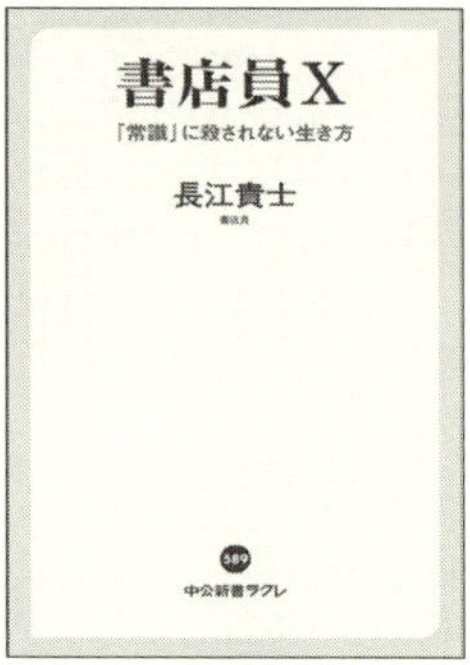

中公新書ラクレ
840円＋税

創造性を建てまえにしながら、意外にも常識や経験則に囚えられているのが、出版業界である。

この業界にあって、２０１６年に東北地方の一書店が仕掛けた「文庫Ｘ」なる謎の本販売戦略は、前代未聞の試みだった。

本の顔ともいうべき、表紙とタイトルと著者名を、手書きカバーで隠し、

「この本を読んで心を動かされない人はいないと固く信じています」

と、扇情的文章を書いた。

さらに、謎の覆面本「文庫Ｘ」の脇には、

「どうしても読んで欲しい８６０円（税込）がここにある」

の看板も立てた。

意表を衝いたこの試みは話題を呼んで、全国６５０以上の書店を巻き込み、「文庫Ｘ」を30万部を超えるベストセラーに大化けさせた。

奇想天外なこんなアイデアを編み出し、実践した『書店員Ｘ』とは、一体、どんな人物なのか。

本書は、その問いに答えて、アイデアを生み出し、ヒットに至るまでの道程を、仕掛け人の普通ではない生き方の半生に絡め、語りおろしている。

慶應義塾大理工学部を中退し、引きこもり期間を経て、32歳まで書店のフリーターとして働いた上で、さわや書店へ入社するまでの〝常識〟に殺されなかった道のりだ。

「あとがき」でさらに、自身の半生を踏まえた上で、

「それがどんなことであれ、『他人と違う』ということは『強さ』を生み出す可能性を秘めている」

と語っている。

この一言は、不況にあえぐ出版業界に限らず、デジタル社会に戸惑う人々への励ましになるのではないか。

(2017/10/30)

KADOKAWA
1400円+税

植木等と“のぼせもん”の43年
「昭和と師弟愛」
小松政夫

昭和が高度経済成長に輝いていた頃、〝日本一の無責任男〟平均《たいらひとし》を演じ、日本を笑いの渦に巻き込んだ男がいた。

ハナ肇とクレージーキャッツのギタリストの傍ら、人を喰った演技で頭角をあらわしたバンドマン、植木等である。

その超人気者の「付き人兼運転手」に、応募者600人の中から選ばれたのが、博多出身の松崎雅臣だった。在所言葉で言う〝のぼせもん〟で、いったん何かに熱中すると、上気して判断がつかなくなる一本気タイプ。

現に、月収10万円の車の辣腕セールスマンを捨てて、手当て7000円で植木等の下働きになったことに、のぼせもんぶりは顕著だ。

ところが、この付き人の主は、酒・博打・女を「わかっちゃいるけど、やめられない」と歌い演じながら、素では酒も女もまったくの石部金吉だったのである。

素と役で、雲泥の差を見せる一方で、植木は自らを絶対に先生と呼ばせず、父親を早く亡くした松崎をおもんばかって、「親父」と呼ぶように厳命した。

さらに、彼が芸能界志望と知るや、小松政夫の芸名を与え、テレビのレギュラーになれるよう、陰に日に援助を惜まない。

二人の師弟関係は、師匠・植木の死去するまで43年間に及んだ。その間、〝日本一の無責任男〟を演ずる根っからの真面目人間は、「これはもう働いてる姿を見せるに尽きる」のひたむきさ。由来、喜劇を演じる人物は、その役柄とは裏腹に、気難しく、一筋縄では行かないといわれている。

しかし当人は、「日本一気配りの責任男ときたもんだ!」だった。

（2017/12/04）

感動的な「刎頸の交わり」の日々

「友情」

山中伸弥
平尾誠二／惠子

講談社
1300円＋税

名ラガー平尾誠二と、ノーベル生理学・医学賞受賞者・山中伸弥の深い友情に裏打ちされた、濃密で読み応えのある対談集成である。

二人の出会いは、二〇一六年十月、平尾が胆管癌で死去する六年前であった。

四十代半ばを過ぎてから、男同士の友情を育むというのは難しいが、なんの利害関係もなく、一緒にいて心から楽しいと感じられたことから、二人の間には、対談、講演、会食が重なり、ついに家族ぐるみのお付き合いに発展した。

この友情に突如危機が迫ったのは、平尾に余命三カ月の末期癌診断が、下された時だった。

整形外科医で癌は専門ではない山中は「もし、自分が彼と同じ癌になり、彼と同じ状態だったら、どんな治療を受けるか」を、専門医に聞き、必死に考えて親友に、

「自分の全力をかけます。この僕の言うことを聞いて下さい」

と、新薬による免疫療法をすすめたのだ。

心から山中を信頼する平尾は、「今の状況ではこの治療が最善です」の言葉に安心して従った。

しかし、決定的なリードを許した癌の闘いには、ついに、勝利はなかった。『理不尽に勝つ』の著書を持つ名ラガーは、極限の状態にあっても、親友の励ましと治療法を信頼し、理不尽に勝つ姿勢を、身をもって貫き通したのである。

ラグビー日本選手権七連覇の立て役者と、ノーベル生理学・医学賞受賞者の癌をめぐる十三カ月間の闘いぶりは、首を切られても後悔しない「刎頸の交わり」を地で行く感動的な日々であった。

（2018/01/22）

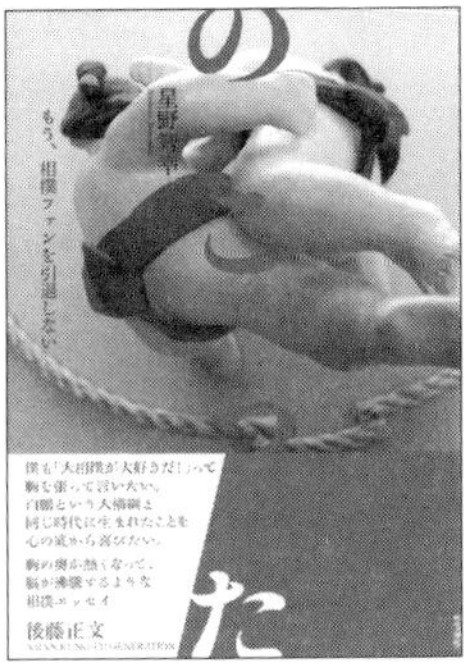

ころから
1600円＋税

大相撲を巡って胸のすく直言

「のこった」

星野智幸

貴乃花親方が、元横綱日馬富士の傷害事件を巡っての対応の不手際で、理事を解任された。

この騒動の渦中に、三島由紀夫賞、読売文学賞などの受賞作家・星野智幸氏の著書『のこった』が刊行されたのである。

星野は貴乃花の熱狂的ファンだったが、貴乃花引退と同時にファンを辞めていた。

ところが、モンゴル出身の横綱・白鵬の優勝記録が史上最高に迫りつつあるのを知るや、十数年ぶりに国技館へ行く。

白鵬が稀勢の里を破れば、異邦人力士三十三回目の優勝となる歴史的な日であった。

館内は日本人力士への声援と、「白鵬！　モンゴルへ帰れ！」のヤジが乱れ飛んでいた。

白鵬は、野球賭博、八百長問題で相撲が危機にあったとき、一人横綱として土俵を支えた力士である。

「日本人ファースト」的熱狂の陰に、モンゴル力士に対するヘイトスピーチがあることを知った星野は、

「もう相撲ファンを引退しない」

と決意する。

「曙貴時代の空気を振り返る」「『日本人ファースト』に潜む危うさ」「『国技』の相撲、相撲のルーツ」などの項目の下に、

「相撲界で起きていることは、この社会でも起こる。相撲が体現する問題は、社会の危機を極端な形で先取りしている」

と、偏見に囚われない胸のすくような直言を放った。

終章に、文学賞に初チャレンジして落選した自身の相撲小説『智の国』を添えて、相撲への病膏肓ぶりを示している。

（2018/02/26）

思考力、闘争心を養った足取り

「弟子・藤井聡太の学び方」

杉本昌隆

PHP研究所
1400円＋税

藤井聡太五段（15）が、第11回朝日杯将棋オープン戦の準決勝・決勝戦で、羽生善治竜王（47）、広瀬章人八段（31）を破って優勝した。

15歳6ヵ月での棋戦優勝は、史上最年少記録で、更に五段昇格から16日後には、なんと六段昇格を現出させたのである。

公式戦で29連勝の新記録を樹立した少年が、羽生竜王や佐藤天彦名人、久保利明王将、渡辺明棋王、菅井竜也王位ら、全棋士が参加する勝ち抜き戦で頂点に立ったのは、空前にして、おそらく〝絶後〟ではないか。

この奇跡の棋士・藤井聡太が、小学四年生で弟子入りしたのが、杉本昌隆七段だった。

相振り飛車については棋界きっての研究家として知られた棋士である。

杉本は、

「将棋という勝負の世界には、師匠も兄弟子もない。言いたいことは遠慮せず自由に言ってもいい」

の指導者と知られている。

その師は、藤井を入門以来どのように指導してきたのか――。

弟子が前人未踏の記録を更新中だけに、ノウハウを知りたいところだが、その矢先に刊行されたのが『弟子・藤井聡太の学び方』であった。

育て方ではなく、一歩退いた学び方のタイトルが示しているように、この本には具体的な将棋の指し手や戦法より、対局への心がまえやネットのつきあい方といった、広い意味での学び方である。

思考力・集中力・忍耐力・想像力の養い方。闘争心・冒険心・自立心・平常心を身につけるノウハウが、藤井聡太の足取りにからめて、明らかにされている。将棋マニアには待たれた本かも知れない。

（2018/03/26）

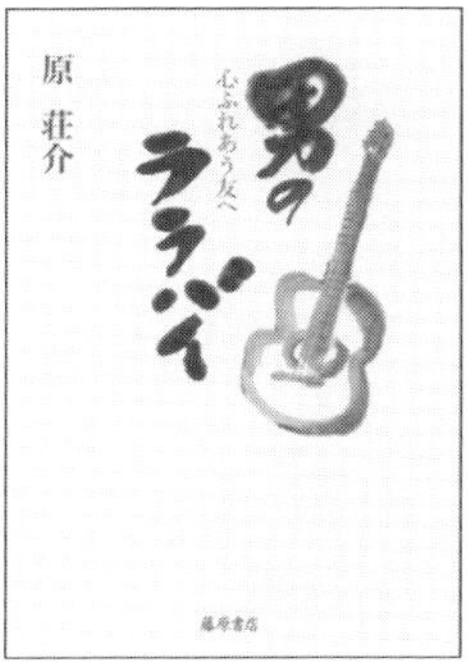

藤原書店
2800円＋税

吟詠詩人が出会った忘れ難い人々

「男のララバイ」

原荘介

人それぞれの心の引き出しには、子守唄が大切にしまいこまれている。

生を受けその先に耳に触れた唄だけに、数々の思いがつまっている。

『男のララバイ』の著者・原荘介氏は、クラシック・ギターひき語りのベテランとして、世界を舞台に活躍。その一方で子守唄をライフワークに、四十余年にわたり調査収集。日本全国の子守唄百三十八曲を、CD八巻＋歌詞集＋鑑賞アルバムに収録した。

困難な収集の過程で得難い人に会い、啓発、教えを受けている。忘れ難い人を列記すると、

心の師匠の森繁久彌
義に生きた川内康範
兄貴のような土屋嘉男
胸を借りた中村八大
素敵な姉御石井好子
童女のごとき森村桂
〝新宿の母〟栗原すみ子
子守唄の兄貴松永伍一
心の友笹倉明・淡谷のり子、伊東弘泰

の人たちだ。原荘介は、藤原書店社長の巧みなリードに沿って、収集に関わった人々との興趣にあふれたエピソードを語り下ろす。

一例をあげれば、心の師・森繁からは、「歌は語るがごとく歌い、語りは歌うがごとく語る」という歌の真髄を教えられているし、昭和恐慌下に生まれた松永伍一には、胎内にある時、始末される危殆下にあった、の秘話も聞き出している。

子守唄には、親の愛情にみちた「眠らせ唄」から、子守女がわが身の不仕合せを嘆き、「眠らせ子」を憎悪する残酷な「守子唄」まであるという。

しかし、「子守唄」のメロディーにのせられると、ほのぼのしてあたたかな情愛が、にじみ出てくるようだ。

（2018/04/30）

奥深く倦むことがない
34人の本棚

「絶景本棚」

本の雑誌編集部

本の雑誌社
2300円＋税

『本の雑誌』の巻頭人気連載だった「絶景書斎を巡る旅」「本棚が見たい！」の書籍化第一弾である。

松原隆一郎、京極夏彦、荻原魚雷、渡辺武信、成毛眞など、登場する34人の書斎主は、趣味も専門もバラバラ。それを収納する本棚の数と、広がる世界だけが酷似しているにすぎない。

ただし、整理、収納、並べ方は、すっきり整然系から、累卵床積み系、野放しの魔窟系等と十人十色。

本の雑誌編集部は、それらの本棚模様を、

「百花繚乱」
「不撓不屈」
「泰然自若」
「一球入魂」

の各篇にくくって、驚嘆すべき絶景本棚を、フルカラーで見せてくれるのである。

一例をあげると、社会経済学者・松原隆一郎氏の地下一階、地上二階建てには、螺旋状書庫が設えられ、一万冊がスタイリッシュに並ぶ。

小説家・京極夏彦氏の書斎は、五万冊の本の背表紙を壁紙代わりにした機能美の本棚だ。

文芸評論家・細谷正充氏の三階建ての一軒家には、コミック、ライトノベル、映画文芸、一般書十五万冊が、サイズ別に分類されて、端正に並ぶ。

辞書研究家・境田稔信氏の十畳の書斎には、名著の誉れ高い『言海』の判違い、同判型でも表紙の色、本文用紙、厚味、奥付の組方違いで集められた同著だけでも、二百六十冊以上も収納。

さらに、漫画家で本棚探偵・喜国雅彦氏は、自宅いっぱいに集められた厖大な本を処分して、トランク一つが夢とか。

〝四面書架〟34人の本棚模様は眺めていて奥深く倦むことがない。

（2018/06/04）

祥伝社
1500円＋税

勝てば官軍の偏頗な国づくり
「明治維新とは何だったのか」
半藤一利／出口治明

明治維新は、鎖国下の幕藩体制が崩壊し、近代天皇制国家の起点となった政治・経済・社会・文化の大変革といわれている。

変革にかかわり功労のあった人物には、阿部正弘、坂本龍馬、西郷隆盛、大久保利通、桂小五郎、岩倉具視、吉田松陰、伊藤博文、山縣有朋ら多士済々の名があげられている。

ところが、この顔ぶれを見ると、討幕運動に奔走した薩長藩の志士が主流となっていて、幕府側には阿部正弘ひとり、まさに、明治維新は薩長史観に左右されているのではないかの疑いを持たざるを得ない。

明治一五〇年目に当る今年、東西の歴史に通じた半藤一利、出口治明の両氏が『明治維新とは何だったのか』の題名通り、この変革を縦横に論じているが、その結果はまさに薩長史観に幾重にも裏打ちされた歴史であったことを知る。

本書は「幕末の動乱を生み出したもの」を一章に、以下「『御一新』は革命か内乱か」「幕末の志士たちは何を見ていたか」「『近代日本』とは何か」を論述していて、読む者はこの国がまことに偏頗であったことを教えられる。

一例をあげれば、勝てば官軍で「県名、軍隊、華族に見る賊軍差別」に、露骨なまでに反映されていた。

それは、明治新政府は「公侯伯子男」といわれる、国に功績のあった者を華族にとりたてる制度を設けたが、長州からは公爵三人、侯爵二人、伯爵七人、子爵一五人、男爵四八人の合計七五人。薩摩からは、合計七一人も華族に列しているのに、半藤一利出身の新潟県からは男爵一人。出口治明の出身地三重県からは、男爵一人という差別を受けている。

(2018/07/16)

再就職支援から得た教訓

「定年前後の『やってはいけない』」

郡山史郎

青春新書インテリジェンス
950円＋税

定年は「生身の葬式」であり、その後は「終った人」にみられてきた。人生１００年時代に、この考えはいかにも杜撰で、昨今、雇用延長で働くとか、再就職して生きる法が提起され始めた。

その方便として、資格を取るすすめ、過去の人脈で仕事を探すなどの提言が出されているが、３０００人以上の再就職をサポートしてきた郡山史郎氏は、

・やりたい仕事、給与にこだわり、転職を繰り返す
・年金がもらえるまで、会社の雇用延長を利用する
・過去の人脈を頼りに、仕事を紹介してもらおうとする
・何かに役立てようと、資格・勉強に時間とお金を使う

と言った定年前後の〝常識〟に対し、「やってはいけないこと」と×をつける。

郡山は現在83歳。現役ビジネスマンとして、週に5日間、都内の会社に電車通勤している。

その前歴は、一橋大学経済学部を卒業。伊藤忠商事を経てソニーに入社。次に米国のシンガー社に転職、8年後ソニーに再入社。常務取締役を経て傍系の社長、会長まで務めた。

この前職、肩書きから見て、定年後の仕事はきわめてスムーズに決まった……と見られるが、現実はそれどころではなく、認識の甘さに茫然としたという。

郡山は自らの味わったその苦い経験を活かすべく、人材紹介会社を立ち上げ、定年後の人たちの再就職の支援に奔走する。

しかしそこから得た教訓は、「定年前の常識は、定年後の非常識」という衝撃の事実であった。

（2018/08/20）

アルファベータブックス
2000円＋税

歌姫たちの窺い知れない絆
「美空ひばりと島倉千代子」
小菅宏

美空ひばりと島倉千代子は、昭和を代表する歌手であった。

ひばりは、昭和二十三年の夏、十二歳でデビューし、「悲しき口笛」のヒットで、たちまちスターダムに登った。千代子は、七年遅れの三十年春に「この世の花」でデビューする。

年齢では一歳下に過ぎなかったが、歌手キャリアの隔りは大きく、お千代は終生、偉大なるお嬢を追いかけ続けた。

だが、「歌姫」として対峙した二人の「禁断の12000日」には、端では窺い知れない絆があった。

その禁断の真相を解くべく、いまや昭和歌謡界のレジェンド小菅宏氏が、ヒットソングの詞藻を先導役として、二人の歌謡人生劇を五幕十場に筋立てた。

第一幕　二人の天才歌手（戦後歌謡史と女性の象徴）。第二幕　家族、そして「母」（昭和時代の原型）。第三幕　苦難を乗り越えて（生きるということ）。第四幕　女の幸せ、そして試練（人の天命を問う）。第五幕　歌手として生き、歌手として死す（人生の碑とは）のプロットで、豊富な資料と見聞をテコに、奔放に迫っている。

一読、ファンにとっては、ほぼ周知のエピソードでも、著者の歌謡曲への蘊蓄、執念の取材、熱のこもった表現に接すると、

「真相はそうだったのか！」

の思いに、あらためて駆り立てられる。

一例をあげれば、ひばりが人知れず涙を零したように、千代子も人知れず泣いたが、舞台上では涙を見せなかったという。

理由は、恩師・古賀政男の「歌の力で客を泣せてこそ本物」という教えに従ったからという。

（2018/09/24）

女性初の横審委が伝える奥深さ

「大相撲の不思議」

内館牧子

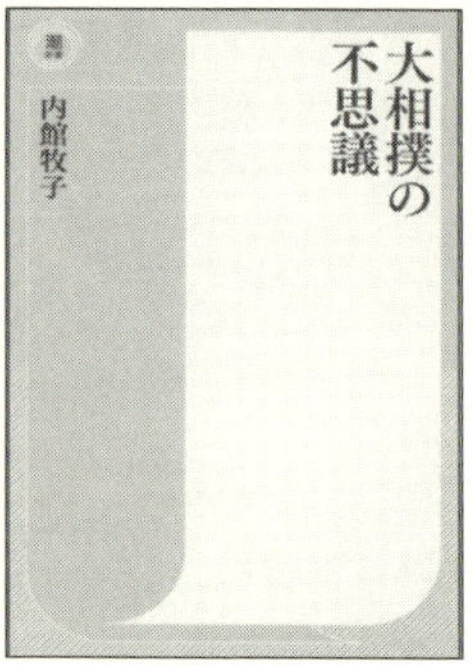

潮出版社
759円＋税

相撲界には、「女性は土俵にあがってはいけない」という厳然たるオキテがある。

その土俵の象徴たる横綱の審議委員を、女性初で務めたのが内館牧子さんだ。

四歳から相撲に熱狂。東北大に進み、大学院の修士論文に『土俵という聖域――大相撲における宗教学的考察』をまとめた女丈夫である。

その内館が、蘊蓄を傾け「大相撲の不思議」に挑んだそもそもは、大相撲を形作っているのが、神事であり、スポーツであり、伝統文化であり、さらに興行、国技に加え公益財団法人であるという、どこから見ても相容れることのない六つの矛盾した要素の上に、堂々と罷り通っている面妖な世界だったからだ。

一例を示せば、八神を祀る儀式の神事と、かなり高額な料金を取り、見せて楽しませる興行とを並立させることは難しい。

それを角界では力づくで、懸命に、素知らぬふりをして並び立たせているのである。

内館は、撞着した行為に「敢えて言うが、これが大相撲の『豊かさ』と『奥深さ』を作りあげており、摩訶不思議な香りを発している」と認めた上で、知れば知るほどわけがわからなくなるカオスのような、土俵をとりまく万象を四章に分け、さらに「土俵という聖域」「花道」「一門」「番付」「横綱」「まわし」「髷」「四股名」「国技館」など、角界独特の言葉を手掛かりに、小気味のいい〝牧子節〟で世間の〝常識〟に建言している。

いわゆる歴代の名力士や、名勝負には触れずに、大相撲の奥深さや魅力を伝える、女だてらの手際はまさに「ゴッチャン!!」である。

（2018/10/22）

幻冬舎
1200円＋税

類書に見られない贅沢な語り

「昭和歌謡は終わらない」

近藤勝重

昭和歌謡史を彩った名曲、話題曲、百数十曲を俎上に、その歌詞とメロディー、作詞・作曲家の人となり、歌手と歌唱力、時代背景までに立ち入って、歌の魅力を細密に解説している。

「男と女の起承転結……」を振り出しに、つづいて「ザ・昭和の愛人ソング」「二人のカリスマ　なかにし礼＆阿久悠」「歌う大スターひばり、裕次郎、そして健さん」、「百恵―明菜―聖子」「ジュリーがいた！」「昭和歌謡の歌詞の力」「『人生いろいろ』―歌謡曲と島倉千代子」……など魅力的な項目を並べている。

その上で「休止符」に、四コマの息抜きまで入れてある。

著者が、『毎日新聞』の事件記者から論説委員を経て、『サンデー毎日』編集長、ラジオのコメンテーター、大学の講師と、多彩の経歴の持主だけに、解説はバラエティーに富んでいて実に面白い。

一例をあげれば、美空ひばりが「悲しい酒」を歌う際、間奏の語りの部分で、涙を流したことに触れ、

「生前、健さん（注・高倉）とは何かと親しくさせていただき」

とまず前置きをした上で、次のように説く。

「健さんはよくこうおっしゃっていました。

『心で思わないと演じることなどできません。要は心、涙は目からではない、心から流れ出るんです』

そこに歌われている人の心情を理解し納得すること。まずそれが歌う以前に問われることで、ひばりさんが詞を頭の中にちゃんと入れて歌うというのも、そうでないと心で歌えなかったからでしょう」

類書に見られない贅沢な語りである。

(2018/11/26)

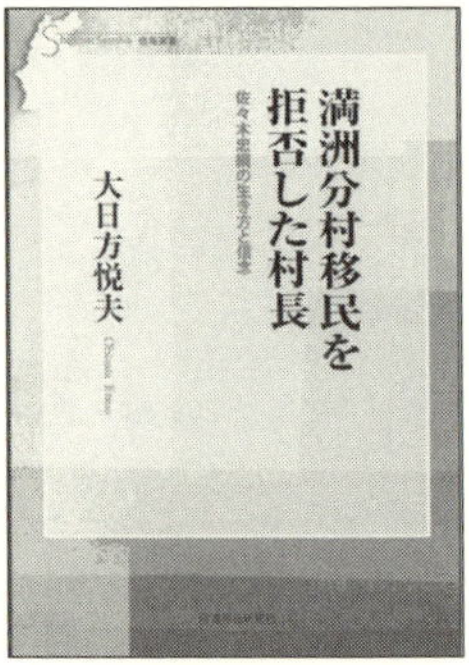

信濃毎日新聞社
1200円＋税

現地で日本人の横暴を見て決断

「満洲分村移民を拒否した村長」

大日方悦夫

戦前、中国東北部に五族協和を掲げ、王道楽土を謳った傀儡国家・満州国が建設された。

主導する日本からは、国策として農業移民が推進されたが、長野県は全国一の送出県で、県南の飯田・下伊那地域は、送出数の四分の一を占めた。

その理由は、養蚕を主とする農村地帯で、生糸価格の暴落で暮しが立ちゆかなくなったことと、大正から昭和にかけ、社会主義思想の洗礼を受けていて、時代に迎合した右翼の策動に、乗せられたからだ。

「移民百万戸送出計画」が決定すると、長野県は一町村から集団移住で、一部落を建設させる分村計画を企て、県下の町村に移民割り当てを課した。

半ば強制的なものであったが、この〝国策〟を自らの良心に基づき、決然と拒否した村長がいた。

山間僻地の移民を送り出すには、格好の小村の村長・佐々木忠綱だった。

彼は満州へ赴き、つぶさに開拓地を視察するが、そこで目にしたのは、満人の開拓した耕地を奪って、入植させる企みがある気配と、日本人がわがもの顔で振舞い、威張りちらしている横暴さを瞥見したからだ。

「国家は地元民が開拓した土地を強奪し、日本人の移民に与える魂胆なのか！」

大正デモクラシーの影響を強く受けた村長には、これは許し難い光景だった。

戦時下では〝生死の分岐点〟となるギリギリの状況の中で、この時、佐々木村長が選んだ道は、国の方針に背く、移民を拒否する決断だった。

著者大日方悦夫氏は、多くの資料を渉猟し、証言を積み重ねて、村長を救い郷土の礎を築いた村長の生き方と信念を、敬愛をこめ叙述している。

(2019/02/11)

中公新書ラクレ
820円+税

不世出のボクサーの栄光の人生

「負けたくなかった」

具志堅用高／西田浩

具志堅用高は、ＷＢＡライトフライ級王者として、連続13回防衛した不世出のボクサーである。

日本人ボクサーではこの防衛記録は、39年にわたり破られていない。彼は、辺鄙な沖縄県は石垣島に生まれ、遊びの中で、その抜群な運動神経を磨いて育った。

高校でボクシングをはじめたが、母親に、

「人を殴るスポーツなんて冗談じゃない。あんた不良になったのか」

と叱られた。

高校を卒業し大学進学をめざし上京するが、羽田空港でなぜか協栄ジムのマネージャーに出迎えられてプロ入りし、繊細に足を使い、切れのいいパンチで相手を圧倒。

わずか9戦目で世界王座に挑戦するチャンスをつかんだ。

昭和51年10月10日、強打者ファン・グスマンを7ラウンドでＫＯ。初防衛戦では、強豪ＷＢＡ2位のハイメ・リオスに血まみれになって辛勝以降、12試合を勝ち抜いている。

日本人のボクサーでは、希有な具志堅のこの負けじ魂と、ハードなパンチ力はどこから生まれたのか。

新聞記者・西田浩氏は、具志堅用高のこの謎を解くべく、彼の生い立ち、彼にまつわる第三者の証言や論評に加え、ボクサー人生に重なる日本ボクシングの歴史を調べ、時間的変遷のあとを裏付けて、その半生を明らかにしている。

ともすれば、この種の記録には筆者の私情が加わるものだが、西田記者は本文中は私情を抑えて、冷静に「時代の証言者」に徹している。

ハンディな一冊に、優れたボクサーの栄光の人生と背景が読みとれる佳作である。

(2019/03/18)

キネマ旬報社
1000円+税

ここまで
本音を語るのか

「いつも心に樹木希林」

樹木希林

女優は顔をセールス・ポイントにしているが、芸名を売りものにした話は聞いたことがない。

ところが悠木千帆は、民放テレビのオークション番組に出演し、売るものがないと、芸名を二万二千円で売却。樹木希林に改名した女優である。

三十歳で老け役を買って出る一方、ロックンローラーの内田裕也と結婚。一女をもうけるが、ほどなく別居。離婚訴訟を阻止して、籍を抜かない生涯を通した。

晩年、左目を失明、乳がんの手術を受け、さらに全身がんであることを公表。好んで病気と老いを話題にして倦まなかった。

キネマ旬報ムックの『いつも心に樹木希林～ひとりの役者の咲きざま、死にざま～』は、彼女の生涯を「女優・悠木千帆の誕生」から、「悠木千帆から樹木希林へ」「CMの皇太后」「病……そして映画のほうへ」と、インタビュー、対談、エッセイを通じて、浮びあがらせている。

まず、女優・市原悦子との対談では「曰く『いきあたりばったり』」。演出家久世光彦とは「芝居は『笑い』がいちばん」。

さらにシンガーソングライター加藤登紀子では「子供ができると男って役に立たないものね」。女優・吉永小百合とは「きもの好き　映画好き」を語り合う。

人生をまっとう出来たのは、内田裕也みたいな男と出会ったからだと告白し、激しい葛藤から彼を殺しかけたこともあり、「殺さなかったのは刑務所に行くの嫌だったから……」と、凄い自供もしている。

たてまえで飾るこの種の特集で、ここまで本音を語っているのは珍しいだろう。

あとがき

『公明新聞』の「話題の本」は三十年にわたる連載であるから、取り上げた本は三百数十冊にのぼり、全篇の集録はとても望めないので、二百五十篇に限らせていただいた。

未集録の中には希有な話題の本も少なくなかった。一例を上げれば、二人にひとりはガンになる時代――その不治とされるガンの闘病記である『ガン六回人生全快』(関原健夫著)、重症筋無力症と闘う童話作家・江崎雪子さんの自伝『きっと明日は』、沢村貞子さんの『老いの道づれ』、谷村志穂さんの『結婚しないかもしれない症候群』などなどは、未掲載には惜しい本だった。

本が売れない……という悲鳴が耳を聾する昨今だが、読むに価する本、人生を豊かにする本、時間を忘却させてくれる本、さらに枕になる本、重しになる本、焚付になる本、死の手引きになる本等々、本の効能は無限である。

信州の伊那谷から東京に出て来て、アルバイトでふみこんだ出版という世界に、七十年も生きて来た私のそばには、いつも本があった。しかし私も米寿を迎えた今、「紙の本がどうなるのか」という予測は次の世代に託すしかない。そして「本は死なず」と信じたい。

ともあれ、ここに集録した話題の本をご覧になれば、平成の流れが読みとれるだろうし、時代の風を感じていただけるものと思う。

最後になるが、再録を快諾して下さった『公明新聞』はもちろん、本書の制作に終始適切な助言と協力を惜しまなかった六十年来の友、今井恒雄氏と、面倒な編集作業を完遂してくれた三浦めぐみ氏、それと出版の労をとって下さった展望社唐澤明義氏に心から感謝の意を捧げたい。

塩澤実信

塩澤実信（しおざわ みのぶ）
昭和５年、長野県生まれ。双葉社取締役編集局長をへて、東京大学新聞研究所講師等を歴任。日本ペンクラブ名誉会員。元日本レコード大賞審査員。主な著書に「雑誌記者池島信平」（文藝春秋）、「ベストセラーの光と闇」（グリーンアロー出版社）、「動物と話せる男」（理論社）、「出版社大全」（論創社）、「ベストセラー作家 その運命を決めた一冊」「出版界おもしろ豆事典」「昭和歌謡 100 名曲 part.1 ～ 5」「昭和の歌手 100 列伝 part1 ～ 3」「昭和平成大相撲名力士 100 列伝」「不滅の昭和歌謡」（以上北辰堂出版）、「昭和の流行歌物語」「昭和の戦時歌謡物語」「昭和のヒット歌謡物語」「この一曲に賭けた 100 人の歌手」「出版街放浪記」「我が人生の交遊録」（以上展望社）ほか多数。

あなたも読んでみませんか。
話題の本250冊

2019 年 9 月 14 日発行
著者 / 塩澤実信
発行者 / 唐澤明義
発行 / 株式会社展望社
〒 112-0002 東京都文京区小石川 3 - 1 - 7 エコービル 202
TEL:03-3814-1997 FAX:03-3814-3063
http://tembo-books.jp
印刷製本 / 上毛印刷株式会社

ISBN 978-4-88546-363-1 定価はカバーに表記